中国法院2022年度案例

国家法官学院　最高人民法院司法案例研究院 / 编

买卖合同纠纷

中国法制出版社
CHINA LEGAL PUBLISHING HOUSE

《中国法院2022年度案例》通讯编辑名单

姓名	单位	姓名	单位
凌　巍	北京市高级人民法院	宋淼军	湖北省高级人民法院
刘晓虹	北京市高级人民法院	杨晓彤	湖北省宜昌市中级人民法院
董　扬	天津市高级人民法院	唐　竞	湖南省高级人民法院
王　佳	河北省高级人民法院	谢佩宏	广东省高级人民法院
刘冬梅	山西省高级人民法院	邹尚忠	广西壮族自治区高级人民法院
杨智勇	内蒙古自治区高级人民法院	韦丹萍	广西壮族自治区高级人民法院
周文政	辽宁省高级人民法院	李周伟	海南省高级人民法院
张功岩	吉林省高级人民法院	谭中平	重庆市高级人民法院
孙学诗	黑龙江省高级人民法院	任　梦	四川省高级人民法院
牛晨光	上海市高级人民法院	李丽玲	云南省高级人民法院
戴鲁霖	江苏省高级人民法院	石　瑾	云南省昆明市中级人民法院
缪　芳	江苏省高级人民法院	龙　媛	贵州省高级人民法院
符东杰	江苏省南通市中级人民法院	施辉法	贵州省贵阳市中级人民法院
周耀明	江苏省无锡市中级人民法院	王丽萍	西藏自治区高级人民法院
杨　治	浙江省高级人民法院	郑亚非	陕西省高级人民法院
蒋　莹	浙江省高级人民法院	吴　莹	甘肃省高级人民法院
吴　婧	安徽省高级人民法院	央　措	青海省高级人民法院
林文君	福建省高级人民法院	康　莹	宁夏回族自治区高级人民法院
章光园	江西省高级人民法院	马小菊	新疆维吾尔自治区高级人民法院
王露爽	山东省高级人民法院	王　琼	新疆维吾尔自治区高级人民法院生产建设兵团分院
郭宇凌	河南省高级人民法院		

序

党的十八大以来，以习近平同志为核心的党中央高度重视法治在推进国家治理体系和治理能力现代化中的重要作用，党的十九届六中全会通过的《中共中央关于党的百年奋斗重大成就和历史经验的决议》指出，必须坚持中国特色社会主义法治道路，贯彻中国特色社会主义法治理论，坚持依法治国、依法执政、依法行政共同推进，坚持法治国家、法治政府、法治社会一体建设，全面增强全社会尊法学法守法用法意识和能力。人民法院始终坚持以习近平法治思想为指导，把加强司法案例研究作为推进全面依法治国的重要途径，通过发布具有普遍指导意义的典型案例，统一法律适用、提高审判质效，提升司法公信力，努力让人民群众在每一个司法案件中感受到公平正义。《中国法院年度案例》丛书，旨在总结提炼典型案例的裁判规则和裁判方法，发挥司法规范、指导、评价、引领的重要作用，大力弘扬社会主义核心价值观，增强全民法治意识和法治素养，展现新时代我国法治建设新成就。

《中国法院年度案例》丛书自2012年编辑出版以来，已连续出版11年，受到读者广泛好评。近年来，为更加全面地反映我国司法审判执行工作的发展进程，顺应审判执行实践需要，响应读者需求，丛书2014年度新增金融纠纷、行政纠纷、刑事案例3个分册，2015年度将刑事案例调整为刑法总则案例、刑法分则案例2个分册，2016年度新增知识产权纠纷分册，2017年度新增执行案例分册，2018年度将刑事案例扩充为4个分册。自2020年起，丛书由国家法官学院与最高人民法院司法案例研究院共同编辑，每年年初定期出版。在全国各级人民法院的大力支持下，丛书编委会现编辑出版《中国法院2022年度案例》系列丛书，共23册。为助力实施环境资源审判专门化的司法政策，推进生态文明建设与绿色发展，自今年起，丛书将土地纠纷（含林地纠纷）分册改为土地纠纷（含环境资源纠纷）分册。

《中国法院年度案例》丛书以开放务实的态度、简洁明快的风格，在编辑中坚持以下方法，努力把案例书籍变得“好读有用”：一是高度提炼案例内容，控制案例篇幅，每个案例基本在3000字以内；二是突出争议焦点，剔除无效信息，尽可能在有限的篇幅内为读者提供有效、有益的信息；三是注重对裁判文书的再加工，大多数案例由案件的主审法官撰写“法官后语”，高度提炼、总结案例的指导价值，力求引发读者思考，为司法工作提供借鉴，为法学研究提供启迪。

《中国法院年度案例》丛书编辑工作坚持以下原则：一是广泛选编案例。国家法官学院和最高人民法院司法案例研究院每年通过各高级人民法院从全国各地法院汇集上一年度审结的典型案例近万件，使该丛书有广泛的精选基础，优中选优，可提供给读者新近发生的全国各地多种类型的典型性案例。二是方便读者检索。为体现以读者为本的宗旨，丛书分卷细化，每卷下还将案例主要根据案由分类编排，每个案例用一句话概括裁判规则、裁判思路或焦点问题作为主标题，让读者一目了然，迅速找到目标案例。

中国法制出版社始终全力支持《中国法院年度案例》丛书的出版，给了作者和编辑们巨大的鼓励。2022年，丛书将继续提供数据库增值服务。购买本书，扫描前勒口二维码，即可在本年度免费查阅往年同类案例数据库。我们在此谨表谢忱，并希望通过共同努力，逐步完善，做得更好，真正探索出一条编辑案例书籍、挖掘案例价值的新路，更好地服务社会主义法治国家建设、服务法治社会建设、服务学习研究法律的读者。

《中国法院年度案例》丛书既是法官、检察官、律师等法律工作者的办案参考和司法人员培训的实用教材，也是社会大众学法用法的经典案例读本，同时是教学科研机构案例研究的良好系列素材。当然，案例作者和编辑在编写过程中也难以一步到位实现最初的编写愿望，客观上会存在各种不足甚至错误，欢迎读者批评指正。我们愿听取各方建议，不断扩宽深化司法案例研究领域，立足新发展阶段，实现中国特色司法案例研究事业的高质量发展。

国家法官学院

最高人民法院司法案例研究院

2022年1月

目　录

Contents

一、买卖合同的标的物质量

二、买卖合同的订立与成立

三、买卖合同的效力

四、买卖合同的履行

五、买卖合同的变更、转让和解除

六、买卖合同的违约责任

七、买卖合同的证据与时效

八、买卖合同的其他问题

九、分期付款买卖合同纠纷

十、凭样品买卖合同纠纷

十一、信息网络买卖合同纠纷

一、买卖合同的标的物质量

1

结算凭证对质量异议的效力

——混凝土公司诉环保公司买卖合同案

【案件基本信息】

1. 裁判书字号

江苏省无锡市中级人民法院（2020）苏02民终301号民事判决书

2. 案由：买卖合同纠纷

3. 当事人

原告（被上诉人）：混凝土公司

被告（上诉人）：环保公司

【基本案情】

2018年12月26日，混凝土公司（供方）与环保公司（需方）签订《预拌混凝土订货合同》一份，约定：混凝土公司为环保公司承建的工程项目供应预拌混凝土，预拌混凝土的强度等级为C30，单价为580元/立方米。交货方式为：供方送货，单次泵送方量少于50立方米/次，收取泵车进退场费500元/次。货款结算期限：当月按供货数量货到100%付现金。结算方式为：供需双方按工地现场收货人签收的送货单作为结算凭证，按实结算。其他约定：环保公司对供货数量提出异议的时间应当在签订送货单的当天或次日提出，否则视为无异议；施工期间当年或施工项目结构封顶时，如环保公司不按本合同约定付款，应按照欠款余额承担违约金；由于环保公司未按期足额支付货款所引起的诉讼，则由环保公司承担混凝土公司为实现该笔债权聘请律师所支付的费用。合同落款处混凝土公司由沈某俊作为委托代理人签字并加盖公章，环保公司由卞某鑫作为委托代理人签字确认并加盖公章。

合同签订后，混凝土公司依约向环保公司供应混凝土，2019年1月10日，环保公司的委托代理人卞某鑫在对账单上签字确认混凝土公司共向环保公司供货7.55万元。另查明：混凝土公司与江苏某律师事务所签订委托代理合同一份，约定：混凝土公司因与环保公司买卖合同纠纷一案，委托该律师事务所代理诉讼，混凝土公司向该律师事务所支付律师代理费10508元。

庭审中，环保公司提供以下证据：环保公司负责人卞某鑫与混凝土公司的委托代理人沈某俊之间的微信交流截屏打印件9张，其中第1-3张截屏证明双方交易为货到付款；第4-5、7-9张截屏，证明环保公司发现混凝土质量问题后及时与混凝土公司交涉，但混凝土公司一直没有有效处理；第6张截屏，证明环保公司要求混凝土公司开具发票，但混凝土公司未予回复。混凝土公司对以上证据发表如下质证意见：对以上证据的真实性予以认可，对关联性不予认可，混凝土公司提供的混凝土如确实存在质量问题，环保公司不可能在对账单上的结欠货款金额予处以签字确认。

【案件焦点】

对合同一方当事人在签订对账单后提出的质量异议应当如何认定。

【法院裁判要旨】

江苏省无锡市惠山区人民法院经审理认为：混凝土公司与环保公司签订的混凝土订货合同系双方真实意思表示，且不违反法律、行政法规的规定，应确认有效，双方当事人应恪守履行。混凝土公司按约履行送货义务，环保公司未按约履行付款义务，尚结欠混凝土公司货款7.55万元，应承担违约责任。合同未约定违约金金额或计算方式，环保公司应自 2019 年 1 月 11 日起按照中国人民银行同期贷款利率计算逾期付款利息，混凝土公司要求按照年利率 24%计算逾期付款利息，没有事实和法律依据，法院不予支持。订货合同中约定，如环保公司未按约支付货款，混凝土公司为实现债权所支出的律师费应由环保公司负担，故对于律师费部分诉讼请求，法院予以支持。

综上，江苏省无锡市惠山区人民法院依照《中华人民共和国合同法》[①] 第一百零七条、第一百零九条，《最高人民法院关于审理买卖合同纠纷案件适用法律问题的解释》[②] 第一条、第二十四条，《中华人民共和国民事诉讼法》[③] 第一百四十四条之规定，作出如下判决：

一、环保公司于本判决生效之日起 10 日内向混凝土公司支付货款 7.55 万元及逾期付款利息（以 7.55 万元为基数，自 2019 年 1 月 11 日起至实际给付之日止，按照中国人民银行同期贷款利率计算）及律师费 10508 元。

二、驳回混凝土公司的其他诉讼请求。

环保公司不服一审判决，提出上诉。

江苏省无锡市中级人民法院经审理认为：关于货款金额、违约金及律师费的认定，二审法院同意一审法院裁判意见。环保公司辩称混凝土公司提供的混凝土存在质量问题，但在签字确认的对账单上并未提及质量异议，亦未提供其他充分证据予以证明，理应承担举证不利后果。故一审判决，并无不当。环保公司的上诉请求不能成立，法院不予支持。一审判决认定事实清楚，适用法律正确，应予维持。

---

① 《中华人民共和国民法典》于 2021 年 1 月 1 日起实施，《中华人民共和国合同法》《中华人民共和国民法总则》等同时废止。本书收录的部分案例裁判于《中华人民共和国民法典》生效前，适用的是当时有效的法律规定，下文将不再对此进行提示。

② 配合《中华人民共和国民法典》的施行，最高人民法院对大量司法解释进行了修正。本书收录的部分案例裁判于相关司法解释修正之前，适用的是当时有效的司法解释。下文将不再对此进行提示。

③ 《中华人民共和国民事诉讼法》已经 2021 年 12 月 24 日修改，于 2022 年 1 月 1 日实施。本书收录案例均裁判于该法修改之前，适用的是当时有效的条文，下文将不再对此进行提示。

江苏省无锡市中级人民法院依照《中华人民共和国民事诉讼法》第一百七十条第一款第一项之规定，作出如下判决：

驳回上诉，维持原判。

【法官后语】

《中华人民共和国合同法》第一百五十八条第二款规定：“当事人没有约定检验期间的，买受人应当在发现或者应当发现标的物的数量或者质量不符合约定的合理期间内通知出卖人。买受人在合理期间内未通知或者自标的物收到之日起两年内未通知出卖人的，视为标的物的数量或者质量符合约定，但对标的物有质量保证期的，使用质量保证期，不适用该两年的规定。”《最高人民法院关于审理买卖合同纠纷案件适用法律问题的解释》第十九条规定：“买受人在合理期间内提出异议，出卖人以买受人已经支付价款、确认欠款数额、使用标的物等为由，主张买受人放弃异议的，人民法院不予支持，但当事人另有约定的除外。”本案中，混凝土公司与环保公司未约定质量异议的合理期间，但环保公司收到货物未满两年，故环保公司提出的质量异议尚在合理期间。环保公司的员工卞某鑫系作为环保公司的委托代理人，在买卖合同上签字，其与混凝土公司通过对账确认了货款结算金额，该份对账单虽未盖环保公司的公章，但相关法律后果仍应由环保公司承担。本案中环保公司的付款条件已成就，环保公司未按期付款，混凝土公司有权要求其承担违约责任。对于环保公司提出质量异议的抗辩，混凝土公司以双方已对账为由推断其已确认质量无恙。对此，法院认为，对账单作为买卖合同双方签署的决算凭证，对于确定双方之间的金额及数量至关重要。在签订对账单时，合同双方应对产品的数量、质量等各方面均有比较清晰的认识，但不能因为已经签订对账单就反过来推断产品质量无任何问题，也不能代表一方已放弃质量异议。本案中，环保公司仍有提出质量异议的权利，但其提交给法庭的聊天记录，并不能证明案涉产品确实存在质量问题，因本案的付款条件已经成就，故环保公司仍需按照对账单的金额付款给混凝土公司并承担相应的违约责任。但环保公司在质量异议的合理期间内仍有提出质量异议的权利，其可就案涉产品质量问题另外起诉混凝土公司，本案中，其提交的产品质量异议并不能对抗混凝土公司要求付款的请求。

编写人：江苏省无锡市惠山区人民法院　尤橙君

2

买受人收货后未在约定质保期内或法定期间内提出质量异议，在出卖人催缴货款时再以质量问题主张先履行抗辩权的，不予支持

——商贸公司诉建设公司买卖合同案

【案件基本信息】

1. 裁判书字号

广西壮族自治区玉林市中级人民法院（2021）桂 09 民终 2407 号民事判决书

2. 案由：买卖合同纠纷

3. 当事人

原告（反诉被告、被上诉人）：商贸公司

被告（反诉原告、上诉人）：建设公司

【基本案情】

2017 年 6 月 15 日，建设公司（购货单位甲方）与商贸公司（供货单位乙方）签订了《建设公司门购销合同》以及《建设公司食堂综合楼门购销合同》，两份合同对购销的货品、货品的交货方法、时间、到货地点、验收方法、货品验收标准、方法和提出异议的期限，预付款、货款支付方式及结算，双方账户

以及税票的约定、双方的违约责任、其他不可抗力及其他约定均作了具体约定。其中，合同对货品验收标准、方法和提出异议的期限：验收标准：国家标准，行业标准、企业标准、约定标准。货物质量以甲方签字确认样品为验收标准。验收时间：以约定收货后2天内应验收完毕。提出异议的期限：甲方收货后，应当在发现不合格的合理期间内通知乙方，未在合理期间内通知或收货后2年内未通知的，视为合格。双方还约定货款支付方式，按下列第（1）项执行：防火、防盗门按栋分批安装完成后甲方向乙方支付至总工程款的80%，工程竣工验收后支付至总工程款的98%，2%留作质量保修金，满2年后，无质量问题付清，合同签订后3个工作日是甲方付2万元定金给乙方。工程款支付时乙方需提供17%增值税专用发票，且甲方每次支付工程款前乙方必须先提供增值税专用发票。乙方的违约责任：乙方所交货品品种、型号、规格、花色、质量等不符合规定的，如甲方同意使用，由双方按质论价；如甲方不同意使用的，由乙方负责包换、包退或修理，承担更换、退货或修理产生的实际费用，并承担由此造成甲方的一切损失。签订合同后，原告已按照合同约定将两个购销合同门产品供应给被告指定的某中学工程使用，并提供门产品出厂合格证、检验报告、送货单交给被告。被告已对原告提供产品进行竣工验收。2018年6月4日，双方经结算确认，商贸公司供应给建设公司的门总货款为581377.5元，建设公司分7次支付商贸公司货款46.76万元，尚欠113777.5元。经商贸公司向建设公司追款未果，特向法院提起诉讼，请求如诉请。在诉讼过程中，建设公司向法院提出反诉，认为商贸公司提供门及食堂综合楼门存在开裂、无法关闭、五金件故障等质量问题，要求商贸公司赔偿产品质量维修费40万元。

另查明，商贸公司是领取营业执照的有限责任公司，营业期限为2014年9月5日至2034年9月4日。经营范围：批发兼零售、防火防盗门窗、橱柜、家具、建筑材料、五金配件、水暖器材、日用百货、金属门窗加工，防盗门安装与维修、木制门的安装及销售。

【案件焦点】

1. 商贸公司主张的剩余货款的支付条件是否成就；2. 商贸公司应否赔偿建设公司主张的维修费损失 40 万元。

【法院裁判要旨】

广西壮族自治区北流市人民法院经审理认为：商贸公司与建设公司签订两份购销合同，是双方当事人自愿签订的，意思表示真实，合同内容并没有违反法律强制性或禁止性规定，是合法有效的合同，双方均无异议，法院予以确认，依法应当受到国家法律保护。双方必须按照合同约定履行各自权利义务。商贸公司按照合同约定履行供货及安装义务，建设公司必须按照合同约定履行支付货款义务。在履行合同过程中，商贸公司供应门是否存在质量问题，应否承担产品质量问题维修义务，则是本案争议问题。根据《中华人民共和国合同法》第一百五十八条“当事人约定检验期间的，买受人应当在检验期间内将标的物的数量或者质量不符合约定的情形通知出卖人。买受人怠于通知的，视为标的物的数量或质量符合约定。当事人没有约定检验期间的，买受人应当在发现或者应当发现标的物的数量或者质量不符合约定的合理期间内通知出卖人。买受人在合理期间内未通知或者自标的物收到之日起两年内未通知出卖人的，视为标的物的数量或者质量符合约定，但对标的物有质量保证期的，适用质量保证期，不适用该两年的规定。出卖人知道或者应当知道提供的标的物不符合约定的，买受人不受前两款规定的通知时间的限制”的规定，又根据《最高人民法院关于审理买卖合同纠纷案件适用法律问题的解释》第十五条“当事人对标的物的检验期间未作约定，买受人签收的送货单、确认单等载明标的物数量、型号、规格的，人民法院应当根据合同法第一百五十七条的规定，认定买受人已对数量和外观瑕疵进行了检验，但有相反证据足以推翻的除外”的规定，以及第十七条“人民法院具体认定合同法第一百五十八条第二款规定的‘合理期间’时，应当综合当事人之间的交易性质、交易目的、交易方式、交易习惯、标的物的种类、数量、性质、安装和使用情况、瑕疵的性质、买受人应尽的合理注意义务、检验方法和难易程度、买受人或者检验人所处的具体环境、自身技能以及其他合理因素，依据诚实信用原则进行判断。合同法第一百五十八条第二款规定的‘两年’是最长的合理期间。该期间为不变期间，不适用诉讼时效中止、中断或者延长的规定”的规定，以及第二十条“合同法第一百五十八条规定的检验期间、合理期间、两年期间经过后，买受人主张标的物的数量或者质量不符合约定的，人民法院不予支持。出卖人自愿承担违约责任后，又以上述期间经过为由反悔的，人民法院不予支持”的规定，此外，双方在购销合同中明确约定，甲方收货后2天内验收完毕。提出产品质量异议的期限为甲方收货后，应当在发现不合格的合理期间内通知乙方，未在合理期间内通知或收货后2年内未通知的，视为合格，建设公司从2017年7月、8月收到商贸公司提供的门产品之后，既没有在法律规定的期限内，也没有在合同约定期限内通知商贸公司，而只是在商贸公司向法院提起买卖合同纠纷诉讼过程中，于2020年5月18日才向法院提出产品质量存在问题，既超过法律规定异议期限，又超过合同约定收货后2年期限，因此，商贸公司提供给建设公司的门依法应当认定是合格的，商贸公司依法不应承担产品质量存在问题维修义务。建设公司无故拖欠商贸公司的货款，已构成违约行为，依法应当承担违约责任。商贸公司请求建设公司支付货款113777.5元，事实清楚，证据充分，理由成立，法院依法应予支持。本案双方在合同中约定建设公司支付工程款时商贸公司需提供增值税专用发票且建设公司每次支付工程款前商贸公司必须先提供增值税专用发票，但并没有约定商贸公司不开具发票，建设公司就可以拒绝付款，建设公司抗辩，因商贸公司没有开具增值税专用发票，建设公司有理由拒绝付款，理由不成立，法院依法不予采纳。建设公司反诉主张商贸公司提供的门存在开裂、无法关闭、五金件故障等质量问题，因商贸公司不承认，建设公司也没有提供充分有效证据证明其主张，根据《中华人民共和国民事诉讼法》第六十四条第一款“当事人对自己提出的主张，有责任提供证据”和《最高人民法院关于适用〈中华人民共和国民事诉讼法〉的解释》第九十条“当事人对自己提出的诉讼请求所依据的事实或者反驳对方诉讼请求所依据的事实，应当提供证据加以证明，但法律另有规定的除外。在作出判决前，当事人未能提供证据或者证据不足以证明其事实主张的，由负有举证证明责任的当事人承担不利的后果”的规定，建设公司应承担举证不能的法律后果。建设公司反诉要求告商贸公司赔偿产品质量存在问题维修费 40 万元，因缺乏事实依据和法律依据，理由不成立，依法不予支持。原告商贸公司抗辩，被告建设公司主张原告商贸公司提供的产品存在质量问题，既没有提供证据，也没有在法律规定或合同约定期限内通知商贸公司，应视为商贸公司提供的产品为合格产品，依法不应承担产品质量存在问题维修责任，理由成立，法院依法予以采纳。

综上，广西壮族自治区北流市人民法院依照《中华人民共和国合同法》第一百三十条、第一百五十八条，《最高人民法院关于审理买卖合同纠纷案件适用法律问题的解释》第十五条、第十七条、第二十条，《中华人民共和国民法通则》第八十四条、第一百零八条，《中华人民共和国民法总则》第一百七十六条，《中华人民共和国民事诉讼法》第六十四条，《最高人民法院关于适用〈中华人民共和国民事诉讼法〉的解释》第九十条之规定，作出如下判决：

一、建设公司应当支付货款 113777.5 元给商贸公司；

二、驳回建设公司的反诉请求。

建设公司不服，提起上诉。

广西壮族自治区玉林市中级人民法院经审理认为：根据已查明事实，2019 年 2 月 1 日，商贸公司向建设公司出具一份《承诺书》，载明建设公司尚欠其工程款 141123 元。建设公司又向商贸公司付款 3 万元，尚欠商贸公司 111123 元。第一，关于商贸公司主张的剩余货款的支付条件是否成就的问题。合同约定，建设公司支付货款的条件需要商贸公司提供增值税专用发票，故建设公司辩称商贸公司尚未交付增值税专用发票而不付款。建设公司的抗辩理由源于先履行抗辩权，但先履行抗辩权的构成要件之一是双方当事人因同一合同互负债务，在履行上存在关联性，形成对价关系。本案中，商贸公司按时交付合格货物和建设公司按时支付货款是买卖合同双方应负的合同对价义务。提供增值税专用发票只是商贸公司应履行的附随义务而非主要义务，附随义务的迟延履行并未直接影响到合同目的的实现。建设公司的付款义务与商贸公司提供增值税专用发票并不具有合同的对价关系。建设公司接收了商贸公司交付的货物，也未提出质量异议，由此证明商贸公司已完成其主要合同义务，建设公司也应按照合同约定的价款履行付款义务。因此，应当认定建设公司支付货款的条件已经成就。《中华人民共和国合同法》第六十条第一款规定“当事人应当按照约定全面履行自己的义务”，包括主要义务和附随义务。本案中，为保证合同的有序履行、避免再次产生纠纷，减少当事人的讼累，商贸公司应当在建设公司履行付款义务的同时向建设公司交付与建设公司支付货款数额等值的增值税专用发票。

第二，关于商贸公司应否赔偿建设公司主张的维修费损失 40 万元的问题。首先，《中华人民共和国合同法》第一百一十一条规定：“质量不符合约定的，应当按照当事人的约定承担违约责任。对违约责任没有约定或者约定不明确，依照本法第六十一条的规定仍不能确定的，受损害方根据标的的性质以及损失的大小，可以合理选择要求对方承担修理、更换、重作、退货、减少价款或者报酬等违约责任。”第一百五十五条规定：“出卖人交付的标的物不符合质量要求的，买受人可以依照本法第一百一十一条的规定要求承担违约责任。”建设公司要求商贸公司赔偿维修费损失的前提是，商贸公司供应的货物存在质量问题且在约定期限内建设公司履行了通知义务。案涉货物于 2017 年 7 月、8 月交付，建设公司没有提供证据证明其在收货后 2 年内向商贸公司提出质量异议。即使案涉货物存在质量问题，但建设公司怠于通知，依照《中华人民共和国合同法》第一百五十八条的规定，视为案涉货物质量符合约定。建设公司提出的质量鉴定申请对证明待证事实已无意义，一审法院不予准许，并无不当。合同第三条第二点载明的“防火、防盗门按栋分批安装完成后甲方向乙方支付至总工程款的 80%，工程竣工验收后支付至总工程款的 98%，2% 留作质量保修金，满 2 年后，无质量问题付清”系双方对付款方式的约定，建设公司主张保修期从整体工程于 2018 年 12 月通过总评验收时起算无依据，法院依法不予采纳。对建设公司要求商贸公司赔偿维修费损失 40 万元的反诉请求，法院依法不予支持。

综上，建设公司的上诉请求部分成立。广西壮族自治区玉林市中级人民法院依照《中华人民共和国民事诉讼法》第一百七十条第一款第一项、第二项之规定，作出如下判决：

一、维持北流市人民法院（2020）桂0981民初1713号民事判决第二项；

二、变更北流市人民法院（2020）桂0981民初1713号民事判决第一项为：建设公司支付货款111123元给商贸公司；

三、商贸公司交付与建设公司支付上述第二项货款数额等值的增值税专用发票给建设公司。

【法官后语】

买卖合同纠纷案件中提出质量异议是普遍存在的问题。如何处理质量异议案件，质量检验期间如何界定，是否准许启动质量鉴定程序，因质量问题而引起的赔偿范围是什么？对此，不同法院，不同法官有不同看法，导致不同的处理程序和审理结果。为此，笔者对上述问题进行初步分析并提出解决买卖合同纠纷案件中质量异议问题的可行思路，以期对该类案件的审理有所裨益。

第一，买卖合同涉及质量异议的问题，当事人往往矛盾尖锐，货款给付和质量问题并存，违约先后及违约赔偿问题各执己见。正确处理买卖合同纠纷案件质量异议，可以理顺当事人之间复杂的法律关系，分清双方当事人之间的责任，作出正确的判决。

第二，促进商业诚信。诚信要求在买卖合同中，当事人相互信任，坦诚相待，不互相欺诈，适当履行自己的合同义务，促进公平交易安全。卖方有义务及时适当的交付，符合约定或法定的质量要求，当货物出现质量问题时，出卖方有义务及时采取修理、重作或更换，赔偿违约金等补救措施，来弥补对方损失。买受方有义务给付货款，如果对方即出卖方提供的货物存在质量问题，要及时与对方沟通，寻求解决办法，防止损失扩大。通过司法手段强制不诚信方的当事人履行自己应尽义务。

第三，《中华人民共和国合同法》对质量异议规定了不同期间，同时又规定了约定期间，酌情期间、诉讼时效期间，特殊期间，因此，在司法实践中，当事人及法官对适用何种期间存在不同的看法，导致诉讼结果不同。根据《中华人民共和国合同法》第一百五十八条“当事人约定检验期间的，买受人应当在检验期间内将标的物的数量或者质量不符合约定的情形通知出卖人。买受人怠于通知的，视为标的物的数量或者质量符合约定。当事人没有约定检验期间的，买受人应当在发现或者应当发现标的物的数量或者质量不符合约定的合理期间内通知出卖人。买受人在合理期间内未通知或者自标的物收到之日起两年内未通知出卖人的，视为标的物的数量或者质量符合约定，但对标的物有质量保证期的，适用质量保证期，不适用该两年的规定。出卖人知道或者应当知道提供的标的物不符合约定的，买受人不受前两款规定的通知时间的限制”、《最高人民法院关于审理买卖合同纠纷案件适用法律问题的解释》第十五条“当事人对标的物的检验期间未作约定，买受人签收的送货单、确认单等载明标的物数量、型号、规格的，人民法院应当根据合同法第一百五十七条的规定，认定买受人已对数量和外观瑕疵进行了检验，但有相反证据足以推翻的除外”、第十七条“人民法院具体认定合同法第一百五十八条第二款规定的‘合理期间’时，应当综合当事人之间的交易性质、交易目的、交易方式、交易习惯、标的物的种类、数量、性质、安装和使用情况、瑕疵的性质、买受人应尽的合理注意义务、检验方法和难易程度、买受人或者检验人所处的具体环境、自身技能以及其他合理因素，依据诚实信用原则进行判断。合同法第一百五十八条第二款规定的‘两年’是最长的合理期间。该期间为不变期间，不适用诉讼时效中止、中断或者延长的规定”、第二十条“合同法第一百五十八条规定的检验期间、合理期间、两年期间经过后，买受人主张标的物的数量或者质量不符合约定的，人民法院不予支持。出卖人自愿承担违约责任后，又以上述期间经过为由翻悔的，人民法院不予支持”的规定，本案双方在购销合同中明确约定，甲方收货后2天内验收完毕。提出产品质量异议的期限为甲方收货后，应当在发现不合格的合理期间内通知乙方，未在合理期间内通知或收货后2年内未通知的，视为合格，买受方从2017年7月、8月收到出卖方提供的产品之后，既没有在法律规定2年期限内提出异议，也没有在双方约定2年期限内向出卖方提出产品存在质量问题，直到2020年5月18日出卖方向买受方追缴货款时才向出卖方提出质量异议，既超过法律规定异议期限，又超过合同约定收货后2年期限，因此，法院依法认定出卖方提供产品符合产品质量要求，买受方提出产品存在质量异议，理由不成立，依法不予采纳。

本案买受方以出卖方提供货物存在质量问题拒绝货款，出卖方主张货款支付条件是否成就问题，则成为本案争议问题。本案双方在合同中约定，支付货款条件需要出卖方提供增值税专用发票。买受方认为出卖方尚未交付增值税专用发票而不付款，理由源于先履行抗辩权，但先履行抗辩权构成要件之一是双方当事人因同一合同互负债务，在履行上存在关联性，形成对价关系。本案中，出卖方按时交付合格货物和买受方按照支付货款是买卖合同双方应负的附随义务而非主要义务，附随义务的迟延履行并未直接影响到合同目的实现。买受人的付款义务与出卖方提供增值税专用发票并不具有合同对价关系。买受人接收了出卖方的货款，也未提出质量异议，证明出卖方已完成其主要合同义务，买受方也应按照约定的价款履行付款义务。因此，买受方支付货款条件已经成就。

本案出卖方提供的货物是否存在质量问题，应否赔偿买受方主张的维修费问题。根据《中华人民共和国合同法》第一百一十一条“质量不符合约定的，应当按照当事人的约定承担违约责任。对违约责任没有约定或者约定不明确，依照本法第六十一条的规定仍不能确定的，受损害方根据标的的性质以及损失的大小，可以合理选择要求对方承担修理、更换、重作、退货、减少价款或者报酬等违约责任”、第一百五十五条“出卖人交付的标的物不符合质量要求的，买受人可以依照本法第一百一十一条的规定要求承担违约责任”的规定，买受方要求出卖方赔偿维修费损失前提是，出卖方提供的货物存在质量问题且在约定或法定期限内履行了通知义务。本案案涉货物于2017年7月、8月交付，买受方没有证据证明其在收货后2年内向出卖方提出质量异议。即使案涉货物存在质量问题，但买受方怠于通知，依照《中华人民共和国合同法》第一百五十八条的规定，视为案涉货物质量符合约定。因此，买受方超过约定或法定期间提出质量鉴定申请对证明待证事实已无意义，对买受方提出赔偿维修费损失，理由不成立，依法不予支持。因此，一、二审法院认为出卖方提供产品即使存在质量问题，买受方必须在合同约定期限内或者法律规定期限内提出，否则，对其怠于提出质量异议，嗣后再以此为由提出拒绝支付货款，法院依法不予支持。

编写人：广西壮族自治区北流市人民法院　李棍麟

3

当事人预先放弃质量异议条款效力的认定

——防护用品公司诉进出口贸易公司等买卖合同案

【案件基本信息】

1. 裁判书字号

安徽省滁州市中级人民法院（2021）皖 11 民终 675 号民事判决书

2. 案由：买卖合同纠纷

3. 当事人

原告（被上诉人）：防护用品公司

被告（上诉人）：进出口贸易公司、李某男、赵某松

【基本案情】

进出口贸易公司（甲方）与防护用品公司（乙方）于 2020 年 5 月 14 日签订了一份《一次性防护口罩购销协议》，甲、乙双方经协商，就此协议达成如下共识：（1）本合同交易的产品：一次性防护口罩。（2）产品质量：乙方已经将产品交甲方审核，甲方对乙方产品质量规格均予以认可。乙方认可甲方提出的关于双方签约的 315 万只口罩给予 4 万只口罩补货的要求，在乙方按照本协议约定的补货数量给以补货的前提下，甲方不得对乙方产品质量提出质量异议。（3）①单价 1.3 元/只（含税）。买卖数量：交易口罩数量为 100 万只，此买卖数量已发出。②单价 1.35 元/只（含税）。买卖数量：交易口罩数量为 215 万

只，5/9 出厂 100.5480 万个、5/14 出厂 114.4520 万个，分两批次发货。(4) 合同交易期限：从 2020 年 5 月 9 日起开始交易，到 2020 年 5 月 14 日止。(5) 交货方式及地点：乙方将当日应当交付的货物准备好，由甲方上门自提，提货费用甲方承担。(6) 货款支付时间及方式：第一批次，甲方于交货日的前一日将该批次的货款全部支付到乙方指定账户；第二批次，甲方于交货日的前一日支付 50 万元到乙方指定账户，发货当日，甲方支付 20 万元到乙方指定账户，乙方准许提货，2020 年 5 月 21 日前支付第二批次货款的 20%到乙方指定账户，余款于 2020 年 5 月 29 日前付清，此款由李某男、赵某松连带担保。进出口贸易公司在甲方加盖公章，防护用品公司在乙方加盖公章，李某男、赵某松在连带担保人处签字。合同签订后，防护用品公司按照协议约定向进出口贸易公司交付了 315 万只口罩，进出口贸易公司亦支付部分货款，防护用品公司自认截至起诉之日止进出口贸易公司尚欠防护用品公司货款 85.25 万元。一审判决后，进出口贸易公司又支付防护用品公司货款 10 万元。

【案件焦点】

1. 进出口贸易公司对防护用品公司主张的货款及逾期付款利息是否应当承担给付责任，若承担，具体金额如何确定；2. 当事人约定给予 4 万只口罩补货情形下，预先放弃质量异议条款的效力如何确认。

【法院裁判要旨】

安徽省天长市人民法院经审理认为：案涉《一次性防护口罩购销协议》合法有效。双方交易付款均由进出口贸易公司通过银行转账防护用品公司账户，双方提交的打款记录一致，根据协议付款约定计算，进出口贸易公司尚有余款 85.25 万元应于 2020 年 5 月 29 日前付清。同时，按照案涉协议第六条约定，李某男、赵某松对此笔款项承担连带担保责任。

安徽省天长市人民法院依照《中华人民共和国合同法》第一百零七条、第一百零九条，《最高人民法院关于审理买卖合同纠纷案件适用法律问题的解释》第二十四条第四款，《中华人民共和国担保法》第十八条之规定，作出如下判决：

一、进出口贸易公司于判决生效之日起十日内支付防护用品公司货款85.25万元及逾期付款利息；

二、李某男、赵某松对上述款项承担连带清偿责任。

进出口贸易公司、李某男、赵某松不服，提起上诉。

安徽省滁州市中级人民法院经审理认为：根据《一次性防护口罩购销协议》第二条约定，乙方（防护用品公司）已经将产品交甲方（进出口贸易公司）审核，甲方对乙方产品质量规格均予以认可。乙方认可甲方提出的关于双方签约的315万只口罩给予4万只口罩补货的要求，在乙方按照本协议约定的补货数量给以补货的前提下，甲方不得对乙方产品质量提出质量异议。通过该条款的理解，防护用品公司是认可向进出口贸易公司供完315万只口罩，要给予进出口贸易公司4万只口罩补货，但至今防护用品公司未向进出口贸易公司支付该4万只口罩，故进出口贸易公司要求防护用品公司按照当时市场价5.4万元（4万只×1.35元/只）予以折抵，符合协议约定。但根据协议约定，进出口贸易公司之后不得向防护用品公司就案涉口罩提出质量异议。

安徽省滁州市中级人民法院依照《中华人民共和国民事诉讼法》第一百七十条第一款第二项之规定，作出如下判决：

一、维持安徽省天长市人民法院（2020）皖1181民初3649号民事判决第二项；

二、变更上述民事判决主文第一项为：进出口贸易公司于判决生效之日起十日内支付防护用品公司货款69.85万元及逾期付款利息；

三、驳回防护用品公司的其他诉讼请求。

【法官后语】

为了保障买卖交易过程中各方的合法权益，买卖双方都负有相应义务。针对标的物质量，出卖人应确保其所交付的标的物具备约定品质或者法定品质，不存在物的表面瑕疵或者隐蔽瑕疵，此即其所负的质量瑕疵担保义务。相应地，买受人在收到出卖人交付的标的物后，须承担质量检验义务以及质量瑕疵通知义务，即质量异议。

前者的定义不再赘述，后者指的是买受人在发现买卖合同中的标的物存在不符合质量要求的情形时，必须在一定期限内向出卖人发出通知，超过约定的质量异议期或者在合理的期限内未发出通知，则视为标的物质量合格。本案所涉协议在条款中约定在防护用品公司按数量补货的前提下，进出口贸易公司不得向防护用品公司就案涉口罩提出质量异议。该条款意味着出卖方在此笔4万只口罩的交易中即使存在质量瑕疵情形，也能免于承担瑕疵担保责任。此约定是否合法有效？该条款的效力影响着最终需要支付的货款金额数字，对于其效力认定，本案在审理过程中形成了两种意见：

第一种意见：预先放弃质量异议的约定无效。无论是失效的《中华人民共和国合同法》，还是现在施行的《中华人民共和国民法典》，以及《中华人民共和国产品质量法》，均要求出卖人依照合同约定及国家法律的规定提交符合相应要求的产品，因此，出卖人负有产品质量的瑕疵担保责任。案涉协议约定预先放弃质量异议有违法律的强制性规定，因此，预先放弃质量异议不产生法律效力。

第二种意见：预先放弃质量异议的约定有效。该约定系当事人的真实意思表示，并没有违反法律的禁止性规定，应认定为有效约定，也充分体现当事人的自由处分原则。

本案最后采用的是第二种意见。买卖行为作为市场经济的重要组成部分，不可避免地会产生各种买卖纠纷，其中质量异议问题成为众多纠纷的争议点。我国在买卖合同中是存在质量异议和质量异议期间，但是《中华人民共和国合同法》《中华人民共和国民法典》及相关买卖合同司法解释并没有明确，但具体规定了“质量检验期间”“合理期间”“质量保证期间”的适用情形。在实践中，对于质量异议的性质，大多数法院将质量异议界定为除斥期间，亦即权利人须在一定期间内以一定方式向义务人行使其权利，否则期间经过后该权利即告消灭。与诉讼时效相比，除斥期间是不会发生变化，不存在特殊情形使其中止、中断、延长。对于质量异议能否预先放弃，法律并没有明确规定。在通常情形下，放弃质量异议不会与国家或社会公共利益产生冲突，这就决定国家应当对其少干涉甚至不干涉。

具体到本案，进出口贸易公司与防护用品公司预先放弃质量异议的约定属于当事人意思自治，充分体现当事人的自由处分原则。从主观上看，双方当事人均是为了自身商业利益而从事本次交易活动，是在自愿平等的情形下签订《一次性防护口罩购销协议》。从客观上看，双方当事人签订的协议在内容上没有违反法律法规的强制性规定。从案件实际情况来看，进出口贸易公司从防护用品公司购买口罩立即销售到第三方，双方对于口罩质量问题还是进行了明确的约定，防护用品公司在给予进出口贸易公司4万只口罩补货情形下，进出口贸易公司才不得提出质量异议。最后，安徽省滁州市中级人民法院结合法院查明的事实，根据公平原则和诚实信用原则，将补货的4万只口罩折抵当时市场价在双方总货款中予以扣减。

应该说，人民法院应尊重双方当事人在本案中放弃质量异议的约定，这亦是双方当事人基于商业利益角度的决定，应自行承担相应风险。

编写人：安徽省滁州市中级人民法院　邓见阁

二、买卖合同的订立与成立

4

买卖合同成立的认定

——体育用品公司诉体育发展公司买卖合同案

【案件基本信息】

1. 裁判书字号

湖北省武汉市洪山区人民法院（2020）鄂0111民初7606号民事判决书

2. 案由：买卖合同纠纷

3. 当事人

原告：体育用品公司

被告：体育发展公司

第三人：颜某伽

【基本案情】

第三人颜某伽原系原告体育用品公司的业务代表，2014年7月30日至2016年4月27日，第三人与被告体育发展公司发生业务往来，由第三人将原告的产品销售给被告，双方未签订书面的买卖合同，且双方一直采用先付款后供货的销售模式；被告在此期间从第三人处购买原告产品的总价值为377659.5元，被告已将该货款全部支付到第三人的个人账户内。2016年3月18日，为了扩大销售业绩，经原、被告及第三人协商，将原告销售到武汉地区零散客户的销售业绩全部纳入被告名下，在此情况下，原告将销售到武汉地区各零散客户的产品的发货单全部记载在被告名下，且向被告开具相应的增值税发票。2017 年 11 月 15 日及 2018 年 1 月 31 日，原告向被告出具往来账项询证函，被告认为其并未与原告发生业务往来，且从第三人处所购原告的产品均已付清货款，故对上述询证函均未予以回应。2018 年 6 月 20 日，原告通过第三人以微信的方式向被告出具企业对账函。2018 年 6 月 25 日，第三人颜某伽向被告出具一份书面说明，内容为：本人颜某伽在 2015 年 1 月 1 日至 2018 年 6 月 25 日，代表体育用品公司与贵公司（体育发展公司）关于体育用品全系列器材的销售业务，对贵公司应付体育用品公司 1172032.46 元全部负责，包括后续货品抵冲、费用核销，进行与体育用品公司的业务对接与处理，本人愿意为此承担全部的责任，截至双方对账函清零，并在 2018 年内由体育用品公司向体育发展公司出具结清证明。第三人在该说明上签名并附上其身份证复印件予以确认。在此情况下，被告在第三人通过微信拍照的企业对账函上加盖其公章后，将该企业对账函通过微信的方式拍照给第三人，第三人将该微信截图交给原告。第三人就其作为原告销售代理期间的相关事宜虽与原告进行了协商，但双方并未形成书面的协商意见。现原告以被告尚欠其货款为由提起诉讼，要求被告及第三人共同支付原告货款 1238648.8 元及逾期付款的利息损失，并要求被告及第三人共同承担本案诉讼费。

【案件焦点】

案涉出库单、企业对账函及增值税发票是否能证明原、被告之间存在真实的买卖合同关系及被告所欠原告货款金额的事实。

【法院裁判要旨】

湖北省武汉市洪山区人民法院经审理认为：第三人作为原告的销售代理，在 2014 年 7 月 30 日至 2016 年 4 月 27 日，将原告的产品销售给被告，原告与被告虽未签订书面的买卖合同，但原、被告之间形成事实上的买卖合同关系；被告在此期间从第三人处购买原告产品的总价值为377659.5元，且被告提交的付款凭证也证实其已将该货款全部支付到第三人的个人账户内，该货款已即时清结。2016年3月18日，原告为了扩大销售业绩，经原、被告及第三人协商，原告将销售到武汉地区各零散客户的产品的发货单全部记载在被告名下，且向被告开具相应的增值税发票；但原告在诉讼过程中提交的38张出库单，均无被告的签收，且有两份出库单上原告也已记载“已办出仓手续，未发货”，原告提交的证据不足以证实其将该产品销售给了被告，第三人作为原告的销售代理，也证实该产品并未实际销售给被告；原告提交的落款时间为2018年6月20日的企业对账函，被告虽在该函件上加盖了其公章，但被告系基于第三人向其出具了书面情况说明，承诺该对账函上的货款由第三人全部负责与原告对接处理，故该对账函并非原、被告之间真实的买卖合同的反映，也非被告的真实意思表示；原告提交的增值税发票不能作为原、被告之间存在买卖合同关系的有效凭证，应结合货物交接手续等证据予以证实双方间的买卖合同关系。综上，原告提交的证据不足以证实原、被告之间的买卖合同关系以及被告所欠原告货款金额的基本事实。原告要求第三人与被告共同承担责任的诉讼请求，因第三人系原告的销售代理，原告应基于其与第三人之间的法律关系另行主张权利。

湖北省武汉市洪山区人民法院依照《中华人民共和国合同法》第六十条、第一百零七条、第一百五十九条，《中华人民共和国民事诉讼法》第六十四条、第一百四十二条，《最高人民法院关于适用〈中华人民共和国民事诉讼法〉的解释》第九十条之规定，作出如下判决：

驳回原告体育用品公司的全部诉讼请求。

一审宣判后，双方当事人未上诉，现判决已发生法律效力。

【法官后语】

买卖合同的成立要件应当包括当事人、标的和合意。在司法实践中，买卖合同成立与否，需要主张者举证证明。

《最高人民法院关于审理买卖合同纠纷案件适用法律问题的解释》第一条规定，“当事人之间没有书面合同，一方以送货单、收货单、结算单、发票等主张存在买卖合同关系的，人民法院应当结合当事人之间的交易方式、交易习惯以及其他相关证据，对买卖合同是否成立作出认定。对账确认函、债权确认书等函件、凭证没有记载债权人名称，买卖合同当事人一方以此证明存在买卖合同关系的，人民法院应予支持，但有相反证据足以推翻的除外”，对当事人所举证据应分类予以区分。第一、送货单、收货单、结算单，须有相对人签收，载有当事人或授权代理人的签字、盖章，才能作为合同成立的证据。第二，仅有增值税发票，没有其他证据证明的双方当事人之间存在真实合法的买卖关系的，一般不认定合同成立，在审判实践中也常出现开具的增值税发票与实际履行不符或者没有合同但开具增值税发票的情形。第三，对账确认函、债权确认书等函件、凭证作为当事人意思表示的载体，有终结合同关系、清算合同项下债权债务的意思表示，因而在合同成立上具有更强的证据效力。只要这些函件、凭证是当事人真实的意思表示，人民法院就应当予以认可。但是，若以上函件、凭证没有记载债权人名称，存在缺陷，当事人提供相反证据可以否定买卖合同的存在。

本案中，原告在诉讼过程中提交了出库单、增值税发票、对账函，虽然符合买卖合同的外观要件，但是证明力不足，均无法证明原告与被告之间存在真实合法的买卖合同关系。原告提交的出库单，均无被告的签收，无法证明原、被告买卖合同关系成立；原告提交的增值税发票不能作为原、被告之间存在买卖合同关系的有效凭证，应结合货物交接手续等证据予以证实双方间的买卖合同关系；原告提交的企业对账函，被告虽在该函件上加盖了其公章，但被告系基于第三人向其出具了书面情况说明，承诺该对账函上的货款由第三人全部负责与原告对接处理，故对账函并非被告的真实意思表示，该对账函不能证明原、被告之间存在买卖合同关系。综上，虽然在司法实践中常见以送货单、企业对账函认定双方之间存在事实上的买卖合同关系，但需结合送货的情况及双方之间的意思表示来认定证据效力，在证据效力不足的情况下，人民法院依法应予以驳回。

编写人：湖北省武汉市洪山区人民法院　魏慕华

5

仅提供签字确认的提货单，收货人与供货人之间买卖合同关系的认定

——高某诉杨某杰买卖合同案

【案件基本信息】

1. 裁判书字号

湖南省安乡县人民法院（2020）湘0721民初1337号民事判决书

2. 案由：买卖合同纠纷

3. 当事人

原告：高某

被告：杨某杰

【基本案情】

2019年8月，饲料经销商张某给杨某杰推销过某品牌饲料。2019年8月30日，张某通知高某给杨某杰送货260包某品牌饲料（25kg/包）（实际为259包），杨某杰于收货当天在高某出具的提货单上签字。收货一周后，杨某杰试喂之后感觉饲料质量不好，便立即微信联系张某要求退货。张某在了情况后，与高某交涉，高某一直未处理此事。之后，杨某杰再次要求张某将饲料拖走，张某将高某及其妻子的电话发给杨某杰，但此事一直未得到妥善解决。杨某杰再次联系张某，张某联系案外人杨某林、陈某武两人将杨某杰家中剩余饲料全部拖走，杨某杰向张某支付了已使用饲料的货款。之后，原告高某向被告杨某杰催讨饲料款未果，由此酿成纠纷。

【案件焦点】

仅持有提货单能否认定原、被告构成买卖合同关系。

【法院裁判要旨】

湖南省安乡县人民法院经审理认为：案外人张某让高某给杨某杰送饲料，杨某杰在收到饲料后，在供货人的提货单上签字，该提货单是杨某杰确认收货的一种凭证，不是与高某建立买卖合同的意思表示，仅此无法证明其认可与供货人高某之间存在买卖合同关系，原告高某仅提供提货单，也不能完全证明原、被告双方存在买卖合同关系。被告杨某杰提交的与张某的微信聊天记录和通话录音表明，张某在杨某杰的一再催促下，赎回未使用的饲料并收取杨某杰已使用的饲料款，从该行为看，杨某杰与张某之间就本案所涉货品（饲料）存某种权利义务关系，经核实，被告杨某杰与张某就本案饲料存在买卖关系，张某是供货方，杨某杰是买受方，高某与张某之间就案涉饲料在先也存在买卖合同关系，张某在核定利润后，加价再卖给杨某杰，即高某是供货方，张某是买受方，杨某杰是张某指定的收货人。故此，认定原告高某与被告杨某杰之间的买卖关系不成立，对高某主张被告杨某杰支付货款的诉讼请求，法院不予支持。

湖南省安乡县人民法院根据《中华人民共和国民法总则》第一百四十二条第一款，《中华人民共和国合同法》第八条，《最高人民法院关于审理买卖合同纠纷案件适用法律问题的解释》第一条第一款之规定，作出如下判决：

驳回高某的诉讼请求。

一审宣判后，双方当事人未上诉，现判决已发生法律效力。

【法官后语】

买卖合同关系是现在社会中老百姓经常会接触到的一种法律关系。随着社会经济的发展，买卖关系发生的范围相当广泛和普遍，为了交易的便捷性，有些买卖合同关系并未签订正式的买卖合同，也无法及时结清，而是在买方收到货物后向卖方出具提货单或在结算清单中签字确认，双方基于对货物清单的认可及对对方的信任在事后进行结算。但在收货人内心是否认识到送货人即出卖货物的人，即收货人与送货人之间是否达成心理上的买卖合同关系，很难从证据中体现。这就对买卖关系的认定存在一定难度。回到本案中，被告认为与其构成买卖合同的系案外人，而非原告，原告仅仅提供提货单就只能证明被告认可收到原告的送货，无法认定原、被告之间构成买卖合同关系。根据合同的相对性，高某无权直接向杨某杰主张买卖合同的货款。

在日常生活中，也存在很多未签订买卖合同的买卖关系，最常见的就是超市购物，根据平常生活经验，购物小票、发票均能认定双方存在买卖合同关系，但一般这是针对即时结清买卖关系，对于不能即时结清货款的买卖合同关系，应该审慎对待双方的结算凭证，明确对象、种类、数量、金额。否则无法保证自己行使合法权利。

编写人：湖南省安乡县人民法院　杨奕

6

特殊情形下买卖合同主体的确定

——物资公司诉刘某、制造公司买卖合同案

【案件基本信息】

1. 裁判书字号

广西壮族自治区柳州市柳北区人民法院（2020）桂0205民初4351号民事判决书

2. 案由：买卖合同纠纷

3. 当事人

原告：物资公司

被告：刘某、制造公司

【基本案情】

被告刘某是被告制造公司的股东。2018年8月28日，制造公司与商贸公司签订《买卖合同》一份，约定：制造公司向商贸公司采购钢板37块（6.587吨）、H型钢120支（13.32吨），总金额100356.1元；工程名称为某实景演出项目舞台钢结构工程；交货地点为商贸公司，交货方式为制造公司自提；制造公司预付4万元定金，提货后结清余下货款；若提货后未能结清货款，则按每天每吨3.5元支付资金占用费等内容。被告刘某在该合同买方的落款处委托代理人一栏签字确认。2018年8月29日，被告刘某通过银行账户向卢某馨转账4万元，原告开具实物出库单向被告供货，出库单上载明钢板37块（6.587吨）、H型钢120支（13.32吨），客户名称为制造公司某实景演出项目舞台钢结构工程，货物总金额100356.1元，被告刘某在收货人处签字。

原告陈述称卢某馨与原告的法定代表人卢某杰是亲戚关系，商贸公司签订了上述《买卖合同》后，由于商贸公司没有相应的钢材，所以由卢某馨电话告知原告，由原告实际供货。原告认可2018年8月29日被告刘某向卢某馨转账的4万元是用于支付上述货款。2020年9月10日，卢某馨出具《情况说明》，载明刘某向其转账的4万元是向原告采购钢材的首付款。2020年9月10日，商贸公司出具《情况说明》，载明2018年8月28日制造公司与商贸公司签订了钢材买卖合同，合同签订后，因商贸公司库存不足，因此，该笔业务转给了原告，合同所需货物均由原告提供。

【案件焦点】

1. 买卖合同主体如何确定；2. 被告关于原告诉讼主体资格的辩称是否成立；3. 原告主张的资金占用费应如何支持。

【法院裁判要旨】

广西壮族自治区柳州市柳北区人民法院经审理认为：本案的争议焦点为买卖合同的双方如何确定。

首先，被告刘某在第一次庭审过程中称买方为制造公司，第二次庭审过程中又称买方为梁某泉，被告刘某前后陈述不一致。对于被告刘某所称的梁某泉是本案责任主体的观点，原告不予认可，且被告刘某没有提供任何证据材料证实梁某泉参与了本案钢材交易行为，履行了买方的义务，被告与梁某泉之间是否存在工程款结算问题，与本案非同一法律关系。故被告刘某的该项辩称，法院不予采信。其次，商贸公司与被告制造公司签订的《买卖合同》，约定制造公司需要采购的钢材型号、数量、价格、预付款金额以及钢材使用的工程名称，与原告开具实物出库单实际进行供货所载明的上述信息相符。被告刘某是制造公司的股东，在该买卖合同的委托代理人处签字以及预付了 4 万元的行为，与合同约定的买方义务相符。为此本案买卖合同的买方为制造公司，被告刘某的签字及付款行为是代制造公司履行职务的行为。最后，原告陈述称卢某馨与原告的法定代表人卢某杰是亲戚关系，商贸公司签订了上述《买卖合同》后，由于商贸公司没有相应的钢材，所以由卢某馨电话告知原告，由原告实际供货。对此，卢某馨以及被告制造公司亦出具情况说明予以认可，二者的陈述相符。为此，原告的供货行为，是按照制造公司与商贸公司签订的买卖合同，实际履行了供货义务，本案买卖合同的卖方应为原告。综合以上几个方面，法院确认被告制造公司与原告是本案买卖合同的双方，原告主张被告制造公司支付剩余货款 60356.1 元，法院予以支持。原告主张被告制造公司从起诉之日起，按照全国银行间同业拆借中心一年期贷款市场报价利率支付资金占用费至付清之日，有事实及法律依据，法院予以支持。被告刘某并非本案买卖合同的相对方，其签字及付款是代被告制造公司履行职务行为，原告主张被告刘某承担本案连带清偿责任，法院依法不予支持。

广西壮族自治区柳州市柳北区人民法院依据《中华人民共和国合同法》第八条、第一百零七条、第一百零九条、第一百一十四条、第一百五十九条、第一百六十一条，《中华人民共和国民事诉讼法》第六十四条，《最高人民法院关于审理买卖合同纠纷案件适用法律问题的解释》第二十四条之规定，作出如下判决：

被告制造公司支付原告物资公司货款 60356.1 元及资金占用费（计算方式：

以尚欠货款为基数，自2020年7月9日起按全国银行间同业拆借中心一年期贷款市场报价利率为标准计算至被告制造公司清偿之日止）。

一审宣判后，双方当事人未上诉，现判决已发生法律效力。

【法官后语】

本案是诉讼过程中追加了当事人的买卖合同案件。被告原为刘某一人，被告刘某在第一次庭审过程中，提出原、被告诉讼主体资格的抗辩，结合被告刘某提交的买卖合同，法院经审查发现本案买卖合同主体比较特殊，为查清案件事实，避免遗漏当事人，法院追加制造公司为本案的共同被告。针对这一问题，法院重点审查了这一买卖合同关系是如何建立的。首先，从原告如何得知这一交易信息看，一开始是案外人商贸公司与被告制造公司签订《买卖合同》，约定了制造公司需要采购的钢材型号、数量、价格、预付款金额以及钢材使用的工程名称等内容，预付货款4万元是支付至商贸公司卢某馨的账户。在一般的交易模式下，接下来应是商贸公司向制造公司供货。但与众不同的是商贸公司并未实际供货。其次，原告解释说卢某馨与原告的法定代表人卢某杰是亲戚关系，商贸公司签订了上述《买卖合同》后，由于商贸公司没有相应的钢材，所以由卢某馨电话告知原告，由原告实际供货。原告开具实物出库单进行供货，单据上所载明的货物相关信息与上述《买卖合同》的内容相符，能够说清楚原告订单信息的来源以及实际供货的情况。最后，结合卢某馨和商贸公司出具的《情况说明》，可以确定是商贸公司把原由自己供货给制造公司的订单转给原告。卢某馨收取预付款，原告予以认可，而原告实际供货后，商贸公司亦予以认可。本案的实际情况是原告履行了向被告制造公司供货的卖方义务，被告刘某作为被告制造公司的股东在收货单上进行签收，是履行职务的行为。为此，法院结合实际供货、收货的情况，确认买卖合同的双方应为制造公司与原告，支持原告对被告制造公司诉讼请求，驳回原告对被告刘某的诉讼请求。

现实生活中，受货物生产进度的影响，有些企业在承接订单后，短期内无法提供相应的货款，但由于不想因此放弃该生意机会，会把该订单转给生意伙伴进行供货，导致卖方出现变化。而实际收货时，买方的员工在收货单上签字的职务行为也比较常见。所以在当事人提出买卖合同主体抗辩的情况下，应结合买卖合同的签订、实际的供货情况、当事人的陈述等因素予以认定。本案对于买卖合同主体难以确定案件的审理起到一定的借鉴作用。

编写人：广西壮族自治区柳州市柳北区人民法院　覃素红

7

买卖合同中的合同买受人与合同介绍人的认定

——程某革诉史某华买卖合同案

【案件基本信息】

1. 裁判书字号

湖北省荆州市中级人民法院（2020）鄂10民终2000号民事判决书

2. 案由：买卖合同纠纷

3. 当事人

原告（被上诉人）：程某革

被告（上诉人）：史某华

【基本案情】

2018年5月8日，被告史某华与原告程某革就购买涵管事宜进行了协商，经协商后，被告史某华向原告程某革的手机发送了短信，内容为："付款方式：供货方送完第一批货后，在送第二批货之前，付清第一批货的货款，以此类推，供货方开具增值税专用发票后，付清供货方的最后一批货款，此短信作为供货方结账的依据。"2018年5月12日，被告史某华就购买涵管事宜，又向原告程某革的手机发送了短信，内容为："承插式混凝土涵管，价格：1. DN1000：560元/根；2. DN1200：780元/根，此短信作为供货方结账的依据。"原告程某革收到上述短信内容后，累计向被告史某华指定的工地现场送货规格为 DN1000 的 10 根，规格为 DN1200 的 113 根。2019 年 5 月 19 日被告史某华对上述涵管送货数量进行了确认。2018 年 6 月 13 日，原告程某革按照被告史某华的要求，委托荆州市经济技术开发区国家税务局代开了一张增值税专用发票，该增值税发票载明：购买方名称为某控股集团，货物名称为承插涵管，规格数量为 1200×2000 的 113 根、1000×2000 的 10 根，发票金额（价税合计）100820 元。被告史某华收到该发票后，一直未向原告程某革支付相应的货款。原告程某革认为，被告史某华应当根据其向原告发送的短信内容中约定的价格支付货款，即货款为 93740 元（780 元/根×113 根+560 元/根×10 根）。

【案件焦点】

1. 案涉涵管买卖合同是否成立；2. 被告史某华主张其为涵管买卖合同的中介人的意见是否成立。

【法院裁判要旨】

湖北省荆州市沙市区人民法院经审理认为：当事人应当遵循诚实信用原则，按照约定全面履行自己的合同义务。本案中，原、被告之间就购买涵管事宜经协商后，对涵管的价格和付款方式达成一致意见，并形成了双方确认的手机短信内容，系以手机短信的形式订立合同的行为。该合同系当事人之间的真实意思表示，且不违反国家法律、行政法规的强制性规定，合法有效。双方当事人应当按照合同约定全面履行自己的义务。本案中，原告向被告指定的工地现场运送双方约定的涵管，并经被告确认后，被告应当按照约定的价格向原告支付涵管货款。现原告主张根据被告确认的送货数量，按照双方约定的价格向其支付货款的主张，于法有据，法院予以支持。被告史某华主张其系原告与某控股集团之间买卖合同的介绍人，并非本案买卖合同的买方的抗辩意见。法院认为，本案中与原告协商货物价款及付款方式的均系被告史某华本人，并非该控股集团的有权代表，且被告史某华对原告的送货数量进行了确认。同时，被告史某华在本案所涉涵管买卖事宜的协商过程中，并未出示其系受该控股集团的委托或指派，代表该控股集团与原告进行协商的相应证据材料，也未提交其系本案所涉买卖合同的介绍人的相应证据材料。故对被告史某华主张其系本案所涉买卖合同的介绍人意见，因证据不足，法院不予采信。

湖北省荆州市沙市区人民法院依照《中华人民共和国合同法》第六十条第一款、第一百零七条，《中华人民共和国民事诉讼法》第六十四条第一款、第一百四十二条，《最高人民法院关于适用〈中华人民共和国民事诉讼法〉的解释》第九十条之规定，作出如下判决：

被告史某华于本判决生效之日起十日内向原告程某军支付货款93740元。

被告史某华不服一审判决，提起上诉。

湖北省荆州市中级人民法院经审理认为：一审判决事实清楚，适用法律正确，依照《中华人民共和国民事诉讼法》第一百七十条第一款第一项之规定，作出如下判决：

驳回上诉，维持原判。

【法官后语】

《中华人民共和国民法典》第九百六十一条规定："中介合同是中介人向委托人报告订立合同的机会或者提供订立合同的媒介服务，委托人支付报酬的合同。"上述案例中，被告史某华认为其系原告与他人之间买卖合同的介绍人，并非买卖合同的买方，理由系原告开具案涉产品增值税发票载明的购买方名称为湖北中欣控股集团有限公司，并非被告本人。实务中，认定买卖合同中的合同买受人与合同介绍人，要从以下几个方面分析认定：

1. 是否系接受他人的委托

一般情况下，合同买受人并没有接受他人的委托，而是以自己的名义从事商务活动，直接接受该活动所达成的合同的约束，并从中赚取利润作为获利来源。而买卖合同的中介人则是接受委托人的委托，为委托人报告订立合同的机会或者提供订立合同的媒介服务，委托人向其支付约定的报酬作为获利来源。

2. 是否直接参与合同规格、数量、价款等合同条款的商谈

合同的买受人一般直接参与合同规格、数量、价款等合同条款的商谈，以

获取利润最大化的效果。而合同的中介人则一般不会直接参与合同规格、数量、价款等合同条款的商谈，其仅为合同当事人提供订立合同的机会或者媒介服务，买卖合同内容的商谈结果与其自身关系并不大，在中介服务活动中，其以获取委托人支付的报酬为主要经济来源。

编写人：湖北省荆州市沙市区人民法院　许子彪

8

因己方原因造成票据拒付的，债权人无权向债务人主张原因债权

——管道公司诉王某良买卖合同案

【案件基本信息】

1. 裁判书字号

江苏省无锡市中级人民法院（2020）苏02民终947号民事判决书

2. 案由：买卖合同纠纷

3. 当事人

原告（上诉人）：管道公司

被告（被上诉人）：王某良

【基本案情】

2016年5月5日，甲方生产商管道系统公司与乙方经销商王某良（或以王某良为法人代表的合法公司）签订一份经销合同，约定：管道系统公司授权王某良经销该公司品牌的不锈钢水管和管件，以及相关的安装工具和配件。该协议落款处，乙方由王某良个人签字。2016年8月26日，贸易公司成立，公司类型为有限责任公司（自然人独资）；王某良认缴出资200万元。2017年12月

4日，管道系统公司企业名称经工商变更登记为管道公司。经销合同签订后，贸易公司陆续向管道公司下订单，管道公司确认后向贸易公司发货。之后，管道公司向贸易公司开具相应的增值税专用发票。贸易公司为支付货款，先后向管道公司背书转让16张电子银行承兑汇票，票据金额共计785万元。16张电子银行承兑汇票到期后，管道公司经提示付款均未获得付款。2019年1月3日，管道公司致通知函给贸易公司，载明："贵司自2016年5月5日开始成为我司江苏/广东地区的经销商，销售我司不锈钢水管/管件等产品，截至2019年1月3日，贵司合计结欠我司货款7843973.34元。我司自2018年1月初陆续收到贵司提供的银行承兑汇票共16张，合计金额为785万元。贵司提供的前述汇票所涉款项现存在全部不能兑付的巨大风险，我司拒绝接受前述贵司提供的所有承兑汇票。鉴于贵司并未实际履行付款义务，我司敦请贵司务必于2019年1月10日前付清拖欠我司的全部货款7843973.34元，并请贵司于2019年1月5日之前签收我司背书给贵司的所有前述承兑汇票。"贸易公司既未付清货款又未收回承兑汇票。

【案件焦点】

1. 管道公司在案涉15张电子银行承兑汇票未被付款的情况下，能否依据基础法律关系要求相对方支付合同价款；2. 管道公司是否有权依照《最高人民法院关于适用〈中华人民共和国公司法〉若干问题的规定（三）》第二条的规定，在公司发起人以自己名义签订合同的情况下，请求王某良承担合同责任。

【法院裁判要旨】

江苏省无锡市锡山区人民法院经审理认为：管道公司在案涉承兑汇票未被付款后转而依据基础法律关系主张合同价款，即为主张原因债权。以票据转让支付款项仅是当事人之间的一种结算方式，转让票据本身不能认为债务已经履行完毕。本案中，贸易公司向管道公司背书转让案涉16张电子银行承兑汇票，但是管道公司作为最后持票人在提示付款后有15张票据并未获得付款：其一，尾号为4945的票据，票据状态显示逾期提示付款待签收，对此，法院认为，管道公司作为最后持票人，其系因己方原因即逾期提示而未被付款，则该票据相应的票据追索权等票据权利将相应受限，其亦无权再行主张原因债权；其二，尾号为 3886、6432、2343、2062、8044、8678、2266 的 7 张电子银行承兑汇票，在贸易公司背书转让给管道公司后，管道公司又背书转让给他人并经回头背书后成为最后持票人，该些票据流转行为均发生在票据到期日前，故并不妨碍管道公司在提示付款而未被付款的情况下主张原因债权；其三，案涉管道公司在有效期内提示付款且未获得付款的 14 张电子银行承兑汇票，管道公司作为最后持票人在票据到期且提示付款后，承兑人并未兑付票款，票据状态始终显示提示付款待签收。对此，法院认为，根据《电子商业汇票业务管理办法》第六十条第一款的规定，持票人在提示付款期内提示付款的，承兑人应在收到提示付款请求的当日至迟次日付款或拒绝付款。本案中，案涉票据的承兑人在线上收到管道公司的提示付款请求后既未付款又未拒绝付款，其行为应视为拒绝付款。根据前述分析，案涉部分债务并未履行完毕，则债权人管道公司有权向相对人主张原因债权，同时将相应的 14 张电子银行承兑汇票的票据权利让渡给相对人。

关于管道公司行使原因债权时，能否行使选择权请求王某良承担合同责任。法院认为，《最高人民法院关于适用〈中华人民共和国公司法〉若干问题的规定（三）》第二条规定，发起人为设立公司以自己名义对外签订合同，合同相对人请求该发起人承担合同责任的，人民法院应予支持。公司成立后对前款规定的合同予以确认，或者已经实际享有合同权利或者履行合同义务，合同相对人请求公司承担合同责任的，人民法院应予支持。根据该条规定，法院认为，公司成立后对上述合同进行确认或者已经实际享有合同权利的，合同相对人在知道该事实后有权选择公司或该发起人主张权利，但是一经选定不得变更。本案中，王某良在贸易公司成立前以公司发起人的身份与管道公司签订经销合同，贸易公司成立后即由贸易公司履行案涉经销合同，贸易公司向管道公司下订单、管道公司向贸易公司发货并开具增值税发票、管道公司向贸易公司发送对账单核对欠付货款数额亦于 2019 年 1 月 3 日发通知函催讨货款、贸易公司付款，从贸易公司和管道公司履行合同的行为来看，贸易公司已实际履行合同义务并享有合同权利，管道公司亦已选定贸易公司作为合同相对人及付款义务人。至此，法院认为，管道公司无权再行变更选择王某良作为合同相对人承担合同付款责任。综上所述，管道公司的诉讼请求于法无据，法院不予支持。

江苏省无锡市锡山区人民法院依照《最高人民法院关于适用〈中华人民共和国公司法〉若干问题的规定（三）》第二条、《最高人民法院关于适用〈中华人民共和国民事诉讼法〉的解释》第九十条之规定，作出如下判决：

驳回管道公司的诉讼请求。

管道公司不服，提起上诉。

江苏省无锡市中级人民法院经审理认为：二审法院同意一审法院裁判意见，认为一审判决认定事实清楚，适用法律正确，应予维持。依照《中华人民共和国民事诉讼法》第一百七十条第一款第一项之规定，作出如下判决：

驳回上诉，维持原判。

【法官后语】

票据是经济生活中重要的支付和结算工具。债务人为支付合同价款而将商业承兑汇票背书转让给债权人，债权人同时享有原因债权（合同价款请求权）和票据债权（票据上的付款请求权及追索权）。债权人应先行使票据上的付款请求权，该请求权实现则消灭合同价款请求权。当债权人行使票据付款请求权遭拒时，可从有利于自身利益实现的角度选择向票据义务人主张票据权利，或选择向合同相对方的债务人主张原因债权。又因票据的特殊性，债权人行使原因债权时应当注意以下事项：

1. 如债权人因己方原因造成票据被拒付的，债权人无权向债务人行使原因债权

债权人从债务人处受让电子承兑汇票并最终成为最后持票人，其如未注意票据到期日期而逾期提示付款导致票据未被付款，票据状态会显示逾期提示付款被拒付。《电子商业汇票业务管理办法》第六十六条规定："持票人在票据到期日前被拒付的，不得拒付追索。持票人在提示付款期内被拒付的，可向所有

前手拒付追索。持票人超过提示付款期提示付款被拒付的，若持票人在提示付款期内曾发出过提示付款，则可向所有前手拒付追索；若未在提示付款期内发出过提示付款，则只可向出票人、承兑人拒付追索。”据此，债权人在行使该票据的追索权时，仅能向出票人或承兑人进行拒付追索，而丧失了向其他前手追索的权利。如仍允许债权人向债务人主张该票据对应的原因债权，则债务人在取得该票据后亦仅能向出票人或承兑人进行追索而无权行使向所有前手追索的完整的追索权，这对债务人显然是不公平的。债权人因己方原因造成票据拒付的，相应的票据权利必将相应受限，该受限后果应由债权人自行承担，在此情况下不允许债权人选择向债务人主张原因债权。

2. 债权人选择向债务人主张原因债权后，应及时将票据权利转移给债务人

债权人因向债务人主张原因债权而将票据退回给债务人，债务人持有该票据后必将面临如何向前手主张权利的问题。票据的时效性是票据的重要特性，票据追索权和再追索权等票据权利均有严格的时效限制，如果在允许债权人选择行使原因债权的情况下又不对债权人退回票据作时间规制，则可能因债权人怠于向债务人退回票据而导致债务人行使票据权利的受限，也不排除债权人双重受偿的可能。司法实践中就出现债权人在票据被拒绝付款后选择行使合同权利，又因为双方产生争议或诉讼未决等主客观原因未及时行使票据权利或者未及时退回票据，导致票据因时效届满而失权的情况。承办法官在办理此类案件时，一定要时刻关注案涉票据权利的时效问题，未能立即结案的亦应当在诉讼中向当事人双方进行释明，要求持票人及时交接票据或主张权利，以免出现票据失权的情况出现；结案时如确认债权人选择原因债权的，应明确债权人同时向债务人退回案涉票据。

编写人：江苏省无锡市锡山区人民法院　蔡永芳

9

微商购物行为中合同主体的认定及风险承担原则

——张某虹诉代某满买卖合同案

【案件基本信息】

1. 裁判书字号

广西壮族自治区南宁市兴宁区人民法院（2019）桂0102民初7641号民事判决书

2. 案由：买卖合同纠纷

3. 当事人

原告：张某虹

被告：代某满

【基本案情】

2018年4月9日，原告添加甲微信用户为微信好友，原告向该微信用户咨询买猫事宜，当天原告向该微信用户转款300元和8200元共计8500元，双方协商由该微信用户通过航空快递方式向原告寄送其所购的猫，该微信用户还向原告提供名字为“陈某强”的身份证复印件照片，在双方微信记录中显示，原告收到猫后认为该猫与先前双方协商时该微信用户提供视频中其选定的不一致，要求该微信用户处理解决，但此后该微信用户均未予处理并回复。

原告于2018年4月15日将该微信用户提供的身份证照片中的“陈某强”诉至法院，要求其退回购猫款8500元，形成（2018）桂0102民初2496号买卖合同纠纷案件，在该案中，法院系通过公告送达方式向陈某强送达应诉材料。在该案诉讼过程中，法院向某支付科技公司调查核实甲微信用户的实名认证情况，支付科技公司复函称：该微信用户在 2018 年 1 月 17 日至 2018 年 4 月 21 日的实名认证信息为代某满。原告遂申请撤诉，法院于 2018 年 12 月 17 日出具准予撤诉的裁定，其后原告将代某满作为被告提起诉讼，提出诉讼请求：（1）判令被告退回原告买猫的全款 8500 元；（2）本案诉讼费用由被告承担。

在本案诉讼过程中，法院组织原、被告双方通过远程视频的方式进行了询问、证据质证及相互发问。为核实甲微信用户是否存在多个实名认证信息、是否绑定银行账户、以代某满的身份进行实名认证时是否需要提供其本人反馈自身的具体信息如人脸识别等事项，法院再次向上述支付科技公司调查核实，该公司的复函中显示：甲微信用户于 2017 年 11 月 10 日 14：17 至 2018 年 1 月 16 日 14：52 实名认证信息为刘某霞，已绑定银行卡；2018 年 1 月 17 日 18：01 至 2018 年 4 月 21 日 13：02 的实名认证信息为代某满，未绑定银行卡；对其他问题未予回复。

被告代某满在诉讼过程中提供了其户籍所在地的村民委员会出具的《证明》，载明：代某满一直是该村辖区内常住人口，从来没有变更过户口和身份信息，没有发生或任何不良信誉记录，从来没有开过网店、电商、微商。

【案件焦点】

代某满是否是本案所涉买卖合同法律关系的适格被告，应否承担本案的合同责任。

【法院裁判要旨】

广西壮族自治区南宁市兴宁区人民法院经审理认为：原告主张原、被告双方成立买卖合同关系的主要依据为微信记录、微信转款记录，上述证据的种类为电子数据，从上述电子数据中可知，案涉甲微信用户实际使用人是接收原告交付货款的直接相对方，也是与原告成立买卖合同关系的一方当事人。上述电子数据是由第三方平台即支付科技公司记录、保存，该第三方平台反馈的微信实名认证情况应为真实、可信的信息，从该第三方平台反馈的情况来看，案涉的微信账户存在多人、连续实名认证的情况，这与日常生活中个人名下特定名称的微信号一般仅对自己本人的信息进行实名认证的使用习惯不相符，说明该微信账号可能存在异常实名认证的情况；被告的信息虽然也被进行了实名认证，但在被告的信息实名认证期间，该微信账号并未实际绑定被告名下的银行卡，本案现有证据也无法证实该微信账号在实名认证期间由被告本人提供了除身份证号码、姓名外的其他个人信息，故无法证实被告与该微信用户的实际使用人之间具有同一性；从法院组织双方通过远程视频方式进行质询、相互发问的情况来看，被告本人对于微信使用操作的具体流程并不清楚，这与原告提供的微信记录中该微信用户能流畅使用微信进行交流、收款等内容不相符，且被告亦提交了其户籍所在地的村民委员会出具的《证明》，证实其从未开设网店从事网络经营的事实，已符合民事诉讼证据中高度盖然性的证明标准。综上所述，原告系通过非正常交易的途径购买宠物，而本案现有证据尚不足以充分证明原、被告之间形成买卖合同关系，即被告为原告主张的买卖关系的适格被告，原告据此主张被告承担买卖合同的合同责任，缺乏依据，故法院对原告的诉讼请求不予支持。

广西壮族自治区南宁市兴宁区人民法院依照《中华人民共和国合同法》第一百三十条，《中华人民共和国民事诉讼法》第六十四条第一款之规定，作出如下判决：

驳回原告张某虹的诉讼请求。

一审宣判后，双方当事人未上诉，现判决已发生法律效力。

【法官后语】

微信作为公众接受度较广的一项交流工具，因其在交流、支付等功能中的便捷表现，越来越多的人选择使用微信完成日常交易，包括转账、发红包、支付合同价款等支付功能，另外，微信的交流和支付等功能也衍生出“微商”、陌生人添加等非正常交易，在非正常交易的模式下，交易双方甚至无须核实双方的真实身份信息即可完成交易。但因这种非正常交易过于依赖交易主体的交易诚信，缺乏交易市场第三方合法性审查和监督，一旦出现交易纠纷，交易相对方的真实身份将难以确认，继而对交易维权将产生不利影响。本案具有典型性，在涉及微信交易案件与日俱增的背景下，在举证责任分配、电子证据的审查认证等方面，具有示范性作用。

1. 微信实名认证不是确认交易相对方的唯一证据

司法实务中发现，在早期的微信使用规则中，微信实名认证并非微信使用的前置程序，即便实名认证，操作的步骤也相对简单，仅限于提供姓名和身份证号码，由于后期交易手段的技术需求，在后期的微信使用规则中（尤其2018年年底之后），实名认证才出现认证信息与个人的其他隐蔽信息相匹配的要求，如银行卡使用人对应、人脸识别认证等，以区别本人与他人代为实施操作，进一步甄别、防范因个人信息泄露所导致的交易风险，如何认定早期微信实名认证规则变更之前的实名认证信息，是案件确认交易主体的关键。本案中，出现两个认定交易主体的证据，一是交易相对方在交易过程中主动出示的身份证件照片；二是法院主动调取的微信实名认证信息。基于身份证件照片取得途径的不确定性，交易相对方主动提供的身份证件照片不能直接作为认定交易主体的证据，除非有其他辅证予以佐证。基于早期微信实名认证规则的漏洞风险，在被告已明确提出异议且提交初步反驳证据的情况下，微信实名认证信息亦不宜直接作为认定交易主体的证据。

2. 异常实名认证是推翻微信实名认证的有利证据

根据民事诉讼的举证规则，当事人提出主张、反驳对方主张均需进行举证，否则仍需承担举证不能的法律后果。一般情况下，足以构成民事诉讼高度盖然性证明标准的反驳证据包括：个人身份信息遭泄露的报警记录和受理记录、个人与交易行为无关的客观证明、微信用户存在异常实名认证的情况以及根据行为人的语言、生活经验等综合判断情况。本案中，被告在诉讼过程中反复提及个人身份信息可能被泄露的途径，但因客观原因未能提供相应的报警记录和受理记录，经法院的释明后，被告提交了当地村委会的证明，证实被告从未经营网店，从而降低被告是微信实际使用人的概率，经法院依职权调查，该微信用户存在多人认证、连续认证的情况，与一般人使用微信的实名认证习惯不相符，说明存在异常认证的情况，上述证据即可形成证据链，证实被告并非交易行为的相对方。法院作出的这一认定结论，既从证据的审查认证方面达到了法律事实和客观事实的统一，也有利于保护相对弱势群体即被告的合法权益。

3. 交易行为人应对自行选择非正常交易的方式承担交易风险

交易行为人为规避现行法律规定或出于“省时”“省事”考虑的目的，摒弃相对严苛的实体交易线下途径以及正规调整双方交易行为的第三方线上途径，自行选择费用负担可能更少、风险承担可能更高的隐蔽式非正常交易方式，其在达成交易时应对交易风险有一定预判，即明知交易相对方可能无法查明的风险，故其应对其自行选择的该种交易方式承担不利的交易风险，如将该交易风险直接转嫁给微信实名认证信息指向的主体，而该主体实际并非交易相对方，在这种情况下很可能造成社会的负面影响，不利于维护正常的交易秩序。

编写人：广西壮族自治区南宁市兴宁区人民法院　农慧兰

三、买卖合同的效力

10

基于通谋虚伪意思表示签订的合同不发生法律效力

——甲洗涤公司诉洗涤设备公司买卖合同案

【案件基本信息】

1. 裁判书字号

北京市第三中级人民法院（2020）京03民终11924号民事判决书

2. 案由：买卖合同纠纷

3. 当事人

原告（上诉人）：甲洗涤公司

被告（被上诉人）：洗涤设备公司

第三人：乙洗涤公司

【基本案情】

2015年6月29日，被告与第三人就买卖干洗机设备事宜进行邮件沟通，双方对买卖干洗机设备的合同条款进行了磋商，邮件所涉合同的买方为第三人、卖方为被告，合同金额为348万元，合同标的为干洗机设备12台，第三人在邮件中表示如被告无异议就按邮件所涉合同来签订，但双方最终未签订书面的买卖合同。2015年6月30日，第三人向被告转账20万元。2015年8月24日，原告向被告转账174万元，被告向第三人转账20万元；2015年9月24日，案外人乙洗涤公司向被告转账174万元。2015年8月，被告向原告邮寄了一份加盖己方公章且经委托代理人签字的《设备购销合同》，合同主要条款同被告与第三人邮件磋商所涉合同的条款基本一致。2015年9月，被告向案外人乙洗涤公司发了7台干洗机设备，向第三人发了4台干洗机设备。原告主张被告未依约向其交付干洗机设备，构成违约，故起诉要求解除合同，请求法院判令被告返还货款174万元并支付17.4万元的违约金。被告表示其向原告邮寄合同是为了使原告支付款项行为合规，原告向其支付174万元实际是代替第三人（第三人当时系原告及案外人乙洗涤公司的控股股东）支付款项，其与原告并不存在真实买卖合同关系，第三人才是干洗机买卖合同的相对人，且被告已经依据第三人指示将干洗机设备发送至指定地点。

【案件焦点】

1. 甲洗涤公司与洗涤设备公司有无建立买卖合同关系的真实意思表示；2. 案涉《设备购销合同》对双方当事人是否发生法律效力。

【法院裁判要旨】

北京市顺义区人民法院经审理认为：民事法律行为生效的前提之一是行为人具有真实的意思表示，在双方法律行为中，需行为人、相对人达成真实且一致的意思表示，行为人与相对人通谋而以虚假意思表示实施的民事法律行为无效，以虚假的意思表示隐藏的民事法律行为的效力，依有关规定处理。行为人与相对人实施的通谋虚伪行为往往包括表面的伪装行为（共同作出的与真实意思不一的行为）及内部的隐藏行为（被掩盖于表面行为之下，代表行为人与相对人的真实意思的行为）。在通谋虚伪行为中，行为人对表意行为与内心真实意思不一致是明知的，且行为人与相对人具有共同作出虚假意思表示的通谋，在此情况下，行为人与相对人实施的伪装行为无效，其内部隐藏行为的效力需要结合隐藏行为的性质本身及相关的法律规定来认定。具体到本案，原告虽提交了加盖被告公司印章的《设备购销合同》及付款凭证，但根据双方当事人提交的证据、当庭陈述，无法认定被告具有签订案涉《设备购销合同》的真实意思，且原告在合同签订、货款支付、权利行使等方面存在诸多与常理不符之处，如案涉《设备购销合同》上加盖的公章系原告2017年7月7日更名后的公章、原告在未收到被告调试检验通知的情况下径行向被告支付了全部货款、原告在被告违约交付设备长达3年多的时间中未向被告主张过交货或者其他违约责任等，综合上述情况，法院认为双方当事人对于签署合同但不建立真实买卖合同关系、原告支付款项但不是履行涉诉设备购销合同项下付款义务均是明知的，双方构成通谋虚伪意思表示，被告在合同上盖章并向原告邮寄合同的行为系伪装行为，掩盖于该伪装行为之下反映双方真意的行为是原告代第三人向被告付款。双方以虚假的意思表示实施的民事法律行为无效，原告的诉讼请求没有法律依据。

北京市顺义区人民法院依照《中华人民共和国民法总则》第一百四十六条，《最高人民法院关于适用〈中华人民共和国民事诉讼法〉的解释》第九十条、第一百零八条、第二百四十条之规定，作出如下判决：

驳回甲洗涤公司的全部诉讼请求。

甲洗涤公司不服一审判决，提起上诉。

北京市第三中级人民法院经审理认为：同意一审法院裁判意见，一审法院判决认定事实清楚，适用法律正确，应予维持。依照《中华人民共和国民事诉讼法》第一百七十条第一款第一项之规定，作出如下判决：

驳回上诉，维持原判。

【法官后语】

通谋虚伪意思表示，是指各方合意作出的与其内心真实意思不一致的对外表示。各方基于该虚伪意思共同实施的法律行为即通谋虚伪行为，通谋虚伪行为往往包括伪装行为（表面行为）和隐藏行为（与内心真实意思一致的行为），具有以下特点：（1）通谋虚伪行为必有目的，但不一定是非法目的，应与《中华人民共和国合同法》第五十二条第三项“以合法形式掩盖非法目的”之行为相区分；（2）通谋虚伪行为必存在伪装行为，与“恶意串通，损害国家、集体或者第三人利益”并不完全重合，后者可能存在意思表示均为真实之情形；(3) 通谋合意不一定通过书面形式体现，该情况下需要法院对当事人实施的行为进行分析解释从而得出结论。

《中华人民共和国民法总则》（现相关内容已编入《中华人民共和国民法典》）重构了《中华人民共和国合同法》实施以来确立的以第五十二条为核心的合同无效制度，将“以合法形式掩盖非法目的”合同无效之情形予以删除，并融合至《中华人民共和国民法典》第一百四十六条和第一百五十四条的规定，确立了以虚假意思表示实施的民事法律行为无效以及恶意串通，损害他人合法权益的民事法律行为无效的相关制度。

司法实践中，与通谋虚伪意思表示相关的案件数量呈增加趋势，法院认定的理由主要是当事人自认存在通谋虚伪意思表示，如保理纠纷中债权人和债务人为了自身诉讼利益自认签署的合同为虚假。但法院主动依据《中华人民共和国民法典》第一百四十六条来确认民事法律行为效力的案件数量并不多，主要原因在于：(1) 当事人一方否认存在虚伪意思表示的情况下，对于其内心真实意思的探究难度较大；(2) 无隐藏行为或隐藏行为不明显的情况下，对行为人与相对人具有通谋合意的审查难度较高。

具体到本案，原告甲洗涤公司提交了有被告员工签名及被告公司盖章的《设备购销合同》原件与合同金额一致的付款凭证，且原告在案件审理过程中主张其具有购买洗涤设备的真实意思，否认存在与被告签署虚假合同的情形。根据双方提交的证据，无法直接得出双方存在合意签署虚假合同的结论。但法院考虑到隐藏行为的隐蔽性以及商事交易主体自利性（出于利己考虑而否认对己不利事实）的特点，从合同签订主体、合同内容的具体约定、合同实际履行、交易惯例等细节问题出发，对于当事人不具有建立真实买卖合同关系的一系列行为作出了分析，并最终对双方签署《设备购销合同》及付款行为的真实意图作出了认定。

《中华人民共和国民法典》第一百四十六条对于民商事交易实践中常常出现的通谋虚伪行为效力的认定具有重要意义，解决了各类“名实不符”合同效力的问题。而本案的重要价值在于，该条法律规定仅为一般性、框架性规定，在法律法规或司法解释对于通谋虚伪行为构成要件未有更详细具体规定的情况下，本案是对该条法律规定具体适用情形的有益探索。

编写人：北京市顺义区人民法院　幸江　余冬梅

11

盖章行为以及职务代理的效力认定问题

——贸易公司诉建材公司、唐某春买卖合同案

【案件基本信息】

1. 裁判书字号

湖南省衡阳市南岳区人民法院（2020）湘 0412 民初 111 号民事判决书

2. 案由：买卖合同纠纷

3. 当事人

原告：贸易公司

被告：建材公司、唐某春

【基本案情】

2019 年 5 月 20 日至 2019 年 11 月 18 日，被告唐某春内部承包建材公司。在此期间，唐某春以建材公司的名义于 2019 年 9 月 25 日与原告签订《制砂购销合同》。根据该合同内容，贸易公司是供方、甲方，建材公司是需方、乙方。《制砂购销合同》第四条结算及付款方式第一项约定："甲方向乙方垫付货款资金为 150 万元人民币，当垫付资金满后乙方须随时向甲方支付后续货款。每月末甲方凭乙方过磅单结算和对账一次。"第八条第二款乙方的违约责任第一项约定："甲方垫资货款 150 万元，超出 150 万元垫资金额，乙方就必须无理由把

货款结清（只限 3 日内）。如果超出 3 日甲方未收到乙方的货款，甲方有权停止供货，乙方向甲方赔偿当次货款的 20%的滞纳金。”该合同约定有效期从 2019 年 10 月 1 日起至 2020 年 10 月 1 日止。唐某春以“法定代表”身份在合同上签名，蒋某仲系原告的业务员并以原告的“经办人”身份在合同上签名。在《制砂购销合同》的落款处加盖建材公司印章。《制砂购销合同》签订后，原告将岩石制砂运送至建材公司。2019 年 11 月 7 日以后，由于原材料及运费上涨等原因，原告未再供货，双方协商一致同意解除《制砂购销合同》。2019 年 10 月 15 日、10 月 30 日唐某春分别在 3 张《付款申请单》上签名确认货款金额为 56367.64 元、317974.7 元、191283.86 元；2019 年 12 月 3 日，唐某春在《十一月结算清单》上签名确认货款为 58473 元，以上货款共计 624099.2 元。2020 年 3 月 18 日，被告唐某春向原告出具一份《承诺》，载明：“承诺唐某嵘砾石款在 2020 年 4 月 20 日付清，唐某春，2020.3.18。”另查明，建材公司已经支付货款 7 万元。

【案件焦点】

1.《制砂购销合同》是否有效，建材公司是否应支付原告货款 554099.2 元；2. 建材公司是否应支付违约金 110819 元；3. 被告唐某春对案涉货款是否应承担连带偿还责任。

【法院裁判要旨】

湖南省衡阳市南岳区人民法院经审理认为：关于焦点一，建材公司辩称《制砂购销合同》上的印章不是该公司的印章，原告与建材公司的债权债务关系不成立。法院认为，庭审中查明，2019 年 5 月 20 日至 2019 年 11 月 18 日，被告唐某春内部承包建材公司，唐某春对外以建材公司从事经营活动，由此可见唐某春具有代理建材公司实施民事法律行为的权限。2019 年 9 月 25 日，唐某春以建材公司与原告签订《制砂购销合同》，并加盖了建材公司印章，根据《中华人民共和国民法总则》第一百六十二条“代理人在代理权限内，以被代理人名义实施的民事法律行为，对被代理人发生效力”的规定，故《制砂购销合同》对建材公司具有约束力。建材公司以所盖之章与该公司的印章不一致为由否定合同效力，法院不予支持。合同签订后，原告向建材公司履行了供货义务，建材公司接收了原告的货物，之后唐某春在3张《付款申请单》和1张《十一月份结算清单》上签字确认，亦是代理建材公司对外从事经营活动、实施民事法律行为，同样对建材公司发生效力。

2019年11月7日后，贸易公司与建材公司协商一致，达成了解除合同的合意，根据《中华人民共和国合同法》第九十三条第一款“当事人协商一致，可以解除合同”的规定，法院予以确认。合同解除后，原告可以要求建材公司支付所欠货款，故贸易公司要求建材公司支付货款554099.2元的诉讼请求，法院予以支持。

关于焦点二，原告以《制砂购销合同》第八条第二项“甲方垫资货款150万元，超出150万元垫资金额，乙方就必须无理由把货款结清（只限3日内）。如果超出3日甲方未收到乙方的货款，甲方有权停止供货，乙方向甲方赔偿当次货款的20%的滞纳金”为依据，要求建材公司赔偿违约金。法院认为，结合《制砂购销合同》第四条结算及付款方式第一项约定：“甲方向乙方垫付货款资金为150万元人民币，当垫付资金满后乙方须随时向甲方支付后续货款。每月末甲方凭乙方过磅单结算和对账一次。”实际上，截至双方协商一致解除《制砂购销合同》时，贸易公司垫资货款并没有达到150万元，原告要求建材公司赔偿滞纳金的条件未成就，故贸易公司要求建材公司支付110819元违约金的诉讼请求，没有事实依据，法院不予支持。

关于焦点三，原告以唐某春与建材公司存在内部承包关系为由，要求唐某春对建材公司所欠货款承担连带偿还责任。法院认为，根据《中华人民共和国民法总则》第一百七十八条第三款“连带责任，由法律规定或者当事人约定”的规定，本案中，被告唐某春内部承包建材公司，对外与原告签订合同的主体是建材公司，接收货物的主体也是建材公司，且庭审中，原告未提交唐某春同意承担连带责任的证据，故贸易公司要求被告唐某春对案涉货款承担连带偿还责任的诉讼请求，无事实和法律依据，法院不予支持。

据此，湖南省衡阳市南岳区人民法院依照《中华人民共和国民法总则》第一百六十二条、第一百七十八条第三款，《中华人民共和国合同法》第九十三条第一款、第九十七条、第一百五十九条之规定，作出如下判决：

一、确认贸易公司与建材公司签订的《制砂购销合同》解除；

二、限建材公司在本判决生效之日起一个月内支付贸易公司货款554099.2元；

三、驳回贸易公司的其他诉讼请求。

一审宣判后，双方当事人未上诉，现判决已发生法律效力。

【法官后语】

在审判实践中，一些公司为了逃避债务，有意刻制两套甚至多套公章，有的法定代表人或者代理人甚至私刻公章，订立合同时恶意加盖非备案的公章或者假公章，发生纠纷后公司以加盖的是假公章为由否定合同效力的情形并不鲜见。法院在审理此类案件时，应当主要审查签约人于盖章之时有无代表权或者代理权，从而根据代表或者代理的相关规则来确定合同的效力。代理人以被代理人名义签订合同，要取得合法授权。代理人取得合法授权后，以被代理人名义签订的合同，应当由被代理人承担责任。被代理人以代理人事后已无代理权、加盖的是假章、所盖之章与备案公章不一致等为由否定合同效力的，法院应不予支持。

编写人：湖南省衡阳市南岳区人民法院　蒋海彬

12

口头约定、分批交付的农产品买卖合同，应视为若干买卖合同的集合，已交付部分按约定处理，解除效力仅及于未履行部分

——崔某平诉果业店等买卖合同案

【案件基本信息】

1. 裁判书字号

新疆维吾尔自治区轮台县人民法院（2020）新 2822 民初 140 号民事判决书

2. 案由：买卖合同纠纷

3. 当事人

原告：崔某平

被告：果业店、陈某、吕某洲

【基本案情】

2019 年 9 月 6 日，原告崔某平在被告吕某洲的介绍下，与果业店的员工陈某达成口头协议，约定崔某平将香梨销售给果业店，陈某向崔某平支付定金 1 万元。后因崔某平提供的香梨不符合收购标准，双方于 2019 年 9 月 11 日口头解除合同。

在解除合同之前，原告崔某平已分 5 次向果业店交付一级香梨 9494.4 公斤，每公斤 7.5 元；交付二级香梨 3040 公斤，每公斤 2.5 元。

【案件焦点】

分批交付的买卖合同如何确认是部分解除还是全部解除。

【法院裁判要旨】

新疆维吾尔自治区轮台县人民法院经审理认为：原告崔某平与被告果业店形成买卖合同系双方真实意思表示，且不违反法律、行政法规的强制性规定，合法有效。原告崔某平交付了香梨，被告果业店理应支付货款。对原告主张的货款 81656 元，经核算，依法支持 68808 元（9494.4 公斤×7.5 元/公斤+3040 公斤×2.5 元/公斤-10000 元）。对被告果业店辩称双方解除买卖合同后，原告崔某平将销售的香梨转为仓储，双方形成仓储合同的意见，法院认为，根据《中华人民共和国合同法》第一百六十六条第一款“出卖人分批交付标的物的，出卖人对其中一批标的物不交付或者交付不符合约定，致使该批标的物不能实现合同目的的，买受人可以就该批标的物解除”之规定，该案中，原告崔某平分批交付的香梨已经果业店检验，并进行适当扣称，交付行为已完成，双方在此之后口头协议解除合同，并不影响之前买卖合同目的的实现，且被告果业店提供的证据无法充分证明双方就已交付的香梨达成仓储合同，故对该辩解，法院不予采纳。

综上，新疆维吾尔自治区轮台县人民法院依照《中华人民共和国合同法》第八条、第十条、第四十四条、第一百零九条、第一百三十条、第一百六十六条第一款及《最高人民法院关于适用〈中华人民共和国民事诉讼法〉的解释》第九十条之规定，作出如下判决：

一、被告果业店于本判决生效后五日内一次性向原告崔某平支付货款 68808 元；

二、驳回原告崔某平的其他诉讼请求。

一审宣判后，双方当事人未上诉，现判决已发生法律效力。

【法官后语】

分批交付货物在买卖合同中非常常见，特别是农产品的交付，由于条件限制，经常出现多批次交付的现象。在拥有“梨城”美称的库尔勒地区，香梨、杏子、红枣、棉花等农产品的交付基本上都会采用分批交付的形式，如何有效妥善解决此类纠纷就显得尤为重要。

本案就是一起果农与水果店因收购香梨产生的买卖合同纠纷，在本地区具有很强的典型性和代表性。这类合同多数都是形成口头合同，且对分批交付很少进行约定，一旦发生意见分歧，由于书面证据的缺失，很容易造成事实不易被查清。在此，笔者就对分批交付的认定及所产生的法律后果进行简单分析，仅供参考。

《中华人民共和国合同法》第一百六十六条规定："出卖人分批交付标的物的，出卖人对其中一批标的物不交付或者交付不符合约定，致使该批标的物不能实现合同目的的，买受人可以就该批标的物解除。出卖人不交付其中一批标的物或者交付不符合约定，致使今后其他各批标的物的交付不能实现合同目的的，买受人可以就该批以及今后其他各批标的物解除。买受人如果就其中一批标的物解除，该批标的物与其他各批标的物相互依存的，可以就已经交付和未交付的各批标的物解除。"由此可以看出：（1）一般情况下，出卖人不履行某一批标的物的交付，买受人可以针对该批标的物不履行的情况要求出卖人承担违约责任，如果出卖人对该批标的物的不履行构成根本违约，买受人可以就该批标的物主张对整个合同的部分解除。（2）出卖人对某批标的物的根本违约，如果将导致对该批之后的各批的根本违约，买受人就有权解除合同中该批及以后的合同。（3）某批标的物与整个合同的其他各批标的物可能是相互依存的，或者说是不可分的，否则整个合同的履行将不可能或者没有意义。在这种情况下，买受人如果依法可以对该批标的物解除，那么他就可以直接解除整个合同。

本案中，双方的争议焦点为在买卖合同协商解除后，已交付的香梨如何处理的问题。原告崔某平主张香梨款的潜在意思是认为口头协议解除之前的买卖合同继续有效，之后的买卖合同解除；而被告果业店认为买卖合同已完全解除，已交付的香梨转为仓储，不但不应该支付香梨款，还应该收取仓储费。据此，确认双方的买卖合同是部分解除还是全部解除就是重中之重。笔者认为，分批交付的香梨并不存在紧密的相互依存关系，一批香梨的不交付或者交付的香梨不符合合同约定，仅会影响该部分合同的履行，不会导致整个合同目的的无法实现，且双方当事人没有明确约定是对整个买卖合同进行解除，故我们可以将分批交付的香梨视为若干个买卖合同的集合进行分析，即已交付部分的买卖合同继续有效，未交付部分的买卖合同解除，故果业店应按约定支付已交付香梨的香梨款。换言之，即使按照被告果业店的思路，整个香梨买卖合同已经协商解除，根据《中华人民共和国合同法》第九十七条的规定，其作为买受人应及时返还已收取的香梨，而不是以仓储之名继续占有，这不符合交易习惯，更不符合法律规定。

编写人：新疆维吾尔自治区轮台县人民法院　李显明

13

以"封建迷信"为交易目的的合同的效力认定

——赵某萍诉王某萍、珠宝文化公司买卖合同案

【案件基本信息】

1. 裁判书字号

北京市第三中级人民法院（2020）京 03 民终 1786 号民事判决书

2. 案由：买卖合同纠纷

3. 当事人

原告（反诉被告、被上诉人）：赵某萍

被告（反诉原告、上诉人）：王某萍

被告（上诉人）：珠宝文化公司

【基本案情】

王某萍系珠宝文化公司之法定代表人。

赵某萍参加了王某萍于 2015 年 11 月 1 日在其家中组织的聚会，王某萍邀

请了所谓“风水大师”进行授课；2015 年 11 月 3 日赵某萍购买了 5 个水晶洞，向珠宝文化公司支付了一半的水晶洞款 97218 元，另向王某萍出具了剩余 97218 元的欠条。关于赵某萍是如何参加的此次聚会，法院结合证据认定赵某萍系受珠宝文化公司之邀于 2015 年 11 月 1 日到王某萍的家中参加的所谓“易经风水高端私人聚会”；关于聚会中讲授的内容，法院结合此次聚会的主题“易经风水高端私人聚会”、会后赵某萍购买 5 个水晶洞的事实以及赵某萍与陈某傧、杨某翔、韩某礼之间微信记录的内容，认定本次聚会主要宣讲的是水晶洞具有转运招财等特殊功能的风水内容。赵某萍称其按照王某萍和“风水大师”所说天天给水晶洞浇水、沟通许愿，但不仅没发财，生意还比原来差。后赵某萍醒悟，找王某萍要钱，王某萍不退款，指责赵某萍没有按其教的好好做，还让赵某萍和水晶洞沟通。赵某萍为维护合法权益，故诉至人民法院要求判令珠宝文化公司、王某萍向赵某萍退还货款 97218 元；判令珠宝文化公司、王某萍取回货物 5 个水晶洞；判令珠宝文化公司、王某萍赔偿赵某萍损失 291654 元。王某萍反诉要求判令赵某萍支付王某萍水晶款 97218 元；赵某萍支付王某萍利息损失。

【案件焦点】

1. 珠宝文化公司是否是买卖合同主体；2. 王某萍及珠宝文化公司的行为是否构成欺诈；3. 本案买卖水晶洞的合同是否有效。

【法院裁判要旨】

北京市朝阳区人民法院经审理认为：赵某萍购买案涉水晶洞，其货款支付至珠宝文化公司账户，珠宝文化公司、王某萍以赵某萍的个人行为抗辩，鉴于各方之间无书面合同、案涉款项支付至公司账户、王某萍系公司法定代表人、珠宝文化公司和王某萍的陈述等因素，法院认定赵某萍与珠宝文化公司、王某萍之间形成事实上的买卖合同，法院认定案涉合同无效，珠宝文化公司、王某萍应将收取的货款返还赵某萍，赵某萍应将案涉水晶洞返还珠宝文化公司、王某萍。

北京市朝阳区人民法院依照《中华人民共和国合同法》第五十二条、第五十八条，《中华人民共和国民事诉讼法》第六十四条之规定，作出如下判决：

一、珠宝文化公司、王某萍于判决生效后七日内返还赵某萍货款97218元；

二、赵某萍于判决生效后七日内返还珠宝文化公司、王某萍水晶洞5个；

三、驳回赵某萍的其他诉讼请求；

四、驳回王某萍的全部诉讼请求。

王某萍、珠宝文化公司不服一审判决，提出上诉。

北京市第三中级人民法院经审理认为：本次聚会是以珠宝公司的名义邀请赵某萍参加的，聚会地点显示的亦是北京某会所，珠宝文化公司的经营范围亦包括销售工艺品，且赵某萍的水晶洞货款亦是支付到珠宝文化公司的账户，王某萍参与组织聚会、销售水晶洞，系作为公司的法定代表人履行相应职责，其法律后果由法人承受，故珠宝文化公司应系买卖合同的主体。但考虑到王某萍坚持主张其个人系买卖合同主体，主动承担合同的权利义务，并据此反诉要求赵某萍支付剩余的水晶洞货款，一审法院认定王某萍、珠宝文化公司与赵某萍之间形成事实上的买卖合同关系亦无不妥。

赵某萍主观上并非系因王某萍及珠宝文化公司的行为而陷入错误的判断。赵某萍在参加聚会之前明知此次聚会的主题是“易经风水聚会”，且邀请的是所谓“风水大师”讲授“如何利用自然界的万物改善自身运气、达到人丁两旺、财源滚滚”等内容而仍然参加，其作为经营服装生意多年的完全民事行为能力人对聚会中所宣讲的风水内容竟深信不疑，并在聚会后的第3天愿意花费近20万元购买5个水晶洞，且此后按照所谓“风水大师”的指导每天给水晶洞浇水、沟通、许愿等长达3年之久。可见，赵某萍自身亦相信水晶洞有特殊功能，其购买水晶洞并非因王某萍及“风水大师”的蛊惑而被骗购买，故法院认为王某萍及珠宝文化公司在此次交易中的行为并不足以对赵某萍构成欺诈。

任何民事活动均须遵守法律，法律没有规定的，应当遵守国家政策。任何民事活动均须尊重社会公德，坚信社会主义先进文化，弘扬社会主义核心价值观，不得损害社会公共利益，不得扰乱社会经济秩序，不得违背公序良俗，严禁宣扬封建迷信思想，案涉合同不符合中国特色社会主义先进文化的发展要求。本案所传递的合同目的系不劳而获、不务实际、崇拜虚无的封建迷信思想，明显与马克思主义的世界观、人生观、价值观不符，与社会主义核心价值观背道而驰。本案中，珠宝文化公司通过组织风水聚会活动宣讲风水、招财、转运等封建迷信思想，以合法形式掩盖其非法目的，违背公序良俗，损害了社会公共利益，扰乱了社会经济秩序，故本案买卖水晶洞的合同应属无效。无效的合同，自始没有法律约束力，因该合同取得的财产，应当予以返还。据此，赵某萍有权要求王某萍及珠宝文化公司退货退款；王某萍及珠宝文化公司无权要求赵某萍继续支付剩余货款。

北京市第三中级人民法院依照《中华人民共和国合同法》第七条、第五十二条第三项、第五十六条、第五十八条及《中华人民共和国民事诉讼法》第六十四条、第一百七十条第一款第一项之规定，作出如下判决：

驳回上诉，维持原判。

【法官后语】

水晶洞系地球地质运动产生，其内部主要成分为水晶，经人工开采与加工，可以作为商品进行交易。人们购买水晶洞多将其视为风水摆件，用于室内摆放、馈赠亲友等，具有一定的收藏价值与观赏价值。但在水晶洞的买卖交易中，亦存在相应的法律问题，综合本案诉辩意见，本案审理中需要处理的核心法律问题为：本案是否满足欺诈的构成要件及涉案买卖合同的效力认定问题。

1. 行为人未因相对人及第三人的行为陷入错误认识，不符合欺诈的构成要件

欺诈行为是旨在引起、强化或维持对方不正确看法之行为。欺诈行为人既可能是相对人，亦可能是当事人之外的第三人。本案中，所涉及的情况即属第三人欺诈范畴。

本案中所谓“风水大师”参加风水聚会授课并通过微信向赵某萍传递向水晶洞浇水许愿可以转运发财的信息，但赵某萍并非因此而陷入错误认知，本案通过对赵某萍本人的职业、民事行为能力、风水聚会内容及购买水晶洞前后的

相关案件事实进行分析，可见，赵某萍自身对于水晶洞具备转运发财的特殊功能亦深信不疑，其购买水晶洞并非系因王某萍及所谓“风水大师”传播的迷信思想而作出的错误意思表示，而系其因自身封建迷信思想对水晶洞的功能陷入错误认知而购买，不满足欺诈的构成要件，故王某萍及珠宝文化公司在此次交易中的行为并不足以对赵某萍构成欺诈。

2. 案涉买卖合同因违背公序良俗原则，不符合社会主义核心价值观而无效

公序良俗原则是民法的基本原则之一，民事活动应遵循公序良俗原则，公序良俗包括公共秩序与善良风俗，其中，公共秩序为社会公共秩序和生活秩序，善良风俗即由全体社会成员所普遍认可、遵循的道德准则。《中华人民共和国民法总则》第八条规定：“民事主体从事民事活动，不得违反法律，不得违背公序良俗。”《中华人民共和国民法典》总则编中的第一百五十三条规定：“违反法律、行政法规的强制性规定的民事法律行为无效。但是，该强制性规定不导致该民事法律行为无效的除外。违背公序良俗的民事法律行为无效。”《中华人民共和国民法典》该条规定用“公序良俗”的概念取代了《中华人民共和国民法通则》和《中华人民共和国合同法》中的“社会公共利益”概念，明确了违反公序良俗的民事法律行为无效。

公序良俗原则司法适用的过程反映了国家的社会价值取向，在审判实践中，对于有违公共秩序与善良风俗的行为，而又没有相关禁止性规定、缺乏裁判依据时，可以援引公序良俗原则来保护民事主体权利、维护社会公共利益。司法裁判在国家治理、社会治理中具有规则引领和价值导向作用，但由于公序良俗的内涵较为丰富，给司法裁判留下了较大的自由裁量尺度，易出现价值取向判断的分歧。最高人民法院在《关于深入推进社会主义核心价值观融入裁判文书释法说理的指导意见》中提出，社会主义核心价值观是社会主义核心价值体系的内核，体现社会主义核心价值体系的根本性质和基本特征，是全体人民在价值观念上的“最大公约数”。各级人民法院应当深入推进社会主义核心价值观融入裁判文书释法说理，努力实现富强、民主、文明、和谐的价值目标，努力追求自由、平等、公正、法治的价值取向，努力践行爱国、敬业、诚信、友善

的价值准则。故在适用公序良俗原则的案件中，应当发挥社会主义核心价值观的指引作用，将社会主义核心价值观作为检验自由裁量权是否合理行使的重要标准，以公正裁判树立行为规则。

本案中，水晶洞购买方赵某萍从事服装生意，希望生意兴隆、财源广进，体现了其自身对美好生活的向往，这本无可厚非，但是其通过购买水晶洞并向其浇水许愿等方式来达到发财的目的，将自身命运寄托于虚无缥缈、宣扬不劳而获的迷信思想显属荒谬。法律不保护以封建迷信为目的的交易行为，案涉水晶洞买卖合同违反了公序良俗原则，与社会主义核心价值观相悖，应为无效合同。

编写人：北京市第三中级人民法院　张清波　王欣欣

14

有权代理或表见代理情形下，行为人用印瑕疵不影响合同效力

——饲料公司诉种猪公司等买卖合同案

【案件基本信息】

1. 裁判书字号

湖北省武汉市中级人民法院（2020）鄂 01 民终 11122 号民事判决书

2. 案由：买卖合同纠纷

3. 当事人

原告（被上诉人）：饲料公司

被告（上诉人）：种猪公司

被告：钱某娟、杨某

【基本案情】

饲料公司与种猪公司于2018年1月10日、2019年1月5日签订《直供猪场饲料购销协议》，约定由饲料公司向种猪公司提供该饲料公司生产的某一系列饲料。2019年1月7日，种猪公司向饲料公司出具《欠条》，内容为，种猪公司欠饲料公司饲料款人民币100万元，并承诺全部欠款于2019年12月25日付清，否则欠款人自愿从实际欠款之日起按所欠金额按每月2%计付利息至欠款本息最后全部付清之日止。钱某娟、杨某为上述欠款提供连带保证责任，并出具担保书。2019年6月30日，种猪公司与饲料公司对账，确认截至2019年6月30日，种猪公司欠饲料公司1047175元。被告支付了部分欠款后，对下欠74.68万元未予支付。另查明，2017年9月14日，种猪公司与钱某娟签订《种猪公司承包经营协议》，将种猪公司的经营权承包给钱某娟。承包经营期限为5年，即2017年9月18日至2022年9月30日。《种猪公司承包经营协议》第二条第九项约定，乙方（钱某娟）使用甲方（种猪公司）公章，必须向甲方资产管理部申请登记。

【案件焦点】

1. 关于饲料公司与种猪公司是否成立买卖合同关系；2. 种猪公司是否有支付义务。

【法院裁判要旨】

湖北省武汉市江夏区人民法院经审理认为：种猪公司是本案的适格主体，应承担对饲料公司付款的责任。具体理由如下：（1）种猪公司与钱某娟签订承包协议，种猪公司将经营权承包给钱某娟并约定钱某娟使用种猪公司公章，必须向种猪公司申请登记。钱某娟在承包经营期间与饲料公司签订购销协议，并加盖种猪公司的印章，系以种猪公司的名义对外进行商业活动，故合同的主体系种猪公司，由其承担合同义务。（2）钱某娟称《直供猪场饲料购销协议》《欠条》上的印章，是种猪公司的合同专用章，在使用时将合同专用章几个字进行了遮盖，上述用印瑕疵问题系种猪公司与钱某娟之间的问题，对《直供猪场饲料购销协议》《欠条》的效力不产生影响。钱某娟、杨某出具担保书，并以保证人身份在《欠条》上签字，与饲料公司形成保证合同关系，在种猪公司不履行债务时，钱某娟、杨某应按照约定履行债务。饲料公司与种猪公司约定欠款于 2019 年 12 月 25 日付清，因此，逾期利息应从 2019 年 12 月 26 日起计算。由于双方约定按所欠金额按每月 2%计付利息过高，故确认种猪公司按中国人民银行授权全国银行间同业拆借中心每月 20 日发布的一年期贷款市场报价利率计算的利息的四倍向饲料公司支付逾期利息。

湖北省武汉市江夏区人民法院依照《中华人民共和国合同法》第八条、第一百零七条，《中华人民共和国担保法》第六条、第十八条之规定，作出如下判决：

一、由被告种猪公司于本判决生效之日起十日内向原告饲料公司支付货款 74.68 万元；

二、由被告种猪公司于本判决生效之日起十日内向原告饲料公司支付自 2019 年 12 月 26 日起，以货款 74.68 万元为基数，按中国人民银行授权全国银行间同业拆借中心每月 20 日发布的一年期贷款市场报价利率的四倍计算的利息；

三、被告钱某娟、杨某对上述债务承担连带保证责任；

四、驳回原告饲料公司的其他诉讼请求。

种猪公司不服原审判决，提起上诉。

湖北省武汉市中级人民法院同意一审裁判意见，认为种猪公司的上诉请求不成立，依照《中华人民共和国民事诉讼法》第一百七十条第一款第一项之规定，作出如下判决：

驳回上诉，维持原判。

【法官后语】

公司作为法人组织，其意思表示必然要通过特定自然人的签字或者盖章才能得以实现。公司的公章是公司为了从事经营活动，在公司成立之时，经工商行政部门登记备案的具有公司全称的唯一印章，用以代表公司意志，是公司对外意思表示最为有效直观的凭证之一。公司的公章一般由公司的法定代表人或其授权之人掌握。公司内部管理规定一般规定公司对比意思表示行为需要公司法定代表人和公司公章同时使用。《印章治安管理办法》第十三条第一款规定："需要刻制印章的单位，只能申请刻制一枚单位法定名称章。"刻制印章需要公安机关出具准刻证明之后到指定地点进行刻制。刻制完成后，需经工商管理部门备案、公安机关登记后方可使用。但是在实践中，很可能存在公章增刻、补刻的情形，所以部分公司会存在同时持有两枚以上备案公章的可能性。因此，便存在用印瑕疵问题。用印瑕疵一般表现为：(1) 法人不认可真实公章的意思表示效力；(2) 法人曾对外使用多枚公章；(3) 行为人私刻虚假公章以法人名义对外作出意思表示。针对上述用印问题，应当结合行为人的身份、代理权限综合判断其法律效果：

首先，当行为人使用真实印章，但法人不认可其表意效力。从盖章行为本质来看，意在表明盖章的经办人从事的是职务行为，有代表权或代理权的人盖章确认的合同，对公司具有约束力。从裁判思路上，应当审查行为人的行为是否属于职务行为，其行为是否属于授权范围内。如果属于职权范围内的职务行为，即使法人不认可其表意效力，亦可认定盖章行为效果由法人承担。如果行为人没有代理权、代表权，或超越代理权范围、代理权终止后仍然实施代理行为而未经追认的，相对人为善意，不发生表见代理时，则盖章行为对法人不产生拘束力。

其次，如若法人对外曾使用多枚"公章"进行活动，虽然违反了《印章治安管理办法》的相关规定，原则上不具有对外代表法人的效力，但是该规定并非效力性规定，不必然导致民事法律行为的无效。实践中，若法人使用非备案公章从事民事活动，法人认可或接受该行为效力的。之后再次使用该公章时，应视为法人的意思表示的体现，法人不认可非备案公章效力的意见，应当不予支持。

最后，行为人私刻虚假公章以法人名义对外作出意思表示。此时裁判思路是应审查盖章经办人是否具有代表权或代理权，从而根据代表或代理的相关规则来确定合同效力，而不能将审查重点放在公章真伪上。本案中，钱某娟与种猪公司之间签订承包协议，种猪公司将经营权承包给钱某娟。双方签订的承包合同还约定，钱某娟使用种猪公司公章，必须向种猪公司资产管理部申请登记。因此，钱某娟有权使用种猪公司的印章，代理种猪公司对外进行民事活动。至于公章如何使用，种猪公司内部有何种规定，对于饲料公司来讲着实难以了解。对于公章真伪、是否为备案印章，一般民事活动主体难以甄别，从保护信赖利益和交易安全的角度，故只能从一般人的标准进行识别，只要饲料公司已尽到一般的审慎义务即可。饲料公司与种猪公司长期的饲料购销、账款流水情况以及《欠条》、担保书构成完整的权利外观表象，饲料公司已尽到一般性的审慎义务，属于善意第三人。故案涉购销协议印章虽存在瑕疵，但是对饲料公司及种猪公司仍然发生拘束力，种猪公司应当承担相应合同义务。

编写人：湖北省武汉市江夏区人民法院 徐笙

15

第三人受领给付的效力认定

——科技公司诉科技发展公司买卖合同案

【案件基本信息】

1. 裁判书字号

北京市昌平区人民法院（2020）京0114民初6618号民事判决书

2. 案由：买卖合同纠纷

3. 当事人

原告：科技公司

被告：科技发展公司

【基本案情】

科技公司与科技发展公司通过案外人张某介绍并沟通，双方于2018年3月15日签订《购买超威电池合同》，约定由科技公司向科技发展公司购买60V20A某品牌电池共200组（含充电器、连接线、安装费）。该合同同时约定：本合同总价款为人民币14.5万元，甲方（科技公司）把钱款一次性打到乙方（科技发展公司）指定账户上。账户名为能源公司。乙方在收到甲方付款后，一次性将产品送到甲方指定地点。上述合同签订时，张某亦在现场。

2018年3月15日，科技公司向上述账号转账支付14.5万元，并备注用途电池购买款。

后科技发展公司分别于2018年3月16日、2018年3月18日将200组60V20A该品牌电池运送至张某指定的销售门店，并由张某在科技发展公司提供的送销货单上签字。2018年4月1日，张某指定的收货门店失火，上述电池已被烧毁。

【案件焦点】

被告是否已完成交付，被告向第三人张某交付货物是否可以视为其对原告的给付义务履行完毕。

【法院裁判要旨】

北京市昌平区人民法院经审理认为：科技公司与科技发展公司之间具有买卖合同关系，现科技发展公司与科技公司对于产品是否已经交付产生争议。科技发展公司辩称，案外人张某系科技公司员工，故张某要求科技发展公司将产品送至其门店的行为系科技公司指定送货地点的行为。对此，没有证据证明张某与科技公司之间存在劳动关系或劳务关系，张某亦否认与科技公司之间存在劳动关系或劳务关系。故该抗辩意见，法院不予采信。

科技发展公司辩称，张某与科技公司之间构成表见代理，故科技发展公司根据张某要求将产品运送至其销售门店的行为已经完成交付。根据《中华人民共和国合同法》第四十九条“行为人没有代理权、超越代理权或者代理权终止后以被代理人名义订立合同，相对人有理由相信行为人有代理权的，该代理行为有效”的规定，表见代理制度要求代理人的无权代理行为在客观上形成具有代理权的表象，并要求相对人在主观上善意且无过失地相信行为人有代理权。合同相对人主张构成表见代理的，应当承担举证责任，不仅应当举证证明代理行为存在诸如合同书、公章、印鉴等有权代理的客观表象，还应证明其善意且无过失地相信行为人具有代理权。本案中，没有证据证明张某曾向科技发展公司出具过科技公司的授权手续，亦没有证据证明张某曾以书面或口头形式表示其接受过科技公司授权。故无法认定张某与科技公司之间构成表见代理。

科技发展公司辩称，科技公司法定代表人已知其将产品送至张某门店且未提异议，应视为科技公司对送货地点的默认。对此，在没有证据证明科技公司已向科技发展公司指定送货地点的情况下，科技公司对科技发展公司送货至张某门店的已知及未提异议不能视为科技公司对送货地点的默认。

故法院无法认定科技发展公司已按照合同约定向科技公司交付产品。因案涉产品已毁损，故科技公司要求确认《购买电池合同》已经于起诉书送达被告之日解除的诉讼请求，法院予以支持。科技发展公司应退还科技公司支付的货款。科技公司主张合同利息损失，法院自合同解除之日起算。

北京市昌平区人民法院依照《中华人民共和国合同法》第八条、第四十九条、第九十四条、第一百零七条、第一百零九条，《中华人民共和国民事诉讼法》第六十四条之规定，作出如下判决：

一、科技发展公司与科技公司于2018年3月15日签订的《购买电池合同》于2019年8月30日解除；

二、科技发展公司于本判决生效之日起十日内返还科技公司货款14.5万元；

三、科技发展公司于本判决生效之日起十日内给付科技公司利息损失（以14.5万元为基数，自2019年8月30日起至实际付清之日止，按照同期全国银行间同业拆借中心公布的贷款市场报价利率计算）；

四、驳回原告科技公司的其他诉讼请求。

一审宣判后，当事人未上诉，现判决已发生法律效力。

【法官后语】

在买卖合同中，卖方可依据合同约定将货物交付给第三人以履行合同义务。若无合同约定，卖方向第三人交付货物，判断能否产生给付义务履行完毕的法律后果，则需要从以下两个方面考虑。

1. 判断第三人是否具有受领权限

一般来说，债务人只有向债权人履行合同义务才能发生债务清偿的法律效果，债务人对第三人的给付行为不能构成清偿，除非第三人具有代理受领的权限。法律规定的向第三人履行的合同即可看作债权人授予了第三人代理受领的权限。债权人对代理受领权限的授予一般需要以明示的方式向第三人或债务人作出。若第三人属于债权人的工作人员，则第三人可能基于其自身工作职责取得代理受领的权限，其受领给付的行为即可对债权人发生清偿效果。此外，第三人也可能因法律规定取得受领权。例如，无行为能力人或限制行为能力人的法定代理人可以代理其受领给付；根据《中华人民共和国企业破产法》的规定，法院受理债务人的破产申请后，管理人有权受领次债务人对债务人的清偿，等等。

本案中，科技发展公司辩称张某系科技公司员工，张某要求将产品送至其门店的行为系科技公司指定送货地点的行为，科技发展公司已完成交付。但科技发展公司未能提供证据证明张某与科技公司之间存在劳动或劳务关系，张某亦否认其与科技公司存在劳动或劳务关系，科技公司提供的与张某的聊天记录亦可体现出其系经张某介绍，与科技发展公司发生交易行为，未体现出张某是其公司员工。科技发展公司亦未能提供证据证明科技公司曾授予张某代理权，张某更不存在其他法律规定的可取得受领权的情形，故张某不具有受领给付的权限。

2. 判断是否存在足以使债务人对第三人具有受领权形成合理信赖的权利表象

即使第三人不具有受领给付权限，如果第三人善意且合理地信赖权利表象并据此向第三人履行了合同义务，为保护第三人的合理信赖和交易安全，由债权人承担债务清偿的法律后果，此时第三人的受领对债权人往往构成表见代理。表见代理制度要求代理人的无权代理行为在客观上形成具有代理权的表象，且相对人主观上善意且无过失地相信行为人有代理权。关于对表见代理的举证，合同相对人应首先举证证明代理行为存在诸如合同书、公章、印鉴等有权代理的形式要素，被代理人可通过举证证明相对人明知或因存在重大过失不知行为人系无权代理，否认表见代理的构成。

本案中，根据科技发展公司提供的证据不能证明张某曾以书面或口头的形式向其表示接受过科技公司授权，且案涉合同亦是由科技公司的法定代表人签订，没有证据证明张某系科技公司代理人，故本案中张某的受领不构成表见代理。

关于科技发展公司辩称科技公司法定代表人对其将货送至张某门店已知未提异议是对送货地点的默认，不符合法律规定的沉默可视作意思表示的情形，故该项辩解亦不成立。科技发展公司未履行其给付义务。

综上所述，当合同一方主张自己向第三人交付了标的物并产生清偿效果时，法官首先需要判断该第三人是否具有受领的权限，当第三人不具有受领权限时，是否具有权利外观足以使对方产生该第三人有权代理受领的合理信赖。

编写人：北京市昌平区人民法院　刘洋　贾文扬

16

非法获取个人信息的产品代销协议无效

——甲科技实业公司诉乙科技实业公司、丙科技实业公司买卖合同案

【案件基本信息】

1. 裁判书字号

天津市第一中级人民法院（2020）津 01 民终 3291 号民事判决书

2. 案由：买卖合同纠纷

3. 当事人

原告（上诉人）：甲科技实业公司

被告（被上诉人）：乙科技实业公司、丙科技实业公司

【基本案情】

2017年以来，被告丙科技实业公司与原告甲科技实业公司就代理分销某款"招财宝"产品，签订了5份分销协议及补充协议，约定被告授权原告在武汉、南京等区域销售该产品，如合作期内该产品与国家法律法规冲突不能销售，则被告应当按照双方约定价格回购未售出商品并全额退还保证金。协议签订后，原告依约支付了货款及履约保证金，并销售了部分产品。2018年，经双方协商，被告已向原告退还部分货款及保证金。尚有276套"招财宝"产品未售出，故原告至法院，请求被告回购剩余产品，退还履约保证金。

经查，"招财宝"产品系软件系统，内置于"招财喵"硬件产品中。2019年，中央电视台"3·15"晚会针对"招财喵"等探针盒子获取用户信息的情况进行了报道，称："该款招财喵等探针盒子，不仅可以收集用户手机号码，甚至可以对用户进行精准画像。当手机用户寻找无线网络的信号时，探针盒子能迅速识别出手机的MAC地址，通过大数据进行匹配，即可转换出用户的手机号码，实现拨打骚扰电话等功能。"本案中，"招财宝"产品具有搜集不特定人手机MAC地址的功能，而MAC地址如同身份证上的身份证号码一样，具有唯一性。

【案件焦点】

1. 案涉招财宝产品是否违法；2. 甲科技实业公司请求判令丙科技实业公司、乙科技实业公司回购招财宝产品并返还保证金的意见应否得到支持。

【法院裁判要旨】

天津市武清区人民法院经审理认为：被告丙科技实业公司虽对原告提交的

《招财宝产品分销协议补充协议条款》不认可，但在提出司法鉴定申请后撤回了鉴定申请，法院对《招财宝产品分销协议补充协议条款》的真实性予以确认。原告与乙科技实业公司签订的5份《招财宝产品分销协议》《招财宝产品分销协议补充协议条款》《退款协议书》，与乙科技实业公司签订的《“招财宝产品分销协议”补充协议》分别为合同签订人真实意思表示，不违反法律、行政法规的强制性规定，合法有效，对协议相对方具有约束力。《退款协议书》系原告与丙科技实业公司友好协商达成且已实际履行，不能证明招财宝产品属于违法产品，也不能以此作为被告承担退货退款责任的依据。依据原告与丙科技实业公司签订的《招财宝产品分销协议补充协议条款》约定，如果合作期内因政府限制使用等政策原因导致合同不能继续，以及法律和司法问题不能正常在市场销售，丙科技实业公司就应按照签约价回购原告的招财宝产品并退还履约保证金，原告提交的“3.15”报道发生于2019年3.15期间，当时《招财宝产品分销协议》有效期已经届满，且“3.15”报道不能实现因政策原因合同不能继续履行或法律和司法问题不能正常在市场销售的证明目的，原告要求丙科技实业公司回购产品并退还保证金理由不成立，不予支持。原告与乙科技实业公司签订的《“招财宝产品分销协议”补充协议》约定双方合作期间为2018年10月1日至2018年12月31日，合作期内若产品与国家法律法规冲突导致原告不能销售，乙科技实业公司按照《招财宝产品分销协议》分销价格原价回购未售出商品并全额退还保证金，原告提交的“3.15”报道发生于2019年3.15期间，当时《“招财宝产品分销协议”补充协议》合作期已经届满，且“3.15”报道不能实现产品与国家法律法规冲突导致原告不能销售的证明目的，原告要求乙科技实业公司回购产品并退还保证金理由不成立，亦不予支持。

天津市武清区人民法院依照《中华人民共和国合同法》第四十四条、第六十条一款、第一百零七条，《最高人民法院关于适用〈中华人民共和国民事诉讼法〉的解释》第九十条之规定，作出如下判决：

驳回原告甲科技实业公司的诉讼请求。

甲科技实业公司不服一审判决，提出上诉。

天津市第一中级人民法院经审理认为：本案的焦点问题是招财宝产品是否违法。招财宝产品可以不经用户同意搜集不特定人手机MAC地址信息，关于手机MAC地址信息是否属于公民个人信息的问题，根据《中华人民共和国网络安全法》第七十六条的规定，个人信息是指以电子或者其他方式记录的能够单独或者与其他信息结合识别自然人个人身份的各种信息，包括但不限于自然人的姓名、出生日期、身份证件号码、个人生物识别信息、住址、电话号码等。虽然被上诉人称收集到的手机MAC地址信息为一串代码没有价值，但手机MAC地址信息与其他信息结合可以获取该手机用户的电话号码，因此，手机MAC地址信息属于个人信息。

关于如何规范收集个人信息，《中华人民共和国网络安全法》第二十二条第三款、第四十四条①有明确规定，招财宝产品收集用户手机MAC地址信息可以不经过用户同意，属于用于非法获取公民个人信息的工具，招财宝产品为违法产品。一审法院未认定招财宝产品的违法性，属认定事实错误，法院予以纠正。

甲科技实业公司与丙科技实业公司签订的5份《招财宝产品分销协议》及《招财宝产品分销协议补充协议条款》《退款协议书》，与乙科技实业公司签订的《“招财宝产品分销协议”补充协议》，其内容为买卖非法获取不特定人的个人信息的产品，违反了《中华人民共和国网络安全法》等法律的强制性规定，并构成对社会公共利益的损害。根据《中华人民共和国合同法》第五十二条规定，甲科技实业公司与丙科技实业公司签订的《招财宝产品分销协议》《招财宝产品分销协议补充协议条款》，甲科技实业公司与乙科技实业公司签订的《“招财宝产品分销协议”补充协议》均属无效。一审法院认定涉案合同有效，属适用法律错误，法院亦予以纠正。

---

① 《中华人民共和国网络安全法》第二十二条第三款：网络产品、服务具有收集用户信息功能的，其提供者应当向用户明示并取得同意；涉及用户个人信息的，还应当遵守本法和有关法律、行政法规关于个人信息保护的规定。第四十四条：任何个人和组织不得窃取或者以其他非法方式获取个人信息，不得非法出售或者非法向他人提供个人信息。

关于甲科技实业公司请求判令丙科技实业公司、乙科技实业公司回购招财宝产品并返还保证金的意见应否得到支持的问题。法院认为，虽然丙科技实业公司、乙科技实业公司坚称招财宝产品不违法，甲科技实业公司坚称订立合同时不清楚产品违法，但是，首先，从产品的功能来看，招财宝产品搜集用户手机MAC地址信息可以不经过用户同意，属于用于非法获取公民个人信息的工具，包括甲科技实业公司在内的双方当事人在签订合同时应当明知；其次，从合同的内容看，案涉合同中“若因政府限制使用等政策原因导致合同不能继续，以及法律和司法问题不能正常在市场销售”“甲方及甲方子公司提供的招财宝产品与相关法律法规冲突的一切责任，由甲方及甲方子公司全责承担，与乙方无关”等内容可以体现，双方当事人在订立合同时均已意识到产品可能会涉嫌违法，双方继续订立并履行合同的行为实为一种试法行为。在其该种行为被认定为违法并损害社会公共利益的情况下，任何一方欲通过诉讼得到司法保护的请求均不应得到支持。因此，法院对甲科技实业公司要求丙科技实业公司、乙科技实业公司回购产品并返还保证金的上诉请求不予支持。

在公民私人生活安宁频繁被垃圾短信和营销电话侵扰，又不知个人信息如何被泄露的困惑之下，国家打击非法搜集个人信息行为的态度更加坚决。司法审判应积极发挥引导示范作用，对侵犯公民个人信息的行为予以否定。本案中，法院对丙科技实业公司、乙科技实业公司以及甲科技实业公司销售违法产品并损害社会公共利益的行为均予以否定，对丙科技实业公司因出售招财宝产品所取得的货款325680元、保证金5万元以及甲科技实业公司购买的276套招财宝产品均予以收缴。

综上所述，甲科技实业公司的上诉请求不能成立，法院不予支持；一审判决认定事实及适用法律有误，但判决不予返还货款和保证金的结果正确，法院予以维持；对于丙科技实业公司、甲科技实业公司销售违法产品取得的财产，法院判决予以收缴。

天津市第一中级人民法院依照《中华人民共和国合同法》第五十二条、第五十九条，《中华人民共和国民事诉讼法》第一百七十条第一款第一项，《最高人民法院关于适用〈中华人民共和国民事诉讼法〉的解释》第三百三十四条之规定，作出如下判决：

一、维持天津市武清区人民法院（2019）津0114民初10664号民事判决；

二、上诉人甲科技实业公司持有的276套招财宝产品予以收缴；

三、被上诉人丙科技实业公司收取的货款325680元及保证金5万元均予以收缴。

【法官后语】

现代社会是信息社会，要维护私生活的安宁不受侵害，就必须保护个人信息不被随意搜集、公开或被滥用。因此，保护个人信息是现代信息社会的一项重要任务。本案即涉及个人信息保护的买卖合同纠纷。本案的焦点问题是涉案招财宝产品是否违法，若属于违法产品，则依据《中华人民共和国合同法》第五十二条之规定，诉争合同属无效合同。

其一，关于涉案招财宝产品是否违法的问题。对此，判断要点在于该产品是否未经同意非法搜集个人信息。诉辩双方均认可招财宝产品可以不经用户同意搜集不特定人手机MAC地址，但对手机MAC地址是否属于个人信息意见不一。根据《中华人民共和国网络安全法》第七十六条的规定，个人信息，是指以电子或者其他方式记录的能够单独或者与其他信息结合识别自然人个人身份的各种信息，包括但不限于自然人的姓名、出生日期、身份证件号码、个人生物识别信息、住址、电话号码等。在传统意义上，自然人的姓名、身份证号码、家庭住址等就已存在，并被政府、企业等主体收集、保管、分析和使用。随着网络科技尤其是大数据与人工智能的发展，个人信息的产生、收集、存储和利用等方面发生了巨大的变化，个人信息被滥用的可能性极大增加。例如，各种网络平台通过分析和利用海量的个人信息，对目标群体做人格画像，实施精准营销。

虽然个人信息的概念本身内涵广阔、边界模糊，但从相关规定的定义看，“直接或间接可识别性的认定”可以体现个人信息概念的根本特征。所谓直接可识别个人信息，是指能够较容易地识别特定个人的信息；间接可识别个人信息，是指通过互联网或移动通信技术手段等综合分析和核对相关个人信息内容后，可以间接识别该特定个人或者特定群体的信息。这类信息的特点是，虽然不能直接体现具体的信息主体是谁，但是可以反映出该信息主体何时何地以何种方式从事了何种行为，还可以由此分析其兴趣爱好、活动范围、消费能力、消费需求、行为方式等，并通过数据分析为个人提供个性化的服务，如互联网定向广告服务、个人生活记录服务、个人定位服务等。此类信息也具有身份识别属性，与个人人格、身份有一定的联系。① 经查询，手机MAC地址也叫物理地址，是用来确认网络设备位置的地址，如同公民身份证号码一般具有唯一性。虽然被上诉人称收集到的手机MAC地址信息是一串代码，没有价值，但手机MAC地址信息与其他信息相结合可以获取该手机用户的电话号码，经第三方平台匹配后进行广告精准投放。因此，手机MAC地址信息具有身份识别属性，属于个人信息。

结合在案证据，可以证明招财宝产品收集不特定人手机MAC地址信息可以不经过同意，且该产品的功能主要就是收集信息后用于短信、电话、广告投放等，属于用于非法获取公民个人信息的工具，违反《中华人民共和国网络安全法》的相关规定，系违法产品。依照《中华人民共和国合同法》第五十二条之规定，案涉合同属无效合同。

其二，关于甲科技实业公司请求判令对方回购招财宝产品并返还保证金的意见是否应得到支持的问题。如前所述，案涉合同系无效合同，从合同订立时起自始无效。一般而言，在合同无效的情况下，对于已经履行的，应通过返还财产、赔偿损失等方式使当事人的财产恢复到合同订立前的状态。而对于订约双方订立合同系为牟取不法利益，损害第三人合法权益的，此类合同在被确认无效后，应由有关国家机关依法收缴双方所得的财产，收归国家所有或返还集体、第三人。原因在于当事人之间相互勾结实施损害他人合法权益的行为，具有明显的不法性，亦与社会主义核心价值观不符，应当给予否定性评价，从而

① 参见陶盈：《我国网络信息化进程中新型个人信息的合理利用与法律规制》，载《山东大学学报（哲学社会科学版）》2016年第2期。

保护受到侵害的第三人的合法权益，维持正常的市场经济秩序。案涉合同中“若因政府限制使用等政策原因导致合同不能继续，以及法律和司法问题不能正常在市场销售”“甲方及甲方子公司提供的招财宝产品与相关法律法规冲突的一切责任，由甲方及甲方子公司全责承担，与乙方无关”等内容可以体现，双方当事人在订立合同时均已意识到招财宝产品可能违法，双方继续订立并履行合同的行为实际是一种试法行为，且损害社会公共利益，故此任何一方意欲通过诉讼得到司法保护的请求均不应得到支持。对合同双方因销售违法产品取得的财产，依法予以收缴。

本案依法认定案涉产品的代理分销协议无效，并收缴双方当事人违法所得和涉案产品，通过对侵害个人信息的行为予以否定，彰显了打击非法收集个人信息行为的鲜明态度，起到了司法审判积极的引导示范作用。

编写人：天津市第一中级人民法院　刘文　王珊

17

买卖合同中消费者身份及欺诈行为的认定标准

——工程咨询公司诉汽车销售公司买卖合同案

【案件基本信息】

1. 裁判书字号

湖北省武汉市中级人民法院（2020）鄂01民终3277号民事判决书

2. 案由：买卖合同纠纷

3. 当事人

原告（上诉人）：工程咨询公司

被告（被上诉人）：汽车销售公司

【基本案情】

2019 年 1 月 5 日，工程咨询公司与汽车销售公司签订《汽车定购合约书》，由工程咨询公司向汽车销售公司购买某品牌某款汽车。部分购车款由工程咨询公司账户支付，另一部分购车款以工程咨询公司法定代表人王某的名义贷款支付。工程咨询公司提车后认为案涉车辆系展厅车，且经过 PDI 检测，不认可其为新车，遂要求汽车销售公司退车。双方协商未果后，工程咨询公司认为所购车辆为公私两用故其系消费者，汽车销售公司在销售车辆时存在欺诈。

【案件焦点】

1. 如何认定购买者是否具备法律规定的消费者身份；2. 如何认定销售者是否存在欺诈行为。

【法院裁判要旨】

湖北省武汉市汉阳区人民法院经审理认为：工程咨询公司与汽车销售公司签订的《汽车定购合约书》系双方真实意思表示，双方应按合约书的约定履行各自的合同义务。案件主要争议焦点：（1）汽车销售公司交付的车辆是否符合合同约定；（2）工程咨询公司是否具备消费者身份；（3）汽车销售公司是否构成欺诈，以及应承担何种责任。

第一，根据《汽车定购合约书》，工程咨询公司与汽车销售公司未明确约定车身号码（VIN 号）和引擎号码，只对车辆定购进行了种类约定，汽车销售公司交付的车辆虽系展厅车，但也属于约定的某品牌某款车辆，且该车辆首次登记在工程咨询公司名下，并无证据证明其系销售过的旧车；双方在提车发生争议时，已对拟交付车辆进行了确认并签订附加内容，并无违反双方合同约定之处，故案涉车辆的交付符合合同约定。

第二，根据《中华人民共和国消费者权益保护法》第二条的规定，消费者应定义为为生活需要而购买、使用商品。工程咨询公司购买车辆系公私两用，并非为生活消费需要而购买、使用商品，其在本案中不具备消费者身份，不适用该法的相关规定。如其权益受到侵犯，可适用合同法的规定来维护其权益。

第三，汽车销售公司未向工程咨询公司告知涉案车辆的售前PDI检测情况，但未予告知的信息并不属于影响工程咨询公司缔约根本目的的重要信息，汽车销售公司不存在隐瞒相关信息的主观故意，未履行告知义务虽一定程度侵犯了工程咨询公司的知情权，但尚不构成欺诈。对此汽车销售公司应承担相应的赔偿责任。因无证据证明该问题涉及车辆安全性能、主要功能、基本用途，未给工程咨询公司造成较大不利影响，根据案件的具体情况，酌定汽车销售公司向工程咨询公司赔偿1万元。

湖北省武汉市汉阳区人民法院依照《中华人民共和国合同法》第六条，《中华人民共和国民事诉讼法》第六十四条、第一百四十二条之规定，作出如下判决：

一、被告汽车销售公司向原告工程咨询公司赔偿1万元，此款于本判决发生法律效力之日起十日内付清；

二、驳回原告工程咨询公司的其他诉讼请求。

工程咨询公司不服一审判决，提出上诉。

湖北省武汉市中级人民法院经审理认为：二审法院同意一审法院裁判意见，工程咨询公司既无直接证据证实汽车销售公司采取了暴力手段或以限制其公司相关人员人身自由等方式为要挟而迫使工程咨询公司提取车辆及缴纳相关费用，又无实质证据证明汽车销售公司存有故意提供虚假情况而强制其缔约的事实客观存在，工程咨询公司的上诉请求均不能成立，不予支持。原审认定事实清楚，适用法律正确，二审法院予以维持。

湖北省武汉市中级人民法院依照《中华人民共和国民事诉讼法》第一百七十条第一款第一项之规定，作出如下判决：

驳回上诉，维持原判。

【法官后语】

第一，合同约定应当清晰明了。本案发案原因主要是买卖双方没有在书面合同中明确约定并记载交易车辆的翔实的具体情况，尤其在买方有特殊要求的情形下，则更加需要将个性化要求明确、清晰地载入书面合同中，如签订合同时已确定交易某具体车辆，则应在合同中载明该车辆的发动机号等可识别身份的信息，或如工程咨询公司“不要展厅车”的这类个性化要求，也需要明确载入合同，如此才不至于在合同履行过程中产生纠纷。

第二，消费者身份的认定在我国有重要意义。我国法律对消费者群体设置有较一般购买者更加严格的保护措施，相应地，法律对消费者的定义也有明确的规定，需要严格遵守，不能轻易将该范围进行扩大解释。根据《中华人民共和国消费者权益保护法》第二条之规定，我国法律界定的消费者，是指为达到个人生活消费使用目的而购置各种产品与服务的个人，或最终产品的个人使用者，即由国家专门法律所确认的消费者仅属具有自然人属性的个人，法人或非法人组织不具备自然人属性，则不受消费者权益保护法之特别法相关规定的调整。现实生活中，为达到某些特殊目的，常出现个人出资购买资产，却将该资产注册登记在公司名下的操作方式，其中尤以所谓“家族企业”更甚，常会出现个人资产与公司资产发生混同的情形。此时，当因这些资产发生纠纷时，明确其购买主体的身份是个人还是法人（或非法人组织）具有重要意义，主要在于：以个人身份作为消费者购买的产品受到包含惩罚性赔偿机制的《中华人民共和国消费者权益保护法》的保护，而以法人（或非法人组织）身份购买产品则只受到合同相关法律规定的调整。

第三，本案中侵犯知情权与欺诈的认定问题。司法实践中，一方当事人故意告知对方虚假情况，或者故意隐瞒真实情况，诱使对方当事人作出错误意思表示的，可以认定为欺诈行为。本案中，汽车销售公司是否对工程咨询公司进行欺诈是双方争议焦点之一，法院认定汽车销售公司侵犯了工程咨询公司的知情权，并未构成欺诈，原因在于汽车销售公司已将售前PDI检测信息如实记录并上传至购买者可通过相关途径查询的网络，不能认为其有隐瞒相关信息的主观故意，虽然汽车销售公司未主动向工程咨询公司告知该情况，但是该情况的存在并不影响工程咨询公司缔约的根本目的，也未给工程咨询公司造成较大不利影响。故法院综合认定汽车销售公司一定程度上侵犯了工程咨询公司的知情权，但尚不构成欺诈。

第四，本案举证责任的分配问题。本案中，工程咨询公司提出了多项诉讼请求，主张案涉车辆是个人消费者购买、汽车销售公司在履行合同过程中存在欺诈、强迫交易行为等，依法应当承担相关的举证责任。其中，工程咨询公司以看不懂车辆PDI检测记录，认为是车辆维修记录为由，要求汽车销售公司承担车辆存在更换零部件信息的举证责任，该行为实质是表明该份记录内容失真而否认车辆PDI检测记录的完整性，工程咨询公司理应就其反驳的事实负有举证责任，并不能以试图转嫁该责任风险的方式来规避其举证不能的法律后果。总体来说，审判过程中无论当事人以怎样的理由和表面行为来规避举证责任，法院都要从核心问题由谁主张或进行反驳的实质性角度，来进行举证责任分配。

编写人：湖北省武汉市汉阳区人民法院　卢少达

18

未尽到谨慎注意义务，不认定对方欺诈

——郑某武诉甲汽车销售公司等买卖合同案

【案件基本信息】

1. 裁判书字号

湖北省武汉市江岸区人民法院（2020）鄂0102民初1460号民事判决书

2. 案由：买卖合同纠纷

3. 当事人

原告：郑某武

被告：甲汽车销售公司、乙汽车销售公司、周某、汽车公司

【基本案情】

2019年1月13日，郑某武（买方）与甲汽车销售公司（卖方）签订《新

车销售合同》一份，约定买方向卖方购买某品牌车辆一辆；车辆净价21.89万元。当日，郑某武向甲汽车销售公司支付定金1万元。

2019年1月16日，郑某武（借款人）在乙汽车销售公司4S店看车后，与汽车金融公司（贷款人）签订《汽车抵押贷款合同》一份，约定贷款金额15万元；贷款期限为36个月。2019年1月17日，郑某武向乙汽车销售公司支付购车款并提车，乙汽车销售公司出具机动车销售统一发票，价税合计20.89万元。当日，郑某武办理了其所购车辆的注册登记。

2019年12月7日，郑某武在车友群中交流用车体验时偶然发现自己所购车辆并非2019年版，而是2018年版。

【案件焦点】

乙汽车销售公司在销售案涉车辆过程中是否存在欺诈销售行为。

【法院裁判要旨】

湖北省武汉市江岸区人民法院经审理认为：郑某武与甲汽车销售公司签订了《新车销售合同》，但在支付定金后未继续履行该合同。郑某武与乙汽车销售公司虽未签订书面销售合同，但存在事实买卖合同关系，郑某武支付了购车款，该公司向郑某武提供了约定车辆并出具购车发票，双方的买卖合同已经履行完毕。郑某武关于甲汽车销售公司、乙汽车销售公司隐瞒车辆真实情况，将旧款车型冒充新款车型进行销售，存在欺诈的诉讼主张，因其看车确认在先，签订汽车抵押贷款合同及支付购车款在后，相关文件明确记载了车辆识别代号，其所购车辆系特定车辆，具有唯一性，郑某武提交的证据亦不能证实被告存在欺诈，法院不予采信。当事人对自己提出的诉讼请求所依据的事实，有责任提供证据。没有证据或证据不足以证明当事人的事实主张的，由负有举证责任的当事人承担不利后果。现原告提交的证据不能证实其诉讼主张，被告亦不予认可。原告郑某武的诉讼请求，缺乏事实及法律依据，法院不予支持。

据此，湖北省武汉市江岸区人民法院依照《中华人民共和国民事诉讼法》第六十四条、第一百四十二条，《最高人民法院关于民事诉讼证据的若干规定》

第二条之规定，作出如下判决：

驳回郑某武的全部诉讼请求。

该案宣判后，各方当事人均没有提起上诉，现判决已发生法律效力。

【法官后语】

在社会发展水平与人民生活质量不断提高的今天，购车成为一种较为普遍的现象。车辆在为出行提供便利的同时，由此产生的购车纠纷屡见不鲜。本案郑某武因个人生活需要购买车辆，且乙汽车销售公司没有证据证明郑某武购买车辆系用于经营或者其他非生活消费的情况，应认定郑某武购买车辆的行为属于生活消费。为家庭生活消费需要购买汽车，发生欺诈纠纷的，消费者选择我国消费者权益保护法相关规定为其相关主张的请求权基础，应当适用消费者权益保护。根据《中华人民共和国消费者权益保护法》第五十五条第一款的规定，经营者提供商品或者服务有欺诈行为的，应当按照消费者的要求增加赔偿其受到的损失，增加赔偿的金额为消费者购买商品的价款或者接受服务的费用的三倍。关于消费欺诈的认定。一是一方当事人故意告知对方虚假情况，或者故意隐瞒真实情况。二是诱使对方当事人作出错误意思表示的行为。三是对方因错误认识作出不真实的意思表示。本案中，郑某武主张甲汽车销售公司、乙汽车销售公司隐瞒车辆真实情况，将旧款车型冒充新款车型进行销售，存在欺诈，因其看车确认在先，签订汽车抵押贷款合同及支付购车款在后，相关文件明确记载了车辆识别代号，其所购车辆系特定车辆，具有唯一性，郑某武提交的证据亦不能证实乙汽车销售公司存在欺诈，故郑某武的诉请不予支持。作为消费者，在签订合同之前，需谨慎行事，先行确认签订对象，看清合同条款，明确核心信息，尽到谨慎注意义务；如未签订书面合同，正规购车发票上记载内容视为合同条款，务必核查清楚后再付款；购车过程注意保留相关证据，以便发生纠纷时维权。

编写人：湖北省武汉市江岸区人民法院　舒婷

19

汽车经销商未告知车辆召回信息是否构成欺诈

——王某诉汽车销售公司买卖合同案

【案件基本信息】

1. 裁判书字号

广西壮族自治区南宁市中级人民法院（2020）桂01民终12757号民事判决书

2. 案由：买卖合同纠纷

3. 当事人

原告（被上诉人）：王某

被告（上诉人）：汽车销售公司

【基本案情】

2018年9月29日，某汽车制造公司在其官网上发布声明，载明决定从2018年9月30日起，召回部分2.4L两个系列的汽车共计143874辆，理由是：2.4L发动机可能存在机油液位降低的情况，且机油压力预警策略不完善，可能导致发动机机油压力低于临界值的警示不够充分。在机油压力低于临界值时，如果继续运行车辆，可能会使发动机进气机构性能受到影响，极端情况下可能造成发动机熄火，存在安全隐患。该公司召回汽车后采取的措施为：免费升级动力系统控制模块软件及仪表软件，优化机油压力预警策略、预警时机和强化预警形式，让客户有效感知到机油压力低的警示，以消除隐患。

2018年11月10日，王某与汽车销售公司签订《汽车销售公司汽车销售合同》，约定由王某通过银行按揭贷款的方式向被告购买某品牌小型普通客车一辆，合同总价款为 15.58 万元，合同同时约定按揭服务费、GPS 费用、贷款利息等。王某按约支付上述费用并缴纳车辆购置税后，便提取车辆使用。2019 年 3 月 9 日，车辆在使用过程中提示“机油压力低立即检查发动机机油位”，在车辆送至 4S 店保养维修过程中，经与 4S 店核实，王某得知该车辆属于召回车型，但已在双方合同签订前实际完成召回手续。

【案件焦点】

1. 车辆经销商出售完成召回手续的车辆是否构成欺诈；2. 车辆购买者能否获得三倍赔偿。

【法院裁判要旨】

广西壮族自治区南宁市江南区人民法院经审理认为：汽车销售公司在向王某出售车辆时，应当向王某告知召回信息，因为车辆的召回信息通常包含车辆质量缺陷问题及驾驶安全风险等重要内容，是消费者在购买车辆时的重要参考因素，足以影响到消费者作出真实的意思表示。虽然汽车销售公司在出售车辆时已实际完成召回程序，但根据《缺陷汽车产品召回管理条例》第三条、第八条的规定，实施召回的汽车首先是存在缺陷的，且王某在实际使用中，案涉车辆仍然出现召回声明中说明的“发动机可能存在机油液位降低且机油压力预警策略不完善”的情形，该情形存在安全隐患。汽车销售公司不仅没有告知王某车辆存在召回的事实，且车辆在完成召回程序后仍然存在安全隐患。汽车销售公司隐瞒车辆存在召回的事实，致使王某作出错误的意思表示，导致车辆存在安全隐患，构成欺诈，依法撤销双方于 2018 年 11 月 10 日签订的《汽车销售公司汽车销售合同》，汽车销售公司应向王某赔偿购车款的 3 倍赔偿金 46.74 万元。

广西壮族自治区南宁市江南区人民法院依照《中华人民共和国消费者权益保护法》第八条、第二十条、第五十五条，《中华人民共和国合同法》第五十四条、第五十八条之规定，作出如下判决：

一、撤销王某与汽车销售公司于 2018 年 11 月 10 日签订的《汽车销售公司汽车销售合同》；

二、汽车销售公司向王某退还购车款 15.58 万元并支付三倍赔偿金 46.74 万元，共计 62.32 万元；

三、驳回王某的其他诉讼请求。

汽车销售公司不服一审判决，提起上诉。

广西壮族自治区南宁市中级人民法院经审理认为：考量汽车销售公司是否构成欺诈，应从如下两个方面考虑：一是汽车销售公司的主观状态。经营者违反《中华人民共和国消费者权益保护法》第八条的规定，未向消费者主动告知会影响一般消费者消费选择的真实信息，损害消费者的知情权的行为，并不当然构成该法第五十五条规定的经营者欺诈。案涉车辆交付前，召回声明已在国家质量监督检验检疫总局网站及该品牌汽车制造公司官网上进行了公告，该信息处于公开状态。且王某家人拨打汽车销售公司客服电话记录亦可说明客服人员对案涉车辆属召回车辆并未刻意回避或隐瞒，消费者可正常通过公司系统对车辆的召回信息进行相关查询。据此可以认定，汽车销售公司并无隐瞒涉案车辆属于召回范围且经过维修事实的主观故意。二是未获知召回信息是否足以致使王某作出错误的意思表示。从王某的缔约意思考虑，其目的在于取得质量合格的特定车辆的所有权，用以满足其使用要求。本案中，尽管案涉车辆属于召回范围，但在原有缺陷通过修理而消除的情况下，王某购买案涉车辆能够实现其缔约目的。综合以上分析，汽车销售公司未向王某告知召回及维修信息，未使其陷入错误认知，并不构成《中华人民共和国消费者权益保护法》第五十五条规定的欺诈，一审判决对此认定存在不当，二审法院依法予以纠正。

广西壮族自治区南宁市中级人民法院依照《中华人民共和国民事诉讼法》第一百七十条第一款第一项、第二项，第一百七十五条之规定，作出如下判决：

一、撤销一审判决第一项、第二项；

二、变更一审判决第三项为：驳回王某全部诉讼请求。

【法官后语】

消费者获得惩罚性赔偿的前提是经营者存在欺诈行为，故本案审理的关键在于欺诈如何认定。《中华人民共和国消费者权益保护法》中并无“欺诈”的明确定义，结合《中华人民共和国民法典》及一般侵权理论，认定欺诈成立应当同时具备以下四个构成要件：一是欺诈故意；二是欺诈行为；三是使被欺诈人陷入错误认识；四是被欺诈人基于错误认识作出不真实意思表示。汽车经销商未向消费者告知车辆召回信息，系消极不作为的行为，违反《中华人民共和国消费者权益保护法》第八条的规定，损害消费者的知情权，但是否足以推定其存在欺诈的主观故意，还应当结合具体案情，特别是车辆交付时是否符合合同约定进行判断。

召回的行为性质及效果。《缺陷汽车产品召回管理条例》（2012 年公布，2019 年修订）国家质量监督检验检疫总局相关规定中对汽车召回的定义作出了明确规定，一般来说，召回是指汽车生产者对其已售出的汽车产品采取措施消除缺陷的活动，包括修理、更换、退货等行为。实践中，在通常情况下，召回活动并不由生产者直接实施，而是由汽车经销商在生产者的指导下进行召回处理，处理后果归于生产者。据此，经过召回处理的车辆，应当认为原有隐患已由生产者负责消除，推定其具有与新出厂车辆同等的品质。

具体到本案，王某与汽车销售公司签订车辆买卖合同的目的在于取得质量合格的特定车辆的所有权，以满足其使用需求。客观上，虽然汽车销售公司交付的车辆为经过召回处理的车辆，但是车况符合双方约定，合同目的得以实现。主观上，汽车销售公司是否主动告知召回信息并不直接影响王某购买案涉车辆的决定。王某获取召回信息的渠道是多样的、畅通的，案涉买卖合同签订前汽车生产者发布的召回声明已处于公开状态，合同签订后，其亦可以通过汽车销售公司系统对车辆的召回信息进行查询，在其致电汽车销售公司时客服也对召回信息进行了如实陈述。根据《最高人民关于适用〈中华人民共和国民事诉讼法〉的解释》第一百零九条的规定，在王某未能提供其他证据佐证的情况下，仅就汽车销售公司未主动告知召回信息的行为主张欺诈并要求惩罚性赔偿，显然无法达到认定其存在欺诈的主观故意、欺诈事实成立的“排除合理怀疑”标准。故应认定双方之间车辆买卖合同合法有效，汽车销售公司未构成欺诈。

现代互联网的迅猛发展一方面拓宽了消费者获取信息的渠道，另一方面也要求消费者在进行购房、购车等重大交易前对标的物的相关公开信息进行全面、审慎地了解。如消费者认为车辆经过召回处理后仍然存在缺陷，无法实现车辆买卖合同根本目的的，应由消费者承担举证责任。

另外，值得注意的是，即使在未认定汽车经销商构成欺诈的情况下，也不能免除其向消费者履行如实告知的义务。如消费者因此遭受损害的，仍有权要求汽车经销商赔偿。

编写人：广西壮族自治区南宁市中级人民法院　陆琪珏

20

消费者无理由退货权的行使

——洪某诉贸易公司买卖合同案

【案件基本信息】

1. 裁判书字号

江苏省无锡市中级人民法院（2020）苏 02 民终 5021 号民事判决书

2. 案由：买卖合同纠纷

3. 当事人

原告（被上诉人）：洪某

被告（上诉人）：贸易公司

【基本案情】

2020 年 2 月 21 日，洪某根据钱某飞发布在朋友圈的广告，包括贸易公司营业执照照片［载明有经营范围一般项目：劳动保护用品销售；医用口罩销售；医用口罩批发；日用口罩（非医用）销售等］、合格证（日常防护型口罩、执行标准 GB/T 32610-2016)，洪某通过电话和微信与钱某飞进行联系，向贸易公司购买一次性口罩 5000 只，每只单价 3.7 元。当晚，洪某与钱某飞就口罩的具体情况进行电话沟通，钱某飞说口罩为医用口罩，有合格证。当晚 22 时 24 分，洪某通过支付宝向钱某飞转账 1.85 万元，备注：5000 个一次性口罩。次日，顺丰速运收件。2 月 23 日下午 16 时许，洪某收到口罩一箱，每箱 2500 只，每 50 只用透明袋包装，并就余下未收到的口罩向钱某飞发微信进行询问，沟通过程中洪某问“这个也是一次性医用标准的口罩吧”，并将钱某飞朋友圈发的合格证转发给钱某飞，洪某说只有口罩没有合格证。2 月 24 日，洪某收到另一箱 2500 只口罩。

2 月 23 日下午 13 时许，洪某创建公益性个人口罩购买群（以下简称口罩购买群)，对采购的上述口罩进行接龙预约销售，每只价格为 3.7088 元（加了平摊的快递费用 44 元)。2 月 24 日晚上 21 时许，洪某给钱某飞发微信，称向其购买口罩的拼单人员提出质疑，现在无法自证口罩没有问题，要求提供一些证明材料。同日上午 9 时 30 分许，洪某拨打 12315 进行投诉，投诉内容为微信拼单订购口罩 5000 个，价值 18544 元，收货后发现没有厂家合格证和生产日期，要求退货并 3 倍赔偿。同日，口罩购买群中有人开始向洪某退货。2020 年 4 月 24 日，洪某与钱某飞共同签订书面材料一份，内容为：今与洪某先生协商从厂家寄出的快递中抽取一包未发现有合格证，现双方同意作为向商家调查证据用，此包付款 185 元回购。案涉 1700 只口罩（50 只一包）未开封使用。洪某诉至法院，要求退货贸易公司口罩 1700 只，贸易公司返还货款 6290 元，并赔偿 3 倍货款 18870 元。

【案件焦点】

洪某是否享有无理由退货权及贸易公司的行为是否构成欺诈。

【法院裁判要旨】

江苏省无锡市梁溪区人民法院经审理认为：经营者采用网络、电视、电话、邮购等方式销售商品，除法定除外商品外，消费者有权自收到商品之日起 7 日内退货，且无须说明理由。本案中，贸易公司以微信发布销售口罩的广告，并邮寄送货，符合上述情形，洪某在 2 月 23 日收货后即提出未看见合格证，在 2 月 27 日与钱某飞沟通未果后，即向 12315 投诉要求退货退款，可以认定洪某在收货后 7 日内主张的退货，故法院对洪某要求退货退款的主张予以支持。对洪某主张的 3 倍赔偿，基于以下几点理由，法院予以支持。第一，洪某在收货后及时提出了没有合格证的异议，贸易公司提供的情况说明系 4 月 30 日才出具，提供的合格证样式标注的时间是 2 月 23 日，不足以证明 2 月 22 日发货时的货物包装状况，可以认定口罩的包装内没有合格证，该货物包装不符合《中华人民共和国产品质量法》的规定，应认定为不合格产品；第二，贸易公司在口罩销售过程中存在欺诈行为。贸易公司法定代表人钱某飞在其朋友圈发布的广告中所附的合格证载明口罩品名为日常防护型口罩、执行标准为 GB/T32610-2016，其作为专业销售人员，对日常防护型口罩与医用口罩的区别应当是明知的，但其与洪某微信及电话沟通过程中，称口罩达到医用标准，是医用口罩，存在明显的误导，应认定为欺诈行为。

江苏省无锡市梁溪区人民法院依照《中华人民共和国产品质量法》第二十七条，《中华人民共和国消费者权益保护法》第二十五条、第五十五条之规定，作出如下判决：

一、洪某于本判决发生法律效力之日起七日内返还贸易公司口罩 1700 只，贸易公司于本判决发生法律效力之日起七日内返还洪某价款 6290 元；

二、贸易公司于本判决发生法律效力之日起十日内赔偿洪某 18870 元；

贸易公司不服一审判决，提起上诉。

江苏省无锡市中级人民法院经审理认为：贸易公司系以微信的方式发布销售口罩的广告，并通过邮寄方式送货，且洪某所主张的 1700 只口罩并未开封使用，故一审法院认为该 1700 只口罩属于经营者以网络方式销售的商品，享有 7 天无理由退货的权利并无不当。根据现有证据，应当认定贸易公司提供的口罩的包装内没有合格证，故该口罩应认定为不合格产品，结合贸易公司法定代表人钱某飞在与洪某的微信及电话沟通中均称口罩达到医用标准，是医用口罩，但实际提供的口罩却为日常防护型口罩的事实，一审法院认定贸易公司在销售过程中存在欺诈行为，判决贸易公司3倍赔偿并无不当。

江苏省无锡市中级人民法院依照《中华人民共和国民事诉讼法》第一百七十条第一款第一项之规定，作出如下判决：

驳回上诉，维持原判。

【法官后语】

1. 消费者无理由退货权的行使

根据《中华人民共和国消费者权益保护法》第二十五条的规定，消费者享有规定情形下无理由退货的权利。如何正确行使无理由退货权，笔者认为，需要从交易方式、交易性质、商品类型、权利行使期间和方式、商品是否完好等方面进行综合审查。关于交易方式的审查，无理由退货适用的交易方式限定于通过网络、电视、电话、邮购等方式销售商品情形，之所以作如此限定，是因为通过上述非实体接触式的“远距离合同”商品交易，消费者收到商品后，才能通过仔细察看发现问题，赋予消费者无理由退货权，有利于增强消费信赖，促进商品交易市场繁荣，作出该种权利设定，衡平了消费者与经营者的利益。关于交易性质的审查，无理由退货权系《中华人民共和国消费者权益保护法》所规定，合同双方应具有消费者与经营者的身份要素，构成消费者与经营者之间的权利义务关系。关于商品类型，《中华人民共和国消费者权益保护法》第二十五条采纳了“列举式”和排除“概括式”相结合的方式对适用无理由退货的商品类型进行了规定，故除所列举商品外，根据商品性质并经消费者在购买时确认不宜退货的商品，不适用无理由退货。关于权利行使期间和方式的审查，消费者有权自收到商品之日起7日内退货，究竟何时算是“收到商品之日”，以“物流系统显示商品已到达代收点被签收”的签收日起算退货期限比较合理，那么退货权行使方式如何确定呢，是否一定要退回所获商品才能认定行使了退货权？笔者认为，不一定要求消费者实际退回了商品，只要消费者向经营者主张了退货，或者主张退货被拒后向消费者协会投诉或直接向人民法院提起诉讼，都应当认定是消费者行使退货权的正当方式。无理由退货权本质上是一种法定解除权，是形成权，消费者的意思表示到达相对人后，即发生法律关系变动的效果。关于商品是否完好的审查，要根据具体商品进行判断，不能一概而论，应允许消费者可以进行合理的查验，对于什么是“合理的商品查验”，应当以消费者在实体店被允许对商品所作出的行为为判断标准。

本案中，贸易公司法定代表人钱某飞在其朋友圈发布的一次性口罩销售广告，洪某通过电话和微信与钱某飞进行联系，购买口罩，满足无理由退货权的交易方式；洪某购买口罩后，创建口罩购买群，将口罩按原价加平摊运货的价格转售给拼单人员，洪某购买口罩在前，转售在后，且非出于营利目的，不能因此而否定洪某相对于贸易公司系消费者的身份，应当认定洪某与贸易公司构成消费者与经营者的法律关系；洪某在收货后7日内与钱某飞沟通未果后，向12315投诉，要求退货，且剩余的1700只口罩原包装未使用。所以，应当认定洪某正当地行使了无理由退货权，应当予以支持。

2. 经营者构成欺诈的认定

本案中，贸易公司的欺诈行为是显而易见的，其法定代表人所发布的广告中所附的合格证载明口罩品名为日常防护型口罩、执行标准为GB/T32610-2016，但在实际交易中，均称口罩达到医用标准，是医用口罩，混淆日常防护型口罩与医用口罩的区别，应当认定贸易公司在销售过程中实施了欺诈行为。根据《中华人民共和国消费者权益保护法》第五十五条第一款“经营者提供商品或者服务有欺诈行为的，应当按照消费者的要求增加赔偿其受到的损失，增加赔偿的金额为消费者购买商品的价款或者接受服务的费用的三倍；增加赔偿的金额不足五百元的，为五百元。法律另有规定的，依照其规定”的规定，判决贸易公司“退一赔三”是有理有据的。

编写人：江苏省无锡市梁溪区人民法院　刘刚

四、买卖合同的履行

21

预约合同履行中选择权的转移

——石油钻具公司诉钢管公司买卖合同案

【案件基本信息】

1. 裁判书字号

江苏省无锡市中级人民法院（2020）苏02民终1587号民事判决书

2. 案由：买卖合同纠纷

3. 当事人

原告（被上诉人）：石油钻具公司

被告（上诉人）：钢管公司

【基本案情】

2013年7月1日，石油钻具公司与钢管公司签订《工业品买卖合同》一份，约定：钢管公司向石油钻具公司购买多种规格的芯棒400支，并约定了各个型号芯棒单价，但未标注各个规格的具体数量，待正式合同计划下达时再具体列出规格和数量，分批次3个月内全部交完。合同生效后，钢管公司须支付40万元作为预付款，货物到钢管公司验收合格后支付货款总额的50%作为验收款，石油钻具公司同时开具增值税发票，余款作为质保金3个月内结算完毕等。

2013年7月2日16时13分，石油钻具公司员工李某向钢管公司范某宜通过电子邮件发送合同编号为20130702《工业品买卖合同》1份，并附言："范厂长，请见所附合同文档，404支中，大口径安排数量稍多些，以便贵厂稍后减径使用。"当日16时27分，范某宜回复邮件，内容为："合同支数及规格已看，可以按上述规格备料，如遇我分厂合同变更对某些规格支数作出调整时，我分厂会及时通知，请转达朱总及付总，请尽快安排采购原料。"邮件中所附20130702《工业品买卖合同》约定供货数量404支，并对各个型号及数量进行了明确，约定交货时间：根据买受方需要分批次交货。其余内容包括每种型号的单价、结算方式、交货方式等与合同编号20130510-2的《工业品买卖合同》内容一致。2013年7月4日，钢管公司向石油钻具公司支付40万元。范某宜为钢管公司员工，曾作为代表钢管公司与石油钻具公司签订其他合同。诉讼时，石油钻具公司仓库存有合同约定型号的芯棒186支。

石油钻具公司至法院起诉请求：要求钢管公司支付186支芯棒对应价款392.02万元，石油钻具公司在钢管公司付款后予以发货。

【案件焦点】

石油钻具公司是否有权要求钢管公司继续履行购买186只芯棒的合同义务。

【法院裁判要旨】

江苏省无锡市惠山区人民法院经审理认为，双方签订的20130510-2的《工业品买卖合同》约定，待正式合同计划下达时再具体列出规格及数量，即表明石油钻具公司后续备货及供货的芯棒规格、数量应按照双方另行确定的合同计划进行明确。2013年7月2日，石油钻具公司向钢管公司的范某宜通过电子邮件发送了编号为20130702的《工业品买卖合同》，其上对芯棒的规格及型号进行了明确，其余内容与20130510-2的《工业品买卖合同》基本一致，范某宜亦回复石油钻具公司按照上述规格备料，双方对于20130510-2的《工业品买卖合同》项下的供货规格及数量的补充约定已经达成合意，该合同对于双方均有约束力。石油钻具公司早已经按照双方的约定完成案涉芯棒的生产，至今已超过6年，而钢管公司以明示及默示的方式拒绝石油钻具公司供货、拒绝验收，系其为自身利益不正当阻止付款条件成就，应视为付款条件已经成就。

江苏省无锡市惠山区人民法院依照《中华人民共和国合同法》第十条、第十三条、第二十一条、第二十二条、第四十五条、第四十九条、第六十条、第六十一条、第一百零七条、第一百零八条、第一百零九条之规定，作出如下判决：

一、钢管公司于判决生效后十日内支付石油钻具公司货款835450元及逾期付款利息损失（以835450元为基数，自2017年3月2日起至2019年8月19日止，按照中国人民银行同期同类贷款利率计算；自2019年8月20日起至实际给付之日止，按照全国银行间同业拆借中心公布的贷款市场报价利率计算）；

二、钢管公司于判决生效后十日内支付石油钻具公司货款392.02万元；

三、石油钻具公司于判决生效后10日内将编号20130510-2《工业品买卖合同》项下的186支芯棒（规格直径58.4的数量56支、规格直径61.1的数量4支、规格直径63.8的数量28支、规格直径66.1的数量12支、规格直径68.2的数量20支、规格直径69.9的数量12支、规格直径71.3的数量12支、规格直径74的数量12支、规格直径76.5的数量4支、规格直径78.8的数量12支、规格直径80.8的数量14支）运送至钢管公司，并开具金额为392.02万元的增值税发票；

四、驳回石油钻具公司的其他诉讼请求。如果未按判决指定的时间履行给付金钱义务，应当依照《中华人民共和国民事诉讼法》第二百五十三条之规定，加倍支付迟延履行期间的债务利息。

钢管公司持原审答辩意见提起上诉。

江苏省无锡市中级人民法院经审理认为：第一，编号为20130510-2的《工业品买卖合同》中对于各个规格芯棒的具体数量没有进行确定，因此，钢管公司有权在约定的期限内进行选择，合同约定了“3个月内全部交完”，故钢管公司有权在3个月的期限内进行选择，但客观上，钢管公司在选择履行部分采购义务后，钢管公司便拒绝履行合同，也未在合同约定的期限内再行使选择权，那么选择权便转移至石油钻具公司，石油钻具公司有权在合同约定的各个规格中选择向钢管公司交付的具体数量，而目前石油钻具公司要求向钢管公司交付的186支芯棒的规格型号均是在双方合同约定的范围内。2013年7月2日，石油钻具公司向钢管公司的范某宜通过电子邮件发送了编号为20130702的《工业品买卖合同》，其中对各种规格型号芯棒的数量进行了明确，属于向钢管公司催告行使选择权。钢管公司怠于行使选择权，阻却其合同义务履行条件的成就，故应当视为相应的付款条件成就，石油钻具公司有权要求钢管公司支付186支芯棒的全部货款392.02万元。

江苏省无锡市中级人民法院依照《中华人民共和国民事诉讼法》第一百七十条第一款第一项之规定，作出如下判决：

驳回上诉，维持原判。

【法官后语】

本案中，双方签订的是预约合同，即双方约定将来为一定行为的合同，其来源于罗马法为了缓和要物契约的刚性，给契约双方均留有一定的余地。预约合同的效力等同于一般合同，在合同双方产生债权债务的效力，但在违反预约合同的责任认定上，存在两个分歧，一种观点认为预约义务人违反预约合同的责任，在性质上属于违约责任，承担责任的方式与一般违约一致，包括实际履行和赔偿损失。另一种观点认为预约义务人违约的，债权人仅能要求赔偿损失，无权强制预约义务人履行。本文中持有的是第一种观点。在认定预约合同有强制履行效力的基础上，本文旨在探讨在预约义务人违约且拒不配合履行时，预约权利人实现合同利益的一种形式。

本案中，钢管公司与石油钻具公司签订框架和合同，承诺在未来3个月内向石油钻具公司购买400只芯棒，并约定了钢管公司可选择的型号及价格，实际以钢管公司的订单为准。但钢管公司在履行了一部分合同之后，拒绝继续提货。石油钻具公司向钢管公司的员工以发送本约合同的方式进行催告，并告知钢管公司拟生产并交付的产品，但钢管公司并未与之签订本约合同。在此情形下，石油钻具公司起诉要求钢管公司按照其催告时发送的本约合同进行履行，应以支持。我们认为，在预约义务人明确表示将不再履行合同的基础上，对于权利人来说必然会产生信赖利益的损失，权利人可以选择继续履行或赔偿损失。关于交付货物的型号和数量，合同约定钢管公司有权在3个月的期限内进行选择，但客观上钢管公司在选择履行了部分采购义务后便拒绝履行合同，也未在合同约定的期限内再行使选择权，我们认为，在此情形下选择权便转移至石油钻具公司，石油钻具公司有权在合同约定的各个规格中选择向钢管公司交付的具体数量，而目前石油钻具公司要求向钢管公司交付的186支芯棒的规格型号均是在双方合同约定的范围内，依法应予支持。钢管公司怠于履行合同义务及行使选择权的后果应自行承担。

编写人：江苏省无锡市中级人民法院　缪凌　尹慧

22

因抵押权人扣押车辆导致合同履行不能，买受人有权解除合同

——陆某诉黄某毅、二手车交易公司买卖合同案

【案件基本信息】

1. 裁判书字号

广西壮族自治区河池市中级人民法院（2020）桂12民终1594号民事判决书

2. 案由：买卖合同纠纷

3. 当事人

原告（被上诉人）：陆某

被告（上诉人）：二手车交易公司

被告：黄某毅

【基本案情】

2017年11月11日，被告黄某毅代表被告二手车交易公司与原告陆某签订《车辆转让协议书》，约定出让一辆越野小型汽车给原告，转让费用为3.28万元，并约定被告保证此车来源正当，手续真实有效，无偷抢及经济纠纷与违章等，保证此车能正常过户，被告要积极协助原告进行车辆的过户并且提供过户手续及有效证件。当日，原告将购车款3.28万元支付给二手车交易公司，二手车交易公司将车辆交付原告使用。2018年4月29日，原告胞兄将案涉车辆停放在自家门口，次日发现案涉车辆丢失，经派出所侦查核实，案涉车辆已被车辆抵押权人扣押。案涉车辆所有权人为罗某某，罗某某于2016年9月27日已将案涉车辆抵押给杭州某公司，并办理了抵押登记。2017年4月12日，罗某某又将车辆质押给被告二手车交易公司负责人韦某某。

案件审理过程中，原告陆某于2020年4月15日申请撤回对第三人罗某某、杭州某公司的起诉，都安法院于2020年4月22日裁定准许撤诉。

【案件焦点】

1. 原告是否享有合同解除权及要求被告返还购车款3.28万元；2. 是否应当准予原告陆某申请撤回对第三人罗某某、杭州某公司的起诉。

【法院裁判要旨】

广西壮族自治区都安瑶族自治县人民法院经审理认为：第一，关于原告是否享有合同解除权及要求返还购车款的问题。被告黄某毅代表被告二手车交易公司与原告签订的《车辆转让协议书》，系双方当事人的真实意思表示，内容不违反法律的强制性规定，为合法有效合同。根据《中华人民共和国合同法》第九十四条的规定，被告二手车交易公司明知涉案车辆存在已登记的抵押权仍将车辆出售给原告，导致涉案车辆被抵押权人扣押，原告购买车辆而无法使用、支配，被告的行为已构成根本违约。因此，原告要求解除车辆转让合同，依法有据，应予以支持。合同解除后，原告请求被告二手车交易公司退还购车款3.28万元，理由充分，应予以支持。

第二，关于是否应当准予原告陆某申请撤回对第三人罗某某、杭州某公司起诉的问题，原告和二手车交易公司是《车辆转让协议》的合同双方，根据合同相对性原则，罗某某、杭州某公司无须作为第三人参加诉讼，且本案的处理结果实际与第三人并无利害关系。

广西壮族自治区都安瑶族自治县人民法院依照《中华人民共和国民法总则》第一百六十一条、第一百六十二条，《中华人民共和国合同法》第六十条、第九十四条、第九十七条，《最高人民法院关于审理买卖合同纠纷案件适用法律问题的解释》第三条之规定，作出如下判决：

一、解除原告陆某与被告二手车交易公司于2017年11月11日签订的《车辆转让协议书》；

二、被告二手车交易公司于本案判决生效之日起十日内退还原告陆某购车款3.28万元；

三、驳回原告陆某对被告黄某毅的诉讼请求；

四、驳回原告陆某于本案的其他诉讼请求。

二手车交易公司不服，提出上诉。

广西壮族自治区河池市中级人民法院经审理认为：原审认定事实清楚，适用法律正确，依照《中华人民共和国民事诉讼法》第一百七十条第一款第一项的规定，作出如下判决：

驳回上诉，维持原判。

【法官后语】

合同只在合同主体之间有效，约束合同双方当事人，对合同外第三人没有约束力。本案原告根据买卖合同起诉，要求被告返还购车款，起诉主体清楚，诉讼请求明确，根据合同相对性原则，法院仅需通知合同相对方到参加诉讼即可，而不需要追加车辆抵押权人与实际车主参加诉讼。案涉车辆丢失后，公安机关介入侦查，查明案涉车辆并非被盗，而是被抵押权人行使抵押权而扣押，对于抵押权人扣押是否合法，不属于本案审查范围，与本案不同属于同一法律关系，本案不应一并审理，更不应主动追加实际车主和抵押权人共同参加到本案诉讼中。

虽然《车辆转让协议书》上未盖有被告二手车交易公司的公章，但是被告黄某毅是协议的实际签订人，其作为被告二手车交易公司的职工，代表公司履行职务行为，且在案件审理过程中被告二手车交易公司认可被告黄某毅系履行职务行为，并认可购车款由公司收取，车辆由公司交付买受人使用，因此，本案实际合同主体应为二手车交易公司。根据《车辆转让协议书》的约定，出卖人需保证车辆来源合法，并能够依法办理过户手续。本案中，被告二手车交易公司仅交付车辆给原告使用，未按照协议约定完成车辆过户登记手续，原告实际未取得车辆的所有权。被告二手车交易公司作为专门从事车辆买卖的主体，应对出卖车辆承担瑕疵担保责任，确保出卖车辆不存在任何争议。本案中被告二手车交易公司在明知车辆存在瑕疵的情况下仍将车辆出卖给原告，导致车辆被抵押权人扣押后，原告又丧失了对车辆的使用权，从而导致原告购买车辆的目的无法实现，被告二手车交易公司的行为已构成根本违约，故原告作为买受人可以依法要求解除合同。被告二手车交易公司作为专门从事二手车辆出售的公司，应当有着高于普通购买人的注意义务，在其未尽到高度注意义务的情况下，产生的后果应由其自行承担。因此，被告二手车交易公司应承担返还车辆款的责任。

在此也提醒广大消费者，购车时务必弄清车辆来源，审查车辆权属，仔细查阅相关证件、权利凭证，必要时与出售方共同前往机动车登记管理部门，查验交易车辆是否存在抵押、司法查封等权利瑕疵问题，避免购买多次转让、权属不清的车辆。

编写人：广西壮族自治区都安瑶族自治县人民法院　韦璐璐

23

合同当事人应为对方利益，按照约定和交易习惯适当全面履行合同义务

——电梯公司诉房地产公司、王某常买卖合同案

【案件基本信息】

1. 裁判书字号

河南省平顶山市中级人民法院（2020）豫04民终3374号民事判决书

2. 案由：买卖合同纠纷

3. 当事人

原告（上诉人）：电梯公司

被告（被上诉人）：房地产公司

第三人：王某常

【基本案情】

2014年7月7日，电梯公司委托王某常（委托权限为：以电梯公司的名义，参与房地产公司组织的某项目电梯设备采购项目的谈判活动和主要业务联系）与该房地产公司签订《电梯设备销售合同》一份，合同约定房地产公司向电梯公司采购电梯6台，总价款98.4万元。付款方式为：（1）合同签订后3天内房地产公司支付合同成立金4.92万元；（2）提货前30天房地产公司支付总价款20%的定金即19.68万元；（3）产品交货前7个工作日房地产公司支付合同总价款的50%即49.2万元；（4）产品安装通过验收合格7天内房地产公司支付合同总价款的20%即19.68万元；（5）剩余价款4.92万元于一年保质期满后7日内支付。双方在履行合同的过程中，房地产公司分别于2014年7月25

日向电梯公司银行账户转账 4.92 万元、2015 年 9 月 11 日转账 19.68 万元、2015 年 10 月 16 日转账 49.2 万元，以上共计 73.8 万元。2016 年 8 月 10 日，王某常与房地产公司通过结算，在电梯设备工程结算单上注明，电梯价款为 98.4 万元，借支 73.8 万元，扣除质保金 4.92 万元后下余货款 19.68 万元。2016 年 10 月 18 日，房地产公司董事长在该结算单上签了“可支 4.68 万元”。2016 年 10 月 24 日，房地产公司将该 4.68 万元转入王某常在某银行的个人账户。2017 年 1 月 25 日，王某常收到房地产公司设备款 7 万元后出具收到条一份，其内容为“今收到电梯设备款柒万元整（70000 元）王某常 2017.1.25”。2017 年 4 月 11 日王某常出具收到条一份，其内容为“今收到房地产公司某项目电梯设备款 8 万元整。王某常开户银行：某银行平顶山新华支行：注：电梯款转至王某常，如发生经济由我承担。王某常 2017.4.11”。2017 年 4 月 12 日，房地产公司将该 8 万元转入王某常在某银行的个人账户。2017 年 7 月 4 日，原审法院在执行案外人王某春与王某常民间借贷纠纷一案中，王某春与王某常达成执行和解协议，协议约定王某常交付王某春一张面值 4.92 万元条子一张，王某常协助王某春讨要条子上的债权等内容。2017 年 10 月 24 日，王某春将该条子交付给房地产公司后，房地产公司将质保金 4.92 万元支付给王某春，王某春出具了收到条一张，其内容为“今收到房地产公司某项目电梯质保金 4.92 万元，王某春 2017.10.24 号”。

【案件焦点】

电梯公司要求房地产公司支付货款 24.6 万元是否具有事实和法律依据。

【法院裁判要旨】

河南省郏县人民法院经审理认为：依法成立的合同，对当事人具有法律约束力。本案中，电梯公司与房地产公司所签订的《电梯设备销售合同》系双方真实意思表示，且不违反相关法律规定，系有效合同。合同签订后，房地产公司将前期电梯设备款 73.8 万元转入电梯公司的银行账户，剩余电梯设备款 24.6 万元支付给了电梯公司授权代表王某常（电梯公司给王某常出具的授权委托书中授权王某常参与项目谈判活动和主要业务联系，王某常作为电梯公司方的业务代表和业务对接人参与了整个电梯销售及验收、结算的全过程)，且王某常收到上述款项后向房地产公司承诺如发生经济（纠纷）由其承担责任，故电梯公司要求房地产公司支付剩余货款的诉讼请求证据不足，法院不予支持。

河南省郏县人民法院依照《中华人民共和国民事诉讼法》第六十四条之规定，作出如下判决：

驳回电梯公司的诉讼请求。

电梯公司不服，提起上诉。

河南省平顶山市中级人民法院经审理认为：本案中，房地产公司与电梯公司签订的《电梯设备销售合同》中约定了电梯公司开户银行及账户，在合同签订后，房地产公司亦按照合同约定的付款比例向电梯公司该账户分 3 笔支付货款共计 73.8 万元。虽然电梯公司与房地产公司签订的案涉《电梯设备销售合同》中乙方（电梯公司）签字处及工程结算单中班组长签字处有“王某常”的签字，但电梯公司向房地产公司出具的授权委托书中仅授权“王某常以电梯公司名义，参与房地产公司组织的河南省平顶山市郏县某项目电梯设备采购项目的谈判活动和主要业务联系”，并未明确授权王某常收取案涉电梯款，房地产公司擅自将下余的 24.6 万元货款支付王某常及王某常的债权人王某春，侵害了电梯公司的合法权益，故电梯公司要求房地产公司支付货款 24.6 万元的上诉请求具有事实和法律依据，法院予以支持。电梯公司要求房地产公司支付逾期付款损失 2.46 万元的请求并未超出合同约定及法律规定，法院予以支持。王某常在收取房地产公司的款项后作出的如发生经济纠纷由其承担的承诺，对电梯公司不产生效力。房地产公司与王某常之间的纠纷，可另行解决。

河南省平顶山市中级人民法院依照《中华人民共和国合同法》第六十条第一款、《中华人民共和国民事诉讼法》第一百七十条第一款第二项之规定，作出如下判决：

一、撤销河南省郏县人民法院（2019）豫 0425 民初 2521 号民事判决；

二、房地产公司于本判决生效之日起十日内向电梯公司支付货款24.6万元及逾期付款损失2.46万元。

【法官后语】

1. 合同当事人在履行合同义务时应为对方利益考虑，不得擅自改变履行方式

合同中当事人均应完全适当履行义务，任何一方不适当的履行行为均会给对方造成损失。双方当事人既然能够签订合同，说明彼此之间存在信任，那么一方在履行合同义务时应为对方利益考虑，全面履行合同义务，令对方当事人获得预期的合同利益，若有合同约定应按照约定履行，若无约定，应遵照交易习惯履行，切不可只图自己方便，在未征得对方当事人同意的情况下，擅自改变履行方式。本案中，案涉合同中载明有电梯公司的开户行和银行账户，且合同签订后，房地产公司将前期电梯设备款73.8万元转入电梯公司在该银行的账户，但剩余电梯设备款24.6万元却支付给了电梯公司授权代表王某常，虽然房地产公司辩称王某常为电梯公司的授权代表，但是电梯公司为王某常出具的授权书中并未明确授权由王某常收取案涉电梯款。因此，不论是依照合同约定，还是交易习惯，房地产公司均应将剩余的24.6万元电梯款支付给电梯公司，而非擅自改变履行方式将剩余案涉电梯款支付给王某常。

2. 一方当事人擅自改变履行方式履行义务的，应视为未履行，应根据合同的性质和对方当事人的请求承担相应的违约责任

当事人签订合同的目的是获得合同利益，但一方当事人擅自改变履行方式的履行行为却有违对方当事人的预期，无疑会给对方当事人造成损失，对于该损失，履行义务的当事人应当承担相应的违约责任，向对方当事人进行弥补。因一方当事人未按照合同约定或者交易习惯履行义务的行为，未让对方当事人获得应得的合同利益，故应视为该当事人履行为无效履行。按照合同的性质，若该当事人的义务可以继续履行的，则对方当事人有权要求该当事人继续履行义务，并承担迟延履行责任；若该当事人继续履行义务已经没有意义，则对方当事人可以请求该当事人承担违约责任。本案中，因房地产公司擅自改变履行

方式，未适当完全履行合同义务，房地产公司应当向电梯公司承担迟延履行责任，考虑到房地产公司所负义务为支付货款，该义务依据性质可以继续履行，故房地产公司应继续向电梯公司支付剩余的电梯款，并赔偿电梯公司逾期付款损失。

编写人：河南省平顶山市中级人民法院　朱斐斐

24

约定待法院执行回款后付清欠款应视为履行期限约定不明确

——翟某合诉周某买卖合同案

【案件基本信息】

1. 裁判书字号

北京市密云区人民法院（2020）京 0118 民初 6246 号民事判决书

2. 案由：买卖合同纠纷

3. 当事人

原告：翟某合

被告：周某

【基本案情】

2015 年起，周某陆续从翟某合处购买汽车轮胎。2018 年 3 月 28 日，双方协商后周某就买卖轮胎产生的欠款给翟某合出具欠条一张，欠条载明：本人周某欠翟某合未结轮胎款计 54210 元，周某签名并捺手印。欠条还载明：本人声明不向法院起诉，此款于起诉孙某志、马某英回款时付清，翟某合签名并捺手印。

【案件焦点】

约定"此款于起诉孙某志、马某英回款时付清"条款是否构成周某偿还欠款的前提条件。

【法院裁判要旨】

北京市密云区人民法院经审理认为：本案的争议焦点在于原、被告双方在欠条中约定的"本人（翟某合）声明不向法院起诉，此款于起诉孙某志、马某英回款时付清"条款是否构成周某偿还欠款的前提条件。第一，《中华人民共和国民事诉讼法》第一百二十三条第一款的规定，人民法院应当保障当事人依照法律规定享有的起诉权利，对符合本法第一百一十九条的起诉，必须受理。诉讼权利是法定权利，该约定排除一方当事人依法享有的起诉权利违反法律规定，且不属于法律规定的人民法院依法不予受理的情形，故约定不向法院起诉条款应属无效，不能构成偿还欠款的前提条件。根据《中华人民共和国合同法》的规定，合同部分无效，不影响其他部分效力的，其他部分仍然有效。第二，买卖合同是出卖人转移标的物的所有权于买受人，买受人支付价款的合同。本案中，周某从翟某合处购买汽车轮胎，双方形成买卖合同法律关系，系双方当事人的真实意思表示，未违反国家法律、行政法规的强制性规定，应属有效，双方均应依约履行。翟某合将汽车轮胎交付周某后，周某未及时付清货款，后经双方协商一致以出具欠条的形式对买卖轮胎的款项进行结算，系对买卖合同双方义务的认定与重申，是买卖合同不可分割的一部分，与买卖合同具有同等效力。换言之，欠条载明的周某欠翟某合未结轮胎款计 54210 元系已生效的内容，周某依约已产生相应的还款义务，不存在《中华人民共和国合同法》第四十五条、第四十六条规定的附条件或者附期限合同未生效的情形。故，"此款于起诉孙某志、马某英回款时付清"条款应属于双方当事人就欠款的履行期限作出的约定。经法院查明，周某申请执行孙某志、马某英一案已执行终结。除申请执行人认可二被执行人以尾矿石抵扣的 5 万元案款外，申请执行人尚余 286412 元未得到实现。剩余案款执行到位日期尚不明确，即本案中双方当事人对欠款约定的履行期限不明确，根据《中华人民共和国合同法》第六十一条、

第六十二条的规定，履行期限不明确的，债务人可以随时履行，债权人也可以随时要求履行，但应当给对方必要的准备时间。“此款于起诉孙某志、马某英回款时付清”条款亦不能构成偿还欠款的前提条件。

综上，北京市密云区人民法院依照《中华人民共和国合同法》第八条、第十条、第六十一条、第六十二条、第一百六十一条之规定，作出如下判决：

周某于本判决生效之日起十日内支付翟某合汽车轮胎款54210元。

一审宣判后，双方当事人未上诉，现判决已发生法律效力。

【法官后语】

在给付之诉类型案件尤其是金钱给付类案件的司法实践中，当事人之间约定履行期限的情形主要有以下几种：一是约定了明确的履行日期，如借款于2021年12月31日前一次性还清本息；二是约定了借款期间，如借款期限一年；三是约定的履行期限附有一定的条件导致模糊不清，如“卖房了还钱”或者“有钱了再还”。前两种情况因有明确履行期限或者可以出借时间为准计算出明确的履行期限，在此不作为重点讨论。如当事人约定的履行期限附有一定的条件导致模糊不清，应当如何作出裁判？履行期限附有一定的条件导致模糊不清的约定当中，当事人对履行期限附有的条件在司法实践中常见的有两种情况。一种情况是约定履行期限所附条件本身是否能够成就无法确定，如“卖房了还钱”，“卖房”作为一种行为，可能卖，也可能不卖，该期限能否到来或者到来的具体时间点处于无法预测的状态；另一种情况是约定履行期限所附条件的标准无法确定是否达到，如“有钱了再还”，该约定表示的是双方订立合同时以为的最后履行期限，但“有钱”这一标准却无法准确定义，既无法确定“有钱”的时间点，亦无法确定“有钱”的标准，有多少钱算是有钱？对于此种情况，一种观点认为约定的履行期限不明确是基于当事人平等自愿的真实意思表示，未违反法律、行政法规的强制性规定，应属合法有效，且约定的事项并非完全无可能发生，应由当事人自行承担关于履行期限的风险；另一种观点认为，《中华人民共和国民法典》第六条和第七条规定了公平原则和诚信原则，在约定的履行期限不明确的情况下，应当遵循当事人订立合同之目的，借钱为了如拆盲盒般测试，履行期限所附的条件能否成就的可能性微乎其微，如双方无法达成补充协议解决这一问题，应认定对履行期限约定不明确，依据相关法律的规定予以处理，切实维护债权人的合法权益和社会正常经济秩序，而不应机械适用当事人意思自治来处理，将债务履行行为置于无法预料、不能确定的状态，将风险转嫁债权人。笔者亦认可第二种观点。本案中，当事人约定“此款于起诉孙某志、马某英回款时付清”，一方面，出于种种条件限制，起诉孙某志、马某英后是否能够回款无法确定，即约定履行期限所附条件本身是否能够成就无法确定；另一方面，“回多少款”“非因起诉得到回款是否应偿还”等标准易产生分歧，即约定履行期限的条件无法确定是否成就，应属于对履行期限约定不明确的情形。

值得注意的是，应当严格区分约定的履行期限不明确与附条件、附期限民事法律行为的差别。根据《中华人民共和国民法典》第一百五十八条第二句的规定，附生效条件的民事法律行为，自条件成就时生效。附解除条件的民事法律行为，自条件成就时失效。第一百六十条规定，附生效期限的民事法律行为，自期限届至时生效。附终止期限的民事法律行为，自期限届满时失效。就此来讲，双方均认可合同有效的情况下对约定的履行期限产生争议时，不涉及合同是否有效或者何时生效、何时失效问题。如当事人之间能够达成补充协议，就按协议解决，如无法达成补充协议，也无法按照合同相关条款或者交易习惯确定的，债务人可以随时履行，债权人也可以随时请求履行，但是应当给对方必要的准备时间。若视之为附条件，在无法判断履行债务的条件将来是否能成就的情况下，仍然签订合同的概率将微乎其微。在此情况下，当事人一定是判断该期限或者时间点一定会到来而落笔签字。本案中，当事人的用意也定是出于后者，包括周某在内一定预期会在某一时间点还钱，而非不知道用不用还钱，当然不能适用“附条件”“附期限”民事法律行为的相关规定。

编写人：北京市密云区人民法院　曹建帅

25

不可抗力是否构成迟延履行主要义务的理由认定

——能源建设公司诉电气公司买卖合同案

【案件基本信息】

1. 裁判书字号

安徽省蚌埠市蚌山区人民法院（2020）皖0303民初1796号民事判决书

2. 案由：买卖合同纠纷

3. 当事人

原告：能源建设公司

被告：电气公司

【基本案情】

2017年4月26日双方签订《采购合同》一份。合同约定："能源建设公司购买电气公司生产的固体绝缘环网柜一套，合同总价为17.2万元，3个月内付至合同总价的95%，剩余5%为质保金，一年后付清。质量保证期为2年，质保期内如发现合同设备不符合本合同规定的标准，买方应当立即书面通知卖方有关瑕疵。在收到买方通知后，卖方应尽快予以答复并安排检查瑕疵设备；合同履行过程中发生因不可抗力使合同不能履行或不能完全履行时，应在不可抗力发生之日起7日内通知另一方，并在不可抗力发生之日起14日内向另一方提供有关部门出具的不可抗力证明。如因不可抗力的影响致使本协议中止履行60日或以上时，双方应就本合同的变更进行协商并达成补充协议。"货到后双方对外观进行了验收，能源建设公司亦累计支付了合同总价95%货款，即16.34万元。

2018年7月28日，该设备因质量故障无法运转，经检查电气公司建议返厂维修。2018年8月2日，将设备返厂维修，即电气公司安徽分公司处。同年8月7日，电气公司仍未对返厂设备维修，8月17日至18日，安徽省淮北市遭遇强降雨至一处路段出现积水，截至22日车间厂房水淹深度为1.5米左右，厂房所在的某园区的企业大部分在当年国庆节前后恢复生产。期间能源建设公司多次催促电气公司履行维修义务，电气公司一再拖延。2018年10月18日能源建设公司向电气公司指定的邮箱送达了《问询函》《合同提前解除告知函》，要求三日内回复，电气公司收到通知后仍未予回复。为解决供电安全问题，能源建设公司于2018年11月6日委托第三方公司以14.3万元的价格购买了一台新的户外固体柜，该设备使用至今。经查明，电气公司自认案涉设备正常的维修时长为15至20日。案涉设备电气公司于2019年6月1日告知原告维修完毕。

【案件焦点】

1. 不可抗力是否是构成被告迟延履行主要义务的理由；2. 被告的行为是否构成迟延履行主要义务，原告是否有权主张解除合同；3. 原告主张解除合同后被告全额返还货款是否成立。

【法院裁判要旨】

安徽省蚌埠市蚌山区人民法院经审理认为：首先，不可抗力不构成被告迟延履行主要义务的理由。其一，原告将设备于2018年8月2日就送至被告指定的维修地点，直至8月7日被告仍未对设备进行维修，而按被告自认的维修时长15日至20日，则最快可以在同年8月17日维修完毕，该日期在发生强降雨（不可抗力事件）之前，即被告按约积极主动的组织维修，是可以在发生强降雨前就完成其维修的义务，而拖延至不可抗力事件发生时还没有维修的责任系被告的过错。其二，发生不可抗力事件后，被告也没有按合同的约定履行告知义务，双方也未在不可抗力事件发生之日满60日后重新达成协议，不可抗力事件结束后也未及时通知原告。其三，原告向被告发生解除通知后也未回复，故被告以自己的实际行为表明了其怠于履行主要义务，被告仅以不可抗力事件的发生抗辩未履行维修义务的理由不成立。

其次，法院认为被告的行为已构成迟延履行主要义务，原告有权主张解除合同。被告无论是在不可抗力事件发生前还是发生后均未按合同约定履行维修义务，在原告向其发出解除通知后仍怠于主张抗辩，根据法律规定当事人自解除合同通知到达之日起 3 个月以后才提出异议，人民法院不予支持，故原告的解除合同通知已发生效力。且原告已重新购买了新的设备交付使用，如继续履行合同对于原告显失公平，故对原告主张解除案涉合同的诉讼请求法院予以支持。

最后，法院认为双方签订的合同解除后，按法律规定已经履行的合同，应当根据履行情况和合同性质，当事人可以要求恢复原状、采取其他补救措施，并有权要求赔偿损失。在本案中因合同已经履行，原告使用被告交付的设备一年有余，故原告主张全额返还已付货款有失交易公平性。结合本案中的合同约定的质保期为二年且解除合同的过错责任在被告方，法院酌定被告返还原告已支付货款 16.34 万元的 60%即 98040 元，超出部分不予支持。关于利息，法院审查后认为合同解除后，原告有权主张被告赔偿相应损失，该损失应以 98040 元为基数自合同解除次日即 2018 年 10 月 19 日起按法律规定计算，超出部分法院不予支持。

综上，安徽省蚌埠市蚌山区人民法院依照《中华人民共和国民法总则》第一百三十七条，《中华人民共和国合同法》第四十四条、第九十四条、第九十五条、第九十六条、第九十七条，《最高人民法院关于适用〈中华人民共和国合同法〉若干问题的解释（二）》第二十四条、第二十六条，《中华人民共和国民事诉讼法》第九十九条，《最高人民法院关于适用〈中华人民共和国民事诉讼法〉的解释》第九十条之规定，作出如下判决：

一、原告能源建设公司与被告电气公司于 2017 年 4 月 26 日签订的《采购合同》（合同编号：2017042601）应于 2018 年 10 月 18 日予以解除；

二、被告电气公司返还原告能源建设公司货款 98040 元及利息（以 98040 元货款为基数，自 2018 年 10 月 19 日起按照中国人民银行同期同类贷款基准利率标准计算至2019年8月19日，自2019年8月20日起按当月全国银行间同业拆借中心公布的贷款市场报价的基准利率计算至实际清偿之日止）；

三、驳回原告能源建设公司的其他诉讼请求。

一审宣判后，双方当事人未上诉，现判决已发生法律效力。

【法官后语】

不可抗力是不能预见、不能避免且不能克服的客观情况。不论是《中华人民共和国民法总则》第一百八十条第二款，还是《中华人民共和国合同法》第一百一十七条第二款，对于不可抗力的界定都采取了客观要件与主观要件相结合的模式。客观要件要求所谓的“客观情况”是不能避免且不能克服的，而主观要件则要求当事人对于该“客观情况”具有不能预见的主观状态。

就客观要件，不能避免和不能克服必须同时满足。已有的解释大都认为，不能避免和不能克服意指客观情况发生的必然性和不可抗拒性。但实际上，不可避免和不能克服还可以从另外的角度解释。即不可避免是指，在客观情况发生的过程中，采取任何合法的措施，都不能阻止其发生发展。不能克服是指，在该客观情况发生后，采取任何合法措施，都不足以消除其客观结果。不可避免地侧重于客观情况发生发展的不可阻止性；不能克服则侧重于客观情况产生的客观结果的难以恢复性。这一解释与以往解释的不同在于，这一解释侧重从时间维度上对不可避免（客观情况发生过程中）和不能克服（客观情况发生之后）做出划分，而以往的解释则从整体上论述不可避免和不能克服的必然性。此外，这一解释还强调，不能克服的范围包括客观情况及其发生之后的客观结果，而不仅仅是客观情况本身。在很多情况下，不可抗力的客观情况发生后经过一段时间，或许是可以克服的。

就主观要件，所谓不能预见是指当事人对所谓的“客观情况”不能合理预见的主观状态。这种合理预见，应采取“善意的一般人”的标准，即一个善意的一般人都无法预见该客观情况。

另外，需要注意的是，必须严格区分不可抗力本身和不可抗力导致的合同履行障碍。不可抗力的存在，有其独立的制度价值，而不依赖于合同是否不能履行。在很多情况下，即使该案情并未导致合同不能履行，但仍然不妨碍该情况本身作为不可抗力的认定。

编写人：安徽省蚌埠市蚌山区人民法院　郑良玉

26

合同约定的行权条件因客观因素难以实现时应允许当事人行使权利

——电缆公司诉电力建设公司买卖合同案

【案件基本信息】

1. 裁判书字号

北京市第二中级人民法院（2020）京02民终3305号民事判决书

2. 案由：买卖合同纠纷

3. 当事人

原告（被上诉人）：电缆公司

被告（上诉人）：电力建设公司

【基本案情】

2016年10月至2017年4月，电缆公司与电力建设公司就案涉小区工程先后签订3份采购合同。约定电缆公司向电力建设公司供应电缆；电力建设公司于合同签订后7日内付款30%，于货到现场后7日内付40%，经正式发电运行验收合格后7日内付25%，剩余5%在质保期届满且无质量问题后30天内付清；质保期为产品正式验收合格之日起24个月；电缆无法通过项目所在地供电局验收，电力建设公司有权要求电缆公司承担合同价款的25%作为违约金，并承担电力建设公司因此所受直接经济损失。三份合同除金额外其他条款基本相同。

后电缆公司于2016年11月将前两份合同约定的电缆供应完毕。电力建设公司亦给付了这两份合同约定的第一笔及第二笔货款。第三份合同亦于2017年供货完毕。电力建设公司前后共计向电缆公司付款3680779.75元，尚欠1012918元。

2017年12月，案涉小区工程竣工。此后该小区使用临时电源。

合同履行中，该小区正式点电源点所涉电力隧道工程开工，因需穿越铁路而迟迟未能完工。后工程开发商通知被告于2018年10月停工。

【案件焦点】

合同约定一方当事人行使权利应满足特定条件，但在合同未能正常履行致使该条件难以成就时，能否允许该方当事人主张其权利。

【法院裁判要旨】

北京市房山区人民法院经审认为：案涉合同约定被告于电缆经正式发电运行验收合格后7日内付第三笔货款。故电缆经正式通电并竣工验收合格是被告给付第三笔货款的前提条件，被告以条件尚未成就为由未付款并不违反合同约定。但仍应注意的是，双方在约定上述合同条款时应是以涉案电缆敷设工程的正常进行为前提。即在工程顺利施工并完工的情况下，双方均同意适用上述付款条件。而在实际履行中，电缆敷设工程因相关电力隧道的修建而暂停施工，进而影响了正式通电、项目报竣及电缆验收。双方对此均无过错。但《中华人民共和国合同法》规定当事人应当遵循公平原则确定各方权利和义务。即合同的签订和履行均应遵循公平原则。本案中，如机械适用合同约定的付款条件，将导致在已履行完全部供货义务长达三年的情况下，原告基于合同所应获得的第三笔货款因为上述电力隧道迟迟未能修建完毕而将一直处于悬而未决的状态，有悖公平原则。而即使案涉电缆将来经供电部门验收确实存在质量问题，被告亦可基于质保金条款及违约条款保护其相关权利。故综合考虑全案情况尤其是合同的签订和履行情况，原告要求被告给付第三笔货款，理由正当，证据充分，应予支持。但原告主张的逾期付款利息，如前所述，被告并无违约，故该项诉求不应支持。

据此，北京市房山区人民法院依照《中华人民共和国合同法》第五条、第一百五十九条之规定，作出判决如下：

一、被告电力建设公司于本判决生效之日起十日内给付原告电缆公司货款1012918元；

二、驳回原告电缆公司的其他诉讼请求。

电力建设公司不服一审判决，提出上诉。

北京市第二中级人民法院经审理认为：电力建设公司与电缆公司签订的《合同一》《合同二》《合同三》系双方当事人的真实意思表示，且未违反国家有关法律、法规的强制性规定，应认定为有效，签约各方均应依约履行各自义务。在本案中虽《合同一》《合同二》均约定经正式发电运行验收合格后甲方于7日内付合同总额的25%，现相关电力隧道的修建迟延而暂停施工，进而影响了正式通电、项目报竣及电缆验收，因此，在《合同一》《合同二》的履行过程中虽电力建设公司和电缆公司对此均无过错，但鉴于《中华人民共和国合同法》第五条亦规定：当事人应当遵循公平原则确定各方的权利和义务，因此一审法院认为如机械地适用《合同一》《合同二》约定的付款条件，将导致在已履行完全部供货义务长达三年的情况下，电缆公司基于《合同一》《合同二》所应获得的第三笔货款因为上述电力隧道迟迟未能修建完毕而将一直处于悬而未决的状态，有悖于上述公平原则并无不妥。如果案涉电缆将来经供电部门验收确实存在质量问题，电力建设公司可通过质保金条款及违约条款保护其相关权利。据此，一审法院综合考虑全案情况尤其是《合同一》《合同二》的签订和履行情况，对电缆公司要求电力建设公司给付第三笔货款予以支持并无不当。故电力建设公司的上诉理由不能成立，应予驳回。一审法院判决认定事实清楚，适用法律正确，应予维持。

北京市第二中级人民法院依照《中华人民共和国民事诉讼法》第一百七十条第一款第一项之规定，作出如下判决：

驳回上诉，维持原判。

【法官后语】

本案争议焦点在于合同约定一方当事人行使权利应满足特定条件，但在合同未能正常履行致使该条件难以成就时，能否允许该方当事人主张其权利。

对此，存在两种观点。

一种观点认为，合同是双方当事人对彼此权利义务经自由协商达成的合意。双方在缔约时即应预测到合同履行中可能遇到的各种风险，但经过衡量，仍对相关权利的行使设定了特定条件。这属于当事人的意思自治，当事人均应受此约束，否则将使合同履行处于不确定状态，也有悖诚信原则。故不应支持原告的诉求。

另一种观点则认为，合同是双方经磋商达成的合意，通常情况下，双方当事人的确应该严格按照合同约定履行义务、行使权利。但在合同履行中，如出现了特殊情形，合同实际上已无法正常履行，进而导致合同约定的行权条件迟迟难以成就时，此时如果仍然坚持按照合同原来设定的条件，阻止当事人主张其权利，将可能导致双方当事人的权利出现失衡，有违公平原则。公平原则作为合同法的基本原则之一，强调交易双方在缔约及履约过程中应获得均等的机会、互惠互利，在权利义务的设置上不应出现严重失衡。基于该原则，应支持原告诉求。

是否有失公平，具体到个案，还应从三个层面进行考量。

一是合同约定的行权条件不能成就的原因。如果行权条件不能成就是因为当事人自身原因造成的，则应依据其过错承担相应责任。本案中，因相关市政工程迟迟未能完工导致案涉项目无法通电验收，被告据此拒付原告货款。可见，原告索要货款条件未能成就的原因并非源于双方的过错，而是因为客观因素所致。如果是原告自身原因如迟延供货、货物有瑕疵等造成无法验收，则应由原告自行承担无法收取货款的责任。

二是行权条件不能成就的持续时间。如果行权条件只是暂时不能成就，通常情况下不会对一方当事人的权益造成过大的影响或损害，此时该方当事人仍应遵循合同约定，待条件成就时才能主张权利。反之，如阻止条件成就的客观情形会持续较长时间，已经超出双方在缔约时的合理预期，此时如果机械地适用合同条款，将导致一方当事人的合同权利长期处于落空状态，显然有失公平。本案中，原告早已完成全部供货义务，但直至数年后仍未能获得第三笔货款，被告也未提出过质量异议。案涉项目所在小区都已竣工交付使用，只是因为关联市政工程的迟延竣工而未能通电验收，而该市政工程的完工时间尚难以确定。原告迟迟未能收到第三笔货款也会对其自身的现金流和正常运营带来不利影响。因此有必要适度突破合同此前设定的付款条件，允许原告及时获得其应得货款。

三是一方当事人的权益是否会因对方行权受损。毕竟双方在缔约时约定了原告获得第三笔货款的条件。如允许原告突破上述条件获得该笔货款，需要考虑到双方在设定上述条件时的目的以及被告的合同权益是否会因原告获得该笔货款而受损。双方约定被告应在原告所供电缆完成通电验收后付款，这是为了确保电缆的质量。而本案中，原告早已完成供货，使用原告所供电缆的小区还实际通过了临时电源，且被告至今未提出过质量异议。虽然临时电源可能并未经过全部电缆，对全部电缆的质量暂时不能作出最终判定。但合同亦约定了质保金条款和违约金条款。这样即使被告此时支付了第三笔货款，如果将来该项目正式通电后确实出现电缆存在质量问题，被告仍可适用质保金条款和违约金条款向原告主张相关权利，即被告作为合同相对方的权益仍然可以通过上述补救措施得到充分保障。

综上，承办人认为合同履行中固然应当遵循诚信原则，但不应机械地理解合同约定和法律规定，因为确保双方当事人之间合同权利义务的整体公平才是诚信原则真正的应有之意。司法裁判中应灵活适用公平原则等基本原则，以更周全地保护当事人的合法权益。

编写人：北京市房山区人民法院　孙静波

五、买卖合同的变更、转让和解除

27

不违背债务人意思的第三人清偿行为可与债权人合意解除

——建筑公司诉甲金属材料公司买卖合同案

【案件基本信息】

1. 裁判书字号

江苏省南通市中级人民法院（2020）苏 06 民终 617 号民事判决书

2. 案由：买卖合同纠纷

3. 当事人

原告（反诉被告、上诉人）：建筑公司

被告（反诉原告、被上诉人）：甲金属材料公司

【基本案情】

2014 年 3 月，建筑公司（需方）与甲金属材料公司（供方）签订合同，约定供方向需方承建的某工程项目供应钢材。合同加盖了建筑公司的公章，何甲在需方“委托代理”处签名。2014 年 2 月至 2016 年 7 月，甲金属材料公司陆续向建筑公司在某工程项目的工地供货，双方每月均对钢材供货量及金额进行了核对，并由冯某忠等人在供货明细中签字确认，钢材供货总额为 44968663.95 元，甲金属材料公司已向建筑公司开具价税合计 44968663.95 元的

增值税发票。2014 年 7 月 25 日至 2017 年 11 月 3 日，建筑公司向甲金属材料公司转账 4555 万元，案外人方某洋分别于 2014 年、2015 年向甲金属材料公司转账合计 382 万元，于 2015 年、2016 年向甲金属材料公司会计陆某忠合计转账 120 万元，案外人何乙于 2015 年 10 月 9 日向甲金属材料公司转账 100 万元。对于方某洋于 2014 年 9 月 28 日、10 月 8 日、10 月 16 日、11 月 6 日合计支付的 300 万元，甲金属材料公司于 2014 年 11 月 7 日出具了收款证明，证明内容为："今收到方某洋代建筑公司付钢材款 300 万元。"另外，对于方某洋转给陆某忠的 120 万元，甲金属材料公司认为该款系何甲指示方某洋向其另行支付的财务费用。方某洋与何乙于 2016 年 5 月 10 日出具确认函，确认该 120 万元属代建筑公司向甲金属材料公司支付的钢材款。2017 年 9 月 18 日，何甲向甲金属材料公司出具委托汇款说明，要求甲金属材料公司将上述方某洋及何乙所付的 482 万元分别转给何甲 350 万元，转给乙金属材料公司 132 万元用于代付建筑劳务公司 100 万元和建筑材料公司 32 万元往来款。同日，甲金属材料公司转入何甲账户 350 万元。方某洋系何乙和何甲在案涉项目中聘请的会计。建筑公司法定代表人及股东为何甲，监事为何乙。

何甲、何乙（乙方）与建筑公司江海分公司（甲方）曾于 2016 年 4 月 30 日签订风险抵押承包协议书一份，约定由乙方承包案涉工程项目和地下车库总承包工程，乙方对项目承包独立核算，自负盈亏，乙方必须保证民工工资与材料供应商的扣款，做到专款专用，每次付款由乙方填写付款申请单，报资金用途计划。

【案件焦点】

甲金属材料公司向何甲退还的 350 万元能否认定为建筑公司支付的案涉货款。

【法院裁判要旨】

江苏省南通市通州区人民法院经审理认为：方某洋、何乙向甲金属材料公司所支付的 350 万元源于建筑公司或者何甲、何乙自筹的资金。如建筑公司将

350 万元作为其向甲金属材料公司支付的货款，则至 2017 年 5 月 25 日已超出其按发票应当支付的货款金额。然建筑公司此后又分别于 2017 年 9 月 15 日、11 月 3 日继续向甲金属材料公司付款 350 万元、150 万元，由于合同约定供方将税务发票交需方签收确认后付款，建筑公司与何甲、何乙也明确约定每笔付款均需申请，建筑公司未经财务审核，向甲金属材料公司连续过付巨额款项，有悖常理。何甲、何乙不仅是兄弟，也是案涉工程的共同承包人，甲金属材料公司根据何甲的要求退回其垫付的资金并未损害建筑公司的利益。在建筑公司的工程款能够到位时，何甲有权要求甲金属材料公司将其筹措的资金归还。

江苏省南通市通州区人民法院依照《中华人民共和国合同法》第七十九条、第八十条、第一百零七条、第一百一十四条、第一百三十条、第一百五十九条、第一百六十一条，《最高人民法院关于适用〈中华人民共和国合同法〉若干问题的解释（二）》第二十一条之规定，作出如下判决：

一、驳回建筑公司的诉讼请求；

二、建筑公司于判决生效后十日内给付甲金属材料公司运费及财务费用共计 1377725.83 元；

三、驳回甲金属材料公司的其他反诉请求。

建筑公司持原审起诉意见提起上诉。

江苏省南通市中级人民法院经审理认为：方某洋、何乙向甲金属材料公司支付货款的行为系第三人代为清偿行为，在建筑公司不知情的情况下，其行为效力仅及于代偿人与债权人。何甲与何乙系案涉工程的共同承包人，其有权要求甲金属材料公司将其筹措的资金予以退还。甲金属材料公司于 2017 年 9 月 18 日根据何甲的委托退还 350 万元，就该部分款项，双方已合意解除原代偿行为，故应当认定甲金属材料公司向何甲退还的 350 万元并非建筑公司支付的案涉货款。

江苏省南通市中级人民法院依照《中华人民共和国民事诉讼法》第一百七十条第一款第一项之规定，作出如下判决：

驳回上诉，维持原判。

【法官后语】

我国现行法律对第三人代为清偿、为第三人利益合同等突破合同相对性而涉及多方利益的制度规定得较为粗疏。《中华人民共和国民法典》在保留《中华人民共和国合同法》第六十五条即当事人约定由第三人向债权人履行债务的基础上，新增了无约定情况下第三人有权代为履行债务的规定，但对于第三人代为清偿时是否可以违背债务人的意思、第三人与债权人能否合意解除代偿行为等问题，《中华人民共和国民法典》未作出具体规定。纵观各国立法，德国民法典、日本民法典均未对该问题作出具体规定。日本学者我妻荣认为，准许第三人清偿时，其提供发生和债务人清偿同样的效力，即债权人拒绝受领时，产生受领迟延（提供程度与债务人为之时相同）。此外，得请求返还受领证书或债权证书。不仅限于原有意义上的清偿，也可能是代物清偿或担保，但更改则不能视为清偿，也不得抵销。本案在现有法律制度框架内，最终在裁判理由中证成第三人与债权人能否合意解除代偿行为应以代偿时债务人是否知情为判断标准。其一，若第三人代为清偿时，债务人知情且未明示反对，表明债权人、债务人、第三人就第三人代为清偿达成三方协议，在不具备约定解除或法定解除条件的情况下，第三人若未征得债务人的同意，则无权与债权人合意解除代偿行为。即便第三人与债权人就代偿行为达成解除的合意，对债务人也不产生法律效力。其二，若第三人代为清偿时，债务人对此不知情，表明该代偿行为是第三人与债权人达成的合意，在债务人追认前，代偿行为的法律效力仅及于第三人与债权人。第三人在债务人知晓前与债权人达成解除原代偿行为的合意，不损害债务人的利益，亦不违反法律禁止性规定，应对解除行为作肯定性评价。即便债务人在第三人与债权人合意解除后对原代偿行为予以追认，也不能认定相关债务已达到清偿的效果，债权人仍可以要求债务人继续履行债务。本案符合第二种情形，即第三人代为清偿时，建筑公司对此并不知情，在建筑公司追认前，何甲已与甲金属材料公司就 350 万元达成解除原代偿行为的合意，故该 350 万元不应认定为建筑公司支付的案涉货款。

编写人：江苏省南通市中级人民法院　陈燮峰　李晓晴

28

拒绝交付随车文件导致车辆买卖合同解除

——翟某迪诉汽车销售服务公司买卖合同案

【案件基本信息】

1. 裁判书字号

北京市昌平区人民法院（2020）京0114民初853号民事判决书

2. 案由：买卖合同纠纷

3. 当事人

原告：翟某迪

被告：汽车销售服务公司

【基本案情】

2019年7月11日，翟某迪与汽车销售服务公司签订《汽车代购合同》，约定翟某迪购买红色汽车一辆，成交价格为21万元，尾款19.1万元，2019年7月18日前在北京交付车辆。合同约定供方所提供车辆必须符合国家颁布的汽车质量标准，保证手续（销售发票、车辆合格证、保养手册、车辆使用说明书、随车工具及备胎）齐全，双方指定工作人员在特定场地按照交车清单进行车辆和手续、随车工具等检验，检验无误后，双方签字确定；需方须在协议时间内将车辆订金汇入供方指定账号，协议合同中如出现紧急改动情况须及时和供方沟通，违约导致合同解除的，需方无权要求返还订金。合同甲方联系人王某雨签字并加盖汽车销售服务公司公章，乙方翟某迪签字。同日，翟某迪以微信扫码的方式支付汽车销售服务公司1.9万元。

2019年7月15日，汽车销售服务公司员工王某环陪同翟某迪前往验车。

翟某迪称验车未能通过，原因是前左门车漆颜色与车身不一致，且汽车销售服务公司未提供任何随车文件。汽车销售服务公司对此予以否认，称翟某迪未提出过前左门车漆颜色不一致的问题，翟某迪只支付了定金，未支付剩余购车款，且不配合提供身份证复印件，导致汽车销售服务公司无法办理车辆手续。

2019 年 7 月 16 日，王某雨要求翟某迪另行签署《购车协议》，因翟某迪对验车情况有异议，翟某迪未签署该协议。同日，王某环要求翟某迪签署《特殊商品车销售协议》，因协议中约定随车工具有不同程度的缺失、随车文件残缺、该批车辆不提供完整的商品车质量担保、不享受《中华人民共和国消费者权益保护法》三包中的退换服务、仅享有质保服务等条款，翟某迪未签署该协议。汽车销售服务公司以此拒绝向翟某迪提供车辆，在合同约定 2019 年 7 月 18 日交车期限内，未向翟某迪提供车辆及相关车辆手续。

【案件焦点】

1. 翟某迪与汽车销售服务公司签订的合同属于买卖合同还是委托合同；2. 拒绝交付随车文件能否导致车辆买卖合同解除；3. 合同定金的性质如何认定。

【法院裁判要旨】

北京市昌平区人民法院经审理认为：根据翟某迪与汽车销售服务公司签订的《汽车代购合同》的约定，翟某迪直接向汽车销售服务公司支付车款、汽车销售服务公司向翟某迪交付车辆，能够证明双方之间存在车辆买卖合同关系，该买卖合同系双方当事人的真实意思表示，并未违反法律、行政法规的强制性规定，应属合法有效，双方均应按照约定全面履行自己的义务。汽车销售服务公司主张与翟某迪系委托合同关系，但其未向翟某迪提供厂家账户等相关信息，庭审中明确表示未将赚取的差价告知过翟某迪，亦未提供证据证明双方约定了委托费用，故汽车销售服务公司的该项主张，于法无据，法院不予采信。

出卖人应当按照约定或者交易习惯向买受人交付提取标的物单证以外的有关单证和资料。本案中，汽车销售服务公司未能按照合同约定向翟某迪提供车辆的完整随车文件，而车辆作为交通工具，完整的随车文件对车辆及驾车人员的人身安全具有重要的意义，故翟某迪享有解除合同的权利。2019 年 7 月 17 日，翟某迪通过微信向汽车销售服务公司主张解除合同，故翟某迪关于《汽车代购合同》于 2019 年 7 月 17 日解除的主张，于法有据，法院予以支持。

当事人可以约定一方向对方给付定金作为债权的担保。债务人履行债务后，定金应当抵作价款或者收回。给付定金的一方不履行约定的债务的，无权要求返还定金；收受定金的一方不履行约定的债务的，应当双倍返还定金。关于翟某迪向汽车销售服务公司支付的 1.9 万元"订金"的性质一节，《汽车代购合同》中约定"需方须在协议时间里将车辆订金款汇入供方指定账号，协议合同中如出现紧急改动情况须即时和供方沟通，违约导致合同解除，需方无权要求返还订金"，根据该条约定，双方约定的"订金"具有担保债权的作用，因此具有定金性质。故翟某迪要求汽车销售服务公司双倍返还定金 3.8 万元，于法有据，法院予以支持。

北京市昌平区人民法院依据《中华人民共和国合同法》第九十四条、第一百一十五条、第一百三十条、第一百三十五条、第一百三十六条、第三百九十八条，《中华人民共和国担保法》第八十九条，《最高人民法院关于适用〈中华人民共和国担保法〉若干问题的解释》第一百一十八条，《最高人民法院关于审理买卖合同纠纷案件适用法律问题的解释》第二十五条，《中华人民共和国民事诉讼法》第六十四条之规定，作出如下判决：

一、翟某迪与汽车销售服务公司 2019 年 7 月 11 日签订的《汽车代购合同》于 2019 年 7 月 17 日解除；

二、汽车销售服务公司于本判决生效后十日内双倍返还翟某迪定金共计 3.8 万元。

一审宣判后，双方当事人未上诉，现判决已发生法律效力。

【法官后语】

1. 主给付义务与从给付义务的区别

根据双务合同中各个给付义务之间的关系，给付义务可以划分为主给付义务和从给付义务。主给付义务是合同关系中所固有的、必备的、自始确定的，能够决定合同类型的基本义务。从给付义务本身没有独立意义，而是具有补助主给付义务的功能，用于确保债权人的利益能够获得最大满足。《中华人民共和国合同法》第一百三十六条和《中华人民共和国民法典》第五百九十九条规定的出卖人向买受人交付提取标的物单证以外的有关单证和资料的义务，即为典型的从给付义务。

从给付义务本质上从属于主给付义务，但二者最根本的区别不在于其来自法律规定或者当事人约定，而在于该义务在合同中所处的地位以及起到的作用。在合同中，关于主给付义务的规定总是处于最重要的地位，直接影响到当事人订立合同的目的。从给付义务则处于次要地位，其功能是保障主给付义务的完整履行，从而使当事人获得最佳的合同履行效果，对于从给付义务的讨论应当建立在主给付义务的基础上。

2. 违反从给付义务导致的合同解除

《中华人民共和国合同法》第九十四条和《中华人民共和国民法典》第五百六十三条规定了合同解除的法定条件，其中第四款规定，“当事人一方迟延履行债务或者有其他违约行为致使不能实现合同目的”。《最高人民法院关于审理买卖合同纠纷案件适用法律问题的解释》第二十五条规定：“出卖人没有履行或者不当履行从给付义务，致使买受人不能实现合同目的，买受人主张解除合同的，人民法院应当根据合同法第九十四条第（四）项的规定，予以支持。”因此，立法中对于违反从给付义务能否导致合同解除的认定主要包括两个要素，一是从给付义务的识别，二是合同目的不能实现。

关于“从给付义务的识别”。从给付义务作为合同义务群中的一类，按照其辅助主给付义务实现的具体方式，主要可以分为以下四类：交付发票、说明书、资料的义务；交付标的物来源证明材料的义务；交付行政管理证书的义务；保养、检查、维修义务。

关于“合同目的不能实现”。首先，依据客观主义兼主观主义的合同解释原则，不同于仅为内心意思的动机，合同目的应当为合同的直接目的，有表示于外部的意思才能认定其成立。其次，合同目的不能实现一般指当事人无法得到其订立合同时所欲达到的直接目的，该目的已经体现在合同中，为外界以及合同对方当事人可知或者可以推知，同时符合客观第三人对于该类型合同目的的正常理解与期待。

通常，从给付义务的履行结果不属于合同目的，但部分从给付义务的适当履行对于实现合同目的存在重大影响。本案中，原、被告的买卖合同标的是车辆，属于特殊动产，买受人不仅是要取得车辆的所有权，其订立合同的目的是将所购车辆作为交通工具进行使用。随车文件的缺失会导致无法办理车辆登记手续、车辆无法上路行驶，违反该从给付义务会导致合同目的落空，从而使无过错方获得合同解除权。

编写人：北京市昌平区人民法院　李笑

29

因出卖人权利瑕疵致使标的物所有权不能转移，买受人有权要求出卖人解除合同、赔偿损失

——李某江诉邹某华买卖合同案

【案件基本信息】

1. 裁判书字号

北京市密云区人民法院（2019）京0118民初9764号民事判决书

2. 案由：买卖合同纠纷

3. 当事人

原告：李某江

被告：邹某华

【基本案情】

2018 年 4 月 3 日，原告从被告处购得奔驰车一辆，并通过银行汇款的方式将 18 万元购车款支付给被告。被告向原告提交了施某琴为借款人，贷款人和抵押人为空白、落款日期为 2015 年 2 月 1 日的车辆质押合同，卖方为施某琴、买方为空白、落款日期为 2015 年 2 月 1 日的车辆买卖协议及甲方为汽车贸易公司、乙方为被告、落款日期为 2017 年 4 月 17 日的车辆转（抵）押合同书。原告自被告处购车后，为车辆购买了机动车辆交通强制保险、第三者责任险等商业保险，第一次保险期间自 2018 年 4 月 24 日至 2019 年 4 月 23 日，第二次保险期间自 2019 年 4 月 26 日至 2020 年 4 月 25 日，第二次共缴纳保险费、车船税合计 16233 元。后原告一直使用该车辆，2019 年 6 月 30 日，原告发现车辆在上河湾南区被盗，于当日向西滨河派出所报警，派出所经调查认定涉诉车辆未被盗窃，系融资担保公司派人开走。2013 年施某琴与融资担保公司签订个人汽车消费贷款担保合同，施某琴于 2013 年 4 月 8 日购买奔驰汽车一辆，向某银行锦江支行申请个人汽车消费借款，请求融资担保公司为其提供不可撤销的保证担保，融资担保公司依据施某琴的申请为其向银行借款，提供 54.6 万元整不可撤销的保证担保，并承担贷款归还的连带责任，若施某琴没有按照银行个人消费贷款合同履行其还款义务导致融资担保公司向银行承担了担保责任的，融资担保公司有权依据银行的授权行为行使抵押权人的权利，或根据银行转让的抵押权自行行使抵押权人的权利，依法对车辆进行处置。施某琴因多次未依约偿还贷款，融资担保公司代为偿还贷款后，依据公证文书向法院申请强制执行，并申请法院将涉诉车辆查封。派出所对原告的报案未予立案，原告向法院提起诉讼。

【案件焦点】

1. 案涉奔驰车的所有权是否转移；2. 原、被告之间的买卖关系能否解除。

【法院裁判要旨】

北京市密云区人民法院经审理认为：出卖人因未取得所有权或者处分权致

使标的物所有权不能转移，买受人要求出卖人承担违约责任或者要求解除合同并主张损害赔偿的，人民法院应予支持。当事人对自己提出的诉讼请求所依据的事实或者反驳对方诉讼请求所依据的事实，应当提供证据加以证明，当事人未能提供证据或者证据不足以证明其事实主张的，由负有举证证明责任的当事人承担不利的后果。原、被告就涉案车辆形成买卖合同关系，被告将车辆交付给原告，后被权利人融资担保公司收回，原告购买涉案车辆的合同目的不能实现，原告要求解除其与被告之间的车辆买卖合同之诉讼请求，于法有据，法院予以支持。关于购车款，至2019年6月30日原告已使用该车辆近15个月，应支付相应使用费，对使用费的数额法院根据车辆品牌和北京市汽车租赁市场的行情综合认定，并从返还的购车款中予以扣除。使用费的数额由法院根据车辆品牌和北京市汽车租赁市场的行情综合认定为每月3000元，总额为4.5万元。故邹某华应返还李某江购车款13.5万元。原告主张的保险费、车船税损失，具体数额由法院根据保险期间及保险使用情况予以确定：第二次保险期间自2019年4月26日至2020年4月25日，第二次共缴纳保险费、车船税合计16233元。至2019年6月30日，车辆被权利人融资担保公司收回，李某江此次保险使用期间为65日，此期间保险费、车船税数额为2925元，应予以扣除。故邹某华应返还李某江保险费、车船税13308元。关于车辆维修费之诉讼请求，原告未提交相应证据予以证明，故不予支持。

综上，北京市密云区人民法院依照《中华人民共和国合同法》第九十四条、第九十七条、第一百三十五条，《最高人民法院关于审理买卖合同纠纷案件适用法律问题的解释》第三条第二款，《最高人民法院关于适用〈中华人民共和国民事诉讼法〉的解释》第九十条之规定，作出如下判决：

一、解除原告李某江与被告邹某华关于案涉奔驰车的买卖合同关系；

二、被告邹某华于本判决生效之日起十日内返还原告李某江购车款13.5万元；

三、被告邹某华于本判决生效之日起十日内给付原告李某江保险费、车船税13308元；

四、驳回原告李某江的其他诉讼请求。

一审宣判后，双方当事人未上诉，现判决已发生法律效力。

【法官后语】

作为特殊动产，机动车的所有权变动采取交付生效、登记对抗的模式。本案中，李某江在邹某华处购得奔驰车，已经交付并支付对价，但未办理过户手续、没有进行所有权人变更登记，仍登记在施某琴名下，故不能对抗第三人。因施某琴未依约偿还贷款，融资担保公司对涉案车辆行使抵押权，导致李某江的权利受损。出卖人因未取得所有权或者处分权致使标的物所有权不能转移，买受人要求出卖人承担违约责任或者要求解除合同并主张损害赔偿的，人民法院应予支持。涉案奔驰车辆被融资担保公司派人开走，李某江订立合同的目的不能实现，故对其要求解除买卖合同的诉讼请求，法院予以支持。双方买卖合同关系解除后，邹某华应当向李某江返还购车款，但因其已经使用了15个月，需要从中扣减一定的使用费。

合同解除是指合同关系成立以后，当具备合同解除条件时，因当事人一方或双方的意思表示而使合同关系自始消灭或向将来消灭的一种行为。《中华人民共和国民法典》第五百六十三条规定了合同法定解除的五种情形，分别是：(1) 因不可抗力致使不能实现合同目的；(2) 在履行期限届满前，当事人一方明确表示或者以自己的行为表明不履行主要债务；(3) 当事人一方迟延履行主要债务，经催告后在合理期限内仍未履行；(4) 当事人一方迟延履行债务或者有其他违约行为致使不能实现合同目的；(5) 法律规定的其他情形。以持续履行的债务为内容的不定期合同，当事人可以随时解除合同，但是应当在合理期限之前通知对方。本案中原告要求解除合同，属于第四种情形，合同目的不能实现而导致合同解除。《中华人民共和国民法典》全盘吸收了《中华人民共和国合同法》第九十四条有关合同解除规定的内容，可以说进一步肯定了现有法律规定及其司法使用中确定的裁判规则。考虑到维护交易的稳定和安全，因违约行为导致“不能实现合同目的”进而解除合同，要求必须是重大、根本性的违约。

《中华人民共和国民法典》物权编对动产交付制度作出了规定：第二百二十四条规定："动产物权的设立和转让，自交付时发生效力，但是法律另有规定的除外。"第二百二十五条规定："船舶、航空器和机动车等的物权的设立、变更、转让和消灭，未经登记，不得对抗善意第三人。"《中华人民共和国民法典》合同编第五百九十七条第一款规定："因出卖人未取得处分权致使标的物所有权不能转移的，买受人可以解除合同并请求出卖人承担违约责任。"故法院最终对原告的诉讼请求予以部分支持，仅在金额上进行了酌定。

编写人：北京市密云区人民法院 王迎新

30

债权转让中受让人申请替代当事人承担诉讼损害他人合法权益的，应不予准许

——汽车公司诉电池公司买卖合同案

【案件基本信息】

1. 裁判书字号

北京市第二中级人民法院（2020）京02民终1840号民事判决书

2. 案由：买卖合同纠纷

3. 当事人

原告（上诉人）：汽车公司

被告（被上诉人）：电池公司

第三人：新能源公司、新能源企业（有限合伙）

【基本案情】

2017年至2018年，电池公司（乙方）与汽车公司（甲方）签订了5份《购

销合同》，就 ZGT6818LBEV、ZGT6850LBEV、ZGT6820LBEV、ZGT6608LBEV 型号车辆的磷酸铁锂电池系统及锂离子蓄电池产品达成买卖协议，合同就产品名称、型号、规格、数量及金额等事项进行了约定，5 份合同总价款为 5205119 元。5 份合同在质保期与质保期内提供的服务部分均约定，乙方质保期为 5 年或 20 万公里。甲方在按照产品使用说明书、《技术协议》所规定的正确安装和使用装置的前提下，乙方为产品提供为期 5 年或 20 万公里的质保（以先到为准），在质保期内，电池芯出现故障后，甲方应向乙方第一时间提供出现故障时的使用情况，乙方须在接到通知后 48 小时之内到现场服务，并进行维修，直至故障完全排除，设备完全恢复正常为止。合同签订后，电池公司最晚于 2017 年 12 月向汽车公司进行供货，汽车公司向电池公司付款共计 1936192.1 元，后电池公司向汽车公司开具了 6 张增值税专用发票，票面金额为 5205119.4 元。根据国家税务总局张家港市税务局出具的《认证情况证明》显示，该 6 张发票已进行认证。

【案件焦点】

当事人主张争议的民事权利转移的，受让人能否在调解协议中替代当事人享有诉讼权利。

【法院裁判要旨】

北京市房山区人民法院经审理认为：因案涉电池属于特定型号车辆专用电池，案涉 5 份合同及汽车公司与案外人签订的《购销合同》可证明案涉电池销售后安装在由案外人投入运营的新能源汽车上，案外人出具的电池故障修复函等证据可以证明案涉电池在车辆运营中出现了故障导致车辆需要维修却未得到维修的事实。电池公司虽然否认汽车公司提交的证据材料的真实性及证明目的，但是未向北京市房山区人民法院提交证据予以反驳，故对于汽车公司有关涉案电池运行安装后出现故障及电池公司未对电池进行售后服务的辩称，北京市房山区人民法院予以采信。

汽车公司、电池公司之间买卖合同关系成立，双方均应依据合同约定履行义务。电池公司有按时交货及提供售后服务的义务，汽车公司有按时交纳货款的义务。电池公司提交银行汇款凭证可以证明汽车公司目前尚欠付电池公司货款 3268927.3 元，因汽车公司对已付金额予以认可，北京市房山区人民法院对此不持异议。一审诉讼中，汽车公司辩称电池公司停止售后服务对其造成损失，故不同意支付质保金，并提出减价请求，要求减少价款 3130050 元。对此，该院认为，合同依约保留部分价款作为质保金的，电池公司在质量保证期间未及时解决质量问题而影响标的物价值或使用效果，其主张支付该部分价款的，人民法院不予支持。故对于汽车公司要求扣减质保金的辩称予以采信。对于电池公司要求汽车公司支付未付货款的诉讼请求，扣减质保金部分，该院予以支持。对于电池公司要求汽车公司支付逾期货款利息损失的诉讼请求，合理部分，该院亦予以支持。此外，标的物质量不符合约定，买受人要求减少价款的，人民法院应予支持。价款已经支付的，买受人主张返还减价后多出部分价款的，人民法院亦应予以支持。然而，依据法律规定，当事人对自己提出的诉讼请求所依据的事实或者反驳对方诉讼请求所依据的事实，应当提供证据加以证明，在作出判决前，当事人未能提供证据或者证据不足以证明其事实主张的，由负有举证责任的当事人承担不利后果。因汽车公司提供的证据不足以证明减价金额，故该院对其减少价款的辩称不予采信。

综上所述，北京市房山区人民法院依照《中华人民共和国合同法》第六十条、第一百零九条、第一百一十一条，《最高人民法院关于适用〈中华人民共和国民事诉讼法〉的解释》第九十条之规定，作出如下判决：

一、汽车公司于判决生效之日起十日内给付电池公司货款 2768840.3 元；

二、汽车公司于判决生效之日起十日内给付电池公司逾期付款利息（以 2768840.3 元为基数，自 2019 年 6 月 13 日起至款项付清之日止，按中国人民银行同期贷款计算）；

三、驳回电池公司的其他诉讼请求。如果未按判决指定的期间履行给付金钱义务，应当依照《中华人民共和国民事诉讼法》第二百五十三条之规定，加倍支付迟延履行期间的债务利息。

汽车公司不服，提起上诉。

北京市第二中级人民法院经审理认为：本案的主要争议焦点为：（1）电池公司是否为本案适格的原告；（2）是否需要追加电池产品实际使用方为本案有独立请求权第三人；（3）汽车公司所主张的损失是否应当在货款中直接予以扣减。

对于争议焦点一，《最高人民法院关于适用〈中华人民共和国民事诉讼法〉的解释》第二百四十九条规定："在诉讼中，争议的民事权利义务转移的，不影响当事人的诉讼主体资格和诉讼地位。人民法院作出的发生法律效力的判决、裁定对受让人具有拘束力。受让人申请以无独立请求权的第三人身份参加诉讼的，人民法院可予准许。受让人申请替代当事人承担诉讼的，人民法院可以根据案件的具体情况决定是否准许；不予准许的，可以追加其为无独立请求权的第三人。"依据前述规定，即便汽车公司所主张的债权转让属实，也不影响电池公司在本案中的主体资格和诉讼地位，且法院已经依申请追加债权转让通知书及说明所载的两手"受让人"作为无独立请求权第三人参加诉讼，至于新能源公司、新能源企业（有限合伙）是否具有真实的债权受让人身份不影响本案继续审理，法院对此问题不作认定。

对于争议焦点二，《中华人民共和国民事诉讼法》第五十六条第一款规定，对当事人双方的诉讼标的，第三人认为有独立请求权的，有权提起诉讼。依据前述规定，第三人作为有独立请求权的第三人参加诉讼的条件有两个，其一，第三人对诉讼标的具有独立请求权，其二，由第三人提起诉讼。本案中，电池公司基于其与汽车公司之前签订的《购销合同》而形成的买卖合同关系提起诉讼，本案所处理的是两者之间的权利义务关系，对于本案的诉讼标的，电池产品的实际使用方并不具有独立请求权，汽车公司关于追加实际使用方为本案有独立请求权的第三人的上诉主张缺乏法律依据，法院不予采纳。

对于争议焦点三，《最高人民法院关于审理买卖合同纠纷案件适用法律问题的解释》第四十四条第二项规定，出卖人履行交付义务后诉请买受人支付价款，买受人以出卖人违约在先为由提出异议的，买受人主张出卖人应支付违约金、赔偿损失或者要求解除合同的，应当提起反诉。依据前述规定，汽车公司以电池公司停止售后服务给汽车公司造成损失为由，要求从货款中对相应款项进行扣减，应属于反诉的范围。汽车公司在一审审理期间未提起该项反诉请求，其要求直接以损失金额为减价处理，缺乏法律依据，法院对其相应上诉请求不予采纳。

综上所述，汽车公司的上诉请求不能成立，应予驳回；一审判决认定事实清楚，适用法律正确，应予维持。北京市第二中级人民法院依照《中华人民共和国民事诉讼法》第一百七十条第一款第一项之规定，作出如下判决：

驳回上诉，维持原判。

【法官后语】

《最高人民法院关于适用〈中华人民共和国民事诉讼法〉的解释》第二百四十九条规定："在诉讼中，争议的民事权利义务转移的，不影响当事人的诉讼主体资格和诉讼地位。人民法院作出的发生法律效力的判决、裁定对受让人具有拘束力。受让人申请以无独立请求权的第三人身份参加诉讼的，人民法院可予准许。受让人申请替代当事人承担诉讼的，人民法院可以根据案件的具体情况决定是否准许；不予准许的，可以追加其为无独立请求权的第三人。"

在诉讼过程中，争议的民事权利义务发生转移，不影响当事人的诉讼主体资格和诉讼地位，但是在何种情况下法院可以准许受让人替代当事人承担诉讼的，法律及司法解释均没有明确规定。法律规定并没有限制在诉讼或者执行程序中的债权债务转移，但案外人在案件审理过程中申请替代当事人承担诉讼，在执行过程中申请变更申请执行人，存在虚假诉讼、规避应收账款执行等多种可能性。对于债权转让，《中华人民共和国民法典》第五百四十五条规定："债权人可以将债权的全部或者部分转让给第三人，但是有下列情形之一的除外：（一）根据债权性质不得转让；（二）按照当事人约定不得转让；（三）依照法律规定不得转让。当事人约定非金钱债权不得转让的，不得对抗善意第三人。

当事人约定金钱债权不得转让的，不得对抗第三人。”前述规定是对债权是否属于可转让债权的识别，而不是对转让债权的民事法律行为效力的识别。笔者认为，受让债权的主体能否替代当事人承担诉讼，应具有两个层次的分析：第一个层次为争议的民事权利是否属于可以转让的权利；第二个层次为转让行为是否有效。本案主要解决的是第二个层次的问题。

本案中，已存在多起以电池公司为被执行人的终结本次执行案件，两份债权转让通知书及说明除加盖公章的字样和所载债权受让主体不同外，在行文方式与内容上完全一致，且新能源公司、新能源企业（有限合伙）共同委托了电池公司的委托诉讼代理人丁某参加本案诉讼，基于前述情况，有合理的理由认为当事人主张的债权转让行为系作为债权人的电池公司为了转移其名下的应收账款、规避执行的手段，应属于无效的民事法律行为。在涉嫌虚构债权转让的情况下，各方又自行达成和解协议，在和解协议中实质确认了新能源公司、新能源企业（有限合伙）替代电池公司享有诉讼利益。根据《最高人民法院关于适用〈中华人民共和国民事诉讼法〉的解释》第一百四十四条“人民法院审理民事案件，发现当事人之间恶意串通，企图通过和解、调解方式侵害他人合法权益的，应当依照民事诉讼法第一百一十二条的规定处理”的规定，法院对当事人请求确认和解协议的请求予以驳回，依法作出了判决。

本案在债权转让协议的真实性存疑，且可能存在损害案外人利益的情况下，对于受让人申请替代当事人承担诉讼的申请，不予准许。该案也体现了诚实信用的社会主义核心价值观。此类审判思路亦可以适用于执行程序中申请执行人变更的审查。

编写人：北京市第二中级人民法院　张君

31

变更合同约定内容均应尽到审慎义务

——门业公司诉帆布制品公司、刁某明买卖合同案

【案件基本信息】

1. 裁判书字号

山东省济南市中级人民法院（2020）鲁01民终1681号民事判决书

2. 案由：买卖合同纠纷

3. 当事人

原告（上诉人）：门业公司

被告（上诉人）：帆布制品公司

被告：刁某明

【基本案情】

2017年9月16日，原告门业公司与被告帆布制品公司签订《防汛沙袋采购合同》，合同约定，原告采购帆布制品公司防汛沙袋（3×3帆布），规格型号：30×70CM，军绿色，40万条，单价为2.2元/条，金额为88万元，交货时间为2018年1月17日前，分（8-10）批次。验收标准：样品。货物送达后，甲方（原告）按验收标准对货物进行检测验收，如有数量、规格型号、颜色或质量问题，乙方（帆布制品公司）应在接到甲方电话通知后2日内派人到甲方处处理相关事宜，根据问题的严重程度，甲方可以采取拒绝接收、限期补货或货款折扣等方式进行处理，乙方经告知不来处理的，合同自动解除，甲方有权向乙方追索一切相应经济损失（包括但不限于向乙方及第三方支付的各种款项）。货款结算方式：（1）本合同签订当日内甲方支付乙方5万元人民币作为

货款的订金，首批货到再付 5 万元，共计 10 万元订金，充当最后一批货款。(2) 当批产品到达甲方指定地点，全部验收合格后，当日内支付当批次全部货款。违约责任：乙方不能按期交货的，每逾期 1 日，应向甲方支付货款总额的 2‰作为违约金，依此类推，甲方可以在货款中直接扣除违约金部分。甲、乙双方任何一方由于自然灾害等不可抗力的原因而不能履行合同，应出具相关权力机关的证明并及时通报对方，进行协商处理。

关于合同的履行：实际履行过程中，帆布制品公司供应防汛沙袋型号为 3×2 帆布。2017 年 10 月 19 日供 4800 条，2017 年 11 月 16 日供 1.56 万条，2017 年 11 月 24 日供 2.7 万条，2017 年 12 月 12 日供 6 万条，2018 年 1 月 6 日供 6 万条，2018 年 1 月 16 日供 6.3 万条，2019 年 5 月 7 日供 115197 条，合计供货 345597 条。原告已支付防汛沙袋货款 760313.4 元，最后两笔付款为 2019 年 5 月 8 日付款 12 万元，5 月 9 日付款 1.96 万元。根据原告提交的实物，3×3 与 3×2 两种型号的沙袋肉眼较易分辨。

【案件焦点】

1. 合同履行过程中，主要标的物防汛沙袋的型号发生变更，双方是否达成合意；2. 原告主张收到的货物质量与约定不符，是否及时履行验收义务并通知被告；3. 被告刁某明应否承担连带清偿责任；4. 原告的诉讼请求应否得到支持。

【法院裁判要旨】

山东省济南市天桥区人民法院经审理认为：原告门业公司与被告帆布制品公司订立《防汛沙袋采购合同》，系双方的真实意思表示，应受法律保护。合同中约定的防汛沙袋型号为 3×3 帆布，实际交付货物为 3×2 帆布，合同主要标的物型号发生了变更。从原告提交的沙袋样本来看，3×3 与 3×2 两种型号的区别是肉眼可辨的。第一，根据合同约定，货物送达后，原告应按验收标准对货物进行检测验收，如有数量、规格型号、颜色或质量问题，帆布制品公司应在接到原告电话通知后派人处理，根据问题的严重程度，原告可以采取拒绝接收、限期补货或货款折扣等方式进行处理。但在合同履行过程中，帆布制品公司自 2017 年 10 月 19 日至 2019 年 5 月 7 日，分 7 次供货，时间跨度一年半，原告也多次付款，却并未举证证明其向帆布制品公司提出过产品质量问题。因此，可以推定双方间就货物型号的变更是达成合意的。第二，双方就货物型号变更达成合意后，是否对货物价款进行了调整。如按帆布制品公司举证时所述，双方于 9 月 16 日签订合同，帆布制品公司作为专业帆布制品公司，9 月 17 日发现无法执行 3×3 的标准，与常理不符；即便如帆布制品公司所述，双方达成合意，沙袋单价不变，一则主要标的物发生变更，二则交易价款数十万元，数额较大，按照商事交易习惯，帆布制品公司提高价款，应尽到审慎义务，要求与原告重新订立合同或订立补充条款，但从举证情况看，帆布制品公司并未如此，由此产生的法律上的不利后果，其应予承担。3×3 与 3×2 用料不同，成本不同，价格必然存在差异，一审法院酌情确认差价以 0. 2 元/条较为适宜。帆布制品公司向原告供应防汛沙袋 345597 条，应返还原告货款差价 69119. 4 元。第三，被告是否存在迟延交货问题。实际交货时间虽与合同约定不符，但根据两被告提交的证据，可以认定帆布制品公司曾多次催促原告提货，而原告并无证据证明变更交货时间是两被告原因所致，故原告要求两被告承担迟延交货违约金，证据不足，不予支持。第四，原告主张其低价出售了部分货物，要求两被告赔偿损失。法院认为，原告目前并无证据证明其向两被告主张过货物质量问题，低价出售前亦未与两被告协商处理，仅凭其与案外人的合同，无法证明其主张的事实。3×3 与 3×2 的差价问题，已予处理，原告主张的其他损失，证据不足，不予支持。第五，刁某明应否承担连带清偿责任。首先，从合同形式要件看，刁某明并非合同相对方；其次，原告并无明确证据证明两被告存在财产混同。因此，原告要求刁某明承担连带清偿责任，证据不足，不予支持。

山东省济南市天桥区人民法院依照《中华人民共和国合同法》第一百零七条，《中华人民共和国民事诉讼法》第一百四十二条之规定，作出如下判决：

一、被告帆布制品公司于本判决生效之日起十日内，返还原告门业公司货款 69119. 4 元；

二、被告帆布制品公司于本判决生效之日起十日内，支付原告门业公司保全保险费160元；

三、驳回原告门业公司的其他诉讼请求。

门业公司、帆布制品公司持一审意见提起上诉。

山东省济南市中级人民法院同意一审裁判意见，依照《中华人民共和国民事诉讼法》第一百七十条第一款第一项之规定，作出如下判决：

驳回上诉，维持原判。

【法官后语】

1. 收货方应积极履行外观检验义务

本案中，双方当事人虽于合同中对沙袋的型号、材质、单价作了明确约定，但合同签订后，被告帆布制品公司未依约提供3×3的沙袋，而是陆续多次向原告司提供了3×2的沙袋。原告作为收货方，应积极履行货物验收义务。因两种型号的沙袋肉眼可辨别，属于外观检验范围，原告在收到货物后如有异议应及时提出，根据双方当事人提交的微信聊天记录及原告的收货、付款等事实情况，加之双方的陈述，可以认定原告未积极履行货物外观检验义务。因其怠于履行外观检验义务，在接收货物后的合理时间内对帆布制品公司的供货未提出异议，致使被告帆布制品公司继续生产并供货，对此后果，原告应自行承担。

2. 对合同主要内容进行变更应尽到审慎义务

虽然法院已认定原告在收到被告帆布制品公司的货物后未在合理期间内对货物型号提出异议，视为其接受了货物型号的变更。但法院也同时认定了原告未及时履行货物外观检验义务，即其对货物型号的变更及此变更可能导致的价格差异在其付款前并未尽到注意义务。同时，被告帆布制品公司作为供货方，虽然在微信里向对方发送了载有货物价格的出库单，但是亦未就型号变更后的价格问题与对方协商并达成合意。按照商事交易习惯，被告提高价款，应尽到审慎义务，但其未要求原告重新订立合同或订立补充条款，亦应承担不利的法律后果。故对原告收货后未能按预期价格出售造成的损失，被告帆布制品公司应承担部分责任。一审法院酌定以货物差价的计算方式弥补门业公司的损失，并无不当。法院根据平衡保护双方当事人利益的原则，在查明的事实的基础上，对双方的责任作出认定，充分保护了当事人的合法权益。

编写人：山东省济南市天桥区人民法院　崔海珍　张雨薇

32

销售"抵押车"后被第三方贷款公司拖车，是否能与卖家解除合同

——兰某锦诉胡某买卖合同案

【案件基本信息】

1. 裁判书字号

湖南省岳阳市岳阳县人民法院（2020）湘 0621 民初 634 号民事判决书

2. 案由：买卖合同纠纷

3. 当事人

原告：兰某锦

被告：胡某

【基本案情】

2020 年 2 月 26 日，胡某与兰某锦签订《抵押车协议》，约定"由胡某卖给兰某锦奥迪 A3 车牌号贵 G×××××，2020 年 2 月 26 日前所有交通事故归胡某负全责，车辆如泡水、事故车全由胡某负责"。2020 年 2 月 26 日，兰某锦按约以银行转账的方式支付 8 万元购车款到户名董某的银行账户，另以微信转账的方式支付 3000 元购车款给胡某，共计 8.3 万元。2020 年 3 月 26 日，兰某锦发现案涉车辆失踪，后得知该车辆已被第三方贷款公司收回。

【案件焦点】

买了“抵押车”后被第三方贷款公司拖车，是否能与卖家解除合同问题。

【法院裁判要旨】

湖南省岳阳县人民法院经审理认为：本案中，胡某并未提交相关证据证明其对案涉车辆享有所有权或处分权，却将车辆转让给兰某锦，导致因权利人追回车辆而给兰某锦造成损失，双方协议已无法履行，合同目的已无法实现，符合《中华人民共和国合同法》第九十四条规定的合同法定解除情形，双方签订的车辆买卖协议应予解除。因该合同取得的财产，应当予以退还，故对兰某锦要求胡某返还购车款的主张，法院予以支持。由于该车辆已经被收回，兰某锦非因自身原因客观上已无法将车辆返还给胡某，胡某可向相关民事主体另行主张权利。

被告胡某未能提交授权委托书，且其系以自己的名义与原告签订《抵押车协议》，整个交易过程均发生在原、被告之间，被告应作为合同相对人直接向原告承担责任。

湖南省岳阳县人民法院依照《中华人民共和国合同法》第九十四条、第九十七条、第一百三十二条，《中华人民共和国民事诉讼法》第一百四十四条、第二百五十三条之规定，作出如下判决：

一、由被告胡某在本判决发生法律效力后十日内返还原告兰某锦购车款8.3万元；

二、驳回原告兰某锦的其他诉讼请求。

一审宣判后，双方当事人未上诉，现判决已发生法律效力。

【法官后语】

抵押车一般因反复抵押，多次交易，交易价格明显低于市场价格，不能过户登记等原因，致权属关系混乱，导致抵押车买卖纠纷近年呈多发态势。

本案中，原告一直以购买二手车的意思表示和被告进行协商交易，签订《抵押车协议》，约定“由胡某卖给兰某锦奥迪A3车牌号贵G×××××，2020年

2月26日前所有交通事故归胡某负全责，车辆如泡水、事故车全由胡某负责”，但被告没有如实告知该车辆的真实情况和内在纠纷，严重侵犯被害人财产权益并影响社会秩序，也未提交相关证明其经抵押权人同意，有损抵押权人利益。根据《中华人民共和国合同法》第一百三十二条第一款的规定，出卖的标的物，应当属于出卖人所有或者出卖人有权处分。本案中，被告将无权处分的他人抵押车转让给原告，导致因权利人追回车辆而给兰某锦造成损失，双方协议已无法履行，合同目的已无法实现，符合《中华人民共和国合同法》第九十四条规定的合同法定解除情形，双方签订的车辆买卖协议应予解除。

同时，关于无权处分买卖合同的法律后果。《最高人民法院关于审理买卖合同纠纷案件适用法律问题的解释》第三条第二款作出了明确规定：“出卖人因未取得所有权或者处分权致使标的物所有权不能转移，买受人要求出卖人承担违约责任或者要求解除合同并主张损害赔偿的，人民法院应予支持。”因此，原告选择解除合同并主张赔偿其购车款损失符合上述法律规定，法院应予以支持。

编写人：湖南省岳阳市岳阳县人民法院　邓惠

六、买卖合同的违约责任

33

守约方的实际损失是违约金调整的主要依据

——甲食品公司诉乙食品公司买卖合同案

【案件基本信息】

1. 裁判书字号

广西壮族自治区崇左市扶绥县人民法院（2020）桂1421民初896号民事判决书

2. 案由：买卖合同纠纷

3. 当事人

原告：甲食品公司

被告：乙食品公司

【基本案情】

因经营需要，湖北乙食品公司向广西甲食品公司订购月饼原料，2017年7月19日，甲食品公司作为甲方与作为乙方的乙食品公司签订了一份《合作协议》，该协议第三条约定："三、货款结算方式：乙方每次下订单时预付货款的30%，剩余的货款在2017年11月30日前结清。乙方逾期未付款的，按所欠货款的总额，每天加收1%违约金，直至付清货款为止。"合同签订后，甲食品公司已按约定向乙食品公司提供货物，但乙食品公司收到货物后只向甲食品公司支付了部分货款。2019年1月8日，乙食品公司向甲食品公司出具了一份《还款协议》。该《还款协议》内容为："欠甲食品公司原料款39539元，于2019年元月底支付5000元，余下货款从2019年6月按公司流动资金周转情况开始分月分批支付，直至清还完毕。乙食品公司（加盖乙食品公司财务专用章）2019年元月8日。"乙食品公司向甲食品公司出具《还款协议》后，于2019年2月12日向甲食品公司支付了5000元，此后，乙食品公司并未按照《还款协议》的约定向甲食品公司支付剩余货款。2020年5月，因甲食品公司向法院起诉要求乙食品公司支付所欠货款34539元及相应利息而成讼。

庭审中，甲食品公司自认其向乙食品公司提供了共计131475元的货物后，乙食品公司已向其支付了96936元货款，且自认乙食品公司向其出具《还款协议》后，2019年2月12日湖北御庄园食品有限责任公司向其转账支付的5000元系乙食品公司支付的货款，至今尚欠34539元货款未支付。

【案件焦点】

1. 甲食品公司与乙食品公司是否存在合法的买卖合同关系；2. 甲食品公司要求乙食品公司向其支付货款34539元并支付相应违约金是否有事实和法律依据。

【法院裁判要旨】

广西壮族自治区崇左市扶绥县人民法院经审理认为：关于本案应查明法律问题一。当事人对自己提出的诉讼请求所依据的事实或者反驳对方诉讼请求所依据的事实有责任提供证据加以证明。没有证据或者证据不足以证明当事人的事实主张的，由负有举证责任的当事人承担不利后果。甲食品公司在本案中提交的《合同协议书》和《还款协议》，证实乙食品公司向甲食品公司购买月饼原料尚欠其34539元货款未支付的事实。本案中，甲食品公司提交的《合同协议书》和《还款协议》虽没有乙食品公司负责人或相关授权人员的签字确认，但均具有乙食品公司加盖公章确认，而乙食品公司作为企业法人，依法独立享有民事权利和独立承担民事义务，其公司的公章即代表了法人的意志，对外签订合同及其他法律文件，具有法律效力，即乙食品公司与甲食品公司签订的《合同协议书》及《还款协议》具有法律效力。因此，法院确认乙食品公司与甲食品公司签订的《合同协议书》及《还款协议》是双方平等自愿、协商一致的真实意思表示，且没有违反法律、行政法规的强制性规定，应为有效合同，双方存在合法的买卖合同关系。

关于本案应查明法律问题二。合法的合同关系应受法律保护。甲食品公司向乙食品公司出售月饼原料后，乙食品公司应当按照约定支付货款，其未按约付款，已构成违约，应当承担相应的违约责任。庭审中，甲食品公司向法院提交的《还款协议》确认乙食品公司尚欠甲食品公司的货款金额为 39539 元，但其在本案中自认该《还款协议》出具后已收到乙食品公司支付的货款 5000 元，属于甲食品公司自认对其不利的法律事实，法院对此予以确认。因乙食品公司负责人未到庭参加诉讼，亦未提交证据对甲食品公司主张的欠款事实予以反驳。故法院对乙食品公司尚欠甲食品公司 34539 元货款的事实予以认定，甲食品公司要求乙食品公司向其支付货款 34539 元有事实与法律依据，法院予以支持。

关于甲食品公司在本案中主张的违约金问题。根据《中华人民共和国合同法》第一百一十四条第一款之规定，当事人可以约定一方违约时应当根据违约情况向对方支付一定数额的违约金，也可以约定因违约产生的损失赔偿数额的计算方法。本案《合同协议书》第三条双方对违约金的计算方式作出了“三、货款结算方式：乙方每次下订单时预付货款的 30%，剩余的货款在 2017 年 11 月 30 日前结清。乙方逾期未付款的，按所欠货款的总额，每天加收 1%违约金，直至付清货款为止”的约定，上述约定的违约金明显过高，应予以调整。本案中，甲食品公司在本案中提出违约金以所欠货款 34539 元从 2019 年 12 月 1 日起按照月利率 2%予以计算的主张亦明显过高，法院酌情按所欠货款 34539 元的 20%即 6907. 8 元（34539 元×20%）予以支持，该项主张超出部分不予支持。

综上，广西壮族自治区崇左市扶绥县人民法院依照《中华人民共和国合同法》第六十条、第一百零九条、第一百一十四条、第一百三十条，《中华人民共和国民事诉讼法》第六十四条、第一百四十四条和《最高人民法院关于民事诉讼证据的若干规定》第二条之规定，作出如下判决：

一、乙食品公司定于本判决生效之日起十日内向甲食品公司支付货款 34539 元及违约金 6907.8 元，共计 41446.8 元；

二、驳回甲食品公司的其他诉讼请求。

一审宣判后，双方当事人未上诉，现判决已发生法律效力。

【法官后语】

根据“谁主张，谁举证”的原则，甲食品公司应对自己所主张的事实提供证据证明，并在不能履行该义务时承担不利法律后果，即应由甲食品公司对其主张承担举证责任。本案中，甲食品公司提交的《合同协议书》和《还款协议》均具有乙食品公司加盖公章确认，该证据足以证实乙食品公司向甲食品公司购买月饼原料尚欠其 34539 元货款未支付的事实，即甲食品公司对与乙食品公司存在合法的买卖合同关系和乙食品公司尚欠甲食品公司 34539 元货款完成了举证责任。此时，证明双方不存在买卖合同关系及不存在尚欠货款的事实的举证责任分配给乙食品公司，乙食品公司则负有是否已向甲食品公司支付全部货款的举证责任，但因乙食品公司负责人陈秀燕未到庭参加诉讼，亦未提交证据对甲食品公司主张的欠款事实予以反驳，依法应承担不利法律后果，故扶绥县人法院认定乙食品公司尚欠甲食品公司 34539 元货款，并对甲食品公司要求乙食品公司向其支付货款 34539 元的主张予以支持。

关于甲食品公司在本案中主张的违约金问题。本案《合同协议书》第三条双方对违约金的计算方式作出了“三、货款结算方式：乙方每次下订单时预付货款的 30%，剩余的货款在 2017 年 11 月 30 日前结清。乙方逾期未付款的，按所欠货款的总额，每天加收 1%违约金，直至付清货款为止”的约定。即本案中双方已对因违约产生的损失赔偿数额的计算方法进行了“按所欠货款的总额，每天加收 1%违约金”的约定。根据《中华人民共和国合同法》第一百一十四条第一款“当事人可以约定一方违约时应当根据违约情况向对方支付一定数额的违约金，也可以约定因违约产生的损失赔偿数额的计算方法”的规定；另外，《最高人民法院关于适用〈中华人民共和国合同法〉若干问题的解释

（二）》第二十九条第二款对合同违约金的上限作出了不超过造成损失的30%，如果过高或者过低可以请求法院给予减少或者增加的规定。那么，本案是否可以对甲食品公司主张的违约金以所欠货款按月利率2%计算予以支持。笔者认为，违约金具有惩罚性的特征，它不应以非违约方遭受的损失为前提。约定的违约金低于造成的损失，当事人可以请求法院予以增加，约定的违约金过分高于造成的损失，当事人亦可以请求法院适当减少。但本案中关于违约金的约定是双方在订立时对一方违约后可能造成的损失的一种预先估算，与违约后守约方的实际损失不可能完全相符，也可能存在过分高于造成的损失，故此应由法院自由裁量。而作为法院应如何裁量的问题，目前在司法实践中，如果当事人认为约定的违约金过低或过高并请求减少或增加的，法院多会依据守约方的实际损失作为违约金调整的依据，并合理分配当事人的举证责任，先由违约方举证证明违约金高于守约方损失的30%，再由守约方举证证明违约约定公平合理，最后结合兼顾合同履行情况、当事人过错程度、守约方预期利益损失等情况，衡量公平原则与诚实信用原则作出裁量。本案中，甲食品公司未能提供乙食品公司违约造成其实际损失的证据，而乙食品公司亦未提供其违约造成的实际损失是否过于实际损失30%的证据，即双方均不能对本案因违约造成的实际损失是否高于损失的30%的事实。因此，结合本案案情及兼顾本案双方的举证、合同履行情况、乙食品公司过错程度、甲食品公司预期利益损失等情况，综合衡量公平原则与诚实信用原则后，法院最终以所欠货款的20%认定本案的违约金。

编写人：广西壮族自治区崇左市扶绥县人民法院　甘华智

34

买卖合同中违约金调整规则

——混凝土公司诉建筑公司、建筑公司北京分公司买卖合同案

【案件基本信息】

1. 裁判书字号

北京市第二中级人民法院（2020）京02民终1927号民事判决书

2. 案由：买卖合同纠纷

3. 当事人

原告（上诉人）：混凝土公司

被告（上诉人）：建筑公司、建筑公司北京分公司

【基本案情】

2013年11月6日，原告（乙方）与被告（甲方）签订《大厦项目预拌混凝土采购合同》一份，约定由原告向被告的“大厦A、B”项目供应混凝土，工程地点在河北省石家庄市。预拌混凝土的计量方式：（1）甲、乙双方约定，对于工程结构部分的混凝土采用按甲方现场验收签认的混凝土发货单载明的数量为准，甲方可随时派人进行抽检，并按抽检的实际量结算该批次预拌混凝土的工程量。（2）对混凝土砂浆、基础桩、垫层、防水保护层、塔机基础、施工现场路面、临时设施等非工程结构部位的混凝土均以甲方现场验收签认的混凝土发货单载明的数量为准。价款支付方式：上月21日至本月20日为一个对账结算周期。主体结构负三层完工次月底，付结算货款的75%；之后每个次月月底付上月所送货款的75%，本工程每个单体工程主体结构封顶后3个月内付至总货款的90%，6个月内付至总货款的95%，余款在主体封顶一年内付清，每

次付款前，乙方应向甲方提供正规合法的发票。同时双方对其他权利义务也做了约定。2015 年 4 月 21 日，双方签订《商品混凝土采购合同调价补充协议》，约定自 2015 年 4 月 21 日起商品混凝土执行新的价格。原告依照合同履行合同义务，自 2013 年 12 月 4 日至 2016 年 11 月 8 日，原告至少向被告供应商品混凝土合计 11386815. 14 元。被告从 2014 年 11 月 18 日至 2017 年 1 月 25 日付款共计 6793769. 36 元，欠款 4593045. 78 元。

【案件焦点】

1. 本案是否存在货款漏算问题；2. 如何确定主体封顶的时间；3. 如何确定违约金损失。

【法院裁判要旨】

北京市丰台区人民法院经审理认为：依法订立的合同对当事人具有约束力，双方当事人均应全面履行合同。混凝土公司与建筑公司北京分公司之间签订的《预拌混凝土采购合同》及《商品混凝土采购调价协议》系双方当事人的真实意思表示，不违反法律、行政法规的强制性规定，双方均应遵照履行。现混凝土公司主张建筑公司及建筑公司北京分公司共同支付剩余货款，具有合同依据，符合法律规定，法院予以支持。关于建筑公司及建筑公司北京分公司应支付的货款总额，双方于 2016 年 11 月 16 日签订的《结算单》中对最终结算金额予以确认，故货款总额应以《结算单》为准，混凝土公司称 2014 年 6 月 9 日及 2015 年 5 月 22 日结算单上存在漏算情况，但并未在双方最终结算前提出，故法院确定货款总额为 11372185. 14 元。建筑公司及建筑公司北京分公司辩称混凝土公司未开具足额发票，但支付货款作为其主合同义务，其不能以混凝土公司未开具发票为由拒绝付款，故对其抗辩法院不予采纳。

关于原告混凝土公司主张违约损失一节，当事人一方不履行合同义务或者履行合同义务不符合约定，给对方造成损失的，损失赔偿额应当相当于因违约所造成的损失，包括合同履行后可以获得的利益，但不得超过违反合同一方订立合同时预见到或者应当预见到的因违反合同可能造成的损失。因双方在合同中对未付款的违约责任存在约定，故原告混凝土公司要求按照月利率 2.5% 支付违约损失，无法律依据，法院依法予以调整，关于主体封顶时间，因双方存在分歧且原告混凝土公司未提交证据予以证明，故应以建筑公司、建筑公司北京分公司所述时间为准。

北京市丰台区人民法院依照《中华人民共和国合同法》第六十条、第一百零七条、第一百一十三条之规定，作出如下判决：

一、被告建筑公司、被告建筑公司北京分公司于本判决生效之日起七日内共同支付原告混凝土公司货款 4464710.22 元；

二、被告建筑公司、被告建筑公司北京分公司于本判决生效之日起七日内共同支付原告混凝土公司违约损失（以 4415772.72 元为基数，自 2016 年 10 月 31 日起至 2017 年 1 月 30 日止；以 4464710.22 元为基数，自 2017 年 1 月 31 日起至实际付清之日止，均按照中国人民银行同期存款利率计算）；

三、驳回原告混凝土公司的其他诉讼请求。

混凝土公司、建筑公司、建筑公司北京分公司不服原审判决，提起上诉。

北京市第二中级人民法院经审理认为：关于混凝土公司上诉提出漏算货款的问题。双方于 2016 年 11 月 16 日签订的《结算单》中对最终结算金额予以确认，故货款总额应以《结算单》为准。

关于混凝土公司上诉提出主体封顶时间的问题。双方在采购合同中约定，“每个单体工程主体结构封顶后三个月内付至总货款的 90%，六个月内付至总货款的 95%，余款在主体封顶一年内付清”。如何界定“主体结构封顶”时间，对此双方解释不一致，混凝土公司主张以最后一层梁板楼梯浇筑时间为准，建筑公司、建筑公司北京分公司主张应当以主体竣工验收时间为准。鉴于合同中约定不明确，现已无法探究双方在签订合同时的真实意思，双方的主张均缺乏充分证据支持，而双方签订总结算单时间为 2016 年 11 月 16 日，混凝土公司的最后供货时间亦为 2016 年 11 月，所以一审法院以建筑公司、建筑公司北京分公司认可的 2016 年 7 月为主体结构封顶时间，比较符合公平原则。

关于混凝土公司上诉提出违约损失的问题。双方所签合同中约定，未按合同约定给付价款的，自应付价款之日起按银行同期存款利率支付所欠价款的利息。混凝土公司主张因对方违约造成直接损失和间接损失，因此，要求对方按照更高的标准赔偿损失。根据《中华人民共和国合同法》第一百一十四条第二款之规定，约定的违约金低于造成的损失的，当事人可以请求人民法院或者仲裁机构予以增加。建筑公司、建筑公司北京分公司长时间拖欠混凝土公司货款，给混凝土公司造成的资金占用损失远远高于银行同期存款利率的标准，法院予以酌情调整。

关于建筑公司、建筑公司北京分公司上诉提出混凝土公司未提供发票故拒绝付款，因支付货款是建筑公司、建筑公司北京分公司的主要合同义务，提供发票是混凝土公司的附随义务，合同中约定混凝土公司应当在付款前提供发票并不能理解为不提供发票即有权拒绝付款，建筑公司、建筑公司北京分公司该上诉理由不能成立，其上诉请求法院不予支持。

综上所述，一审判决认定事实清楚，但适用法律有误，二审法院予以纠正。北京市第二中级人民法院依照《中华人民共和国民事诉讼法》第一百七十条第一款第二项之规定，作出如下判决：

一、维持北京市丰台区人民法院（2018）京0106民初30189号民事判决第一项；

二、撤销北京市丰台区人民法院（2018）京0106民初30189号民事判决第三项；

三、变更北京市丰台区人民法院（2018）京0106民初30189号民事判决第二项为：建筑公司、建筑公司北京分公司于本判决生效之日起七日内共同支付混凝土公司违约损失（以4415772.72元为基数，自2016年10月31日起至2017年1月30日止，按照中国人民银行同期贷款利率两倍计算；以4464710.22元为基数，自2017年1月31日起至实际付清之日止，2019年8月19日之前按照中国人民银行同期贷款利率两倍计算，2019年8月20日之后按照一年期贷款市场报价利率两倍计算）；

四、驳回混凝土公司其他诉讼请求。

【法官后语】

本案的争议焦点之一为二被告违约责任的承担。双方在《预拌混凝土采购合同》中明确约定了违约金的计算方式，一审法院据此判决被告承担相应的违约责任，原告认为其间接损失远超上述合同约定，并提交相应证据，二审法院据此改判。

违约金系当事人意思自治的结果，在督促合同主体积极履行义务方面有不可替代的作用。约定的违约金低于造成的损失的，人民法院或者仲裁机构可以根据当事人的请求予以增加，这正是违约金用来弥补损失这一主要功能的体现。

违约金条款除具有对违约行为的惩罚性和对守约方的补偿性功能外，还应体现预先确定性和效率原则。约定违约金降低了发生纠纷时合同主体的举证成本，使合同主体在订立合同时即明确违约后果，从而做到慎重订约、适当履约。签订违约金条款的当事人对自身违约所需承担的违约责任存在明确预见，人民法院不应主动调整。但当事人另有主张时，人民法院对违约金的调整应遵循以下几点：

1. 与实际损失相适应

违约金调整应当以实际损失为基础同时兼顾其他因素。因此违约金调减幅度的确立，首先必须考量违约行为给守约方所造成的实际损失，这也可以说是确立违约金调减幅度最为关键的因素。

2. 与履约情况、违约程度相适应

《最高人民法院关于适用〈中华人民共和国合同法〉若干问题的解释（二）》明确了人民法院调减违约金在以实际损失为基础的同时，所兼顾的综合因素中包含了合同的履行情况，其中包含履约情况和违约程度两个方面：一方面，同样是未依约履行合同，具体的履行情况显然将影响到违约金具体调幅的确定；另一方面，合同具体履行到何种程度事实上也体现了违约行为的违约程度，除此之外，违约程度有个最突出的表现就是逾期履行中的逾期时间。

3. 与当事人过错相适应

《最高人民法院关于适用〈中华人民共和国合同法〉若干问题的解释

（二）》明确了法院调减违约金在以实际损失为基础的同时，所兼顾的综合因素中还包含当事人过错。其中，当事人过错既包含了违约方的过错也包含了守约方的过错两个方面：一方面，违约方的过错影响违约金调减幅度的确立意味着违约方是故意违约还是过失抑或无过错违约，将直接决定体现违约金所具有的惩罚性功能的程度，即在当事人是故意违约的情况下，人民法院在考虑是否调整违约金、如何确定违约金幅度等问题上都将出现倾向于惩罚违约方的价值导向。另一方面，守约方是否采取积极措施来维护自身的合法权益也应当包含在违约金调减幅度确定时所考量的因素之中。若守约方作为权利人未采取积极措施来维护其自身合法权益，从而导致损失扩大，也应当承担一定的责任。

编写人：北京市丰台区人民法院　杨铂　岳娟

35

利息可以作为违约责任中赔偿损失的认定标准

——智能电气公司诉开关公司买卖合同案

【案件基本信息】

1. 裁判书字号

北京市密云区人民法院（2020）京 0118 民初 2421 号民事判决书

2. 案由：买卖合同纠纷

3. 当事人

原告：智能电气公司

被告：开关公司

【基本案情】

智能电气公司以生产真空灭弧室系列产品为主，2008 年，原、被告双方签订了多份工矿产品购销合同，2011年之前双方合作关系较好，未出现拖欠货款现象。此后被告因建设厂房开始拖欠货款，2013年原告曾经给被告发过企业询证函，要求被告对欠款数额进行核对，被告认可截至2013年6月30日尚欠原告1550841元货款未付。2018年8月6日至8日，开关公司召开债权人会议，欲以全部债权额的70%作为偿还计划，视为结清全部货款，并于2018年8月24日向原告邮寄了和解协议，在和解协议中，开关公司确认尚欠智能电气公司款项共计1287141元。因智能电气公司未能同意开关公司的和解意见，双方未能实际履行。

【案件焦点】

对于出卖人智能电气公司要求支付逾期付款利息的诉讼请求，能否得到支持。

【法院裁判要旨】

北京市密云区人民法院经审理认为：依法成立的合同，受法律保护。当事人应当按照约定全面履行自己的义务。买卖合同是出卖人转移标的物的所有权于买受人，买受人支付价款的合同。原告智能电气公司已按双方约定履行了交货义务，被告开关公司未能按约定时间给付货款，经原告工作人员张某锋多次催要和发询证函的方式对账，开关公司确认截至2018年8月24日尚欠智能电气公司货款1287141元未付，智能电气公司不同意以尚欠货款70%的数额了结全部债务的和解方案，开关公司应当按欠款总额给付智能电气公司货款。故对原告智能电气公司要求被告开关公司给付货款1287141元的诉讼请求，法院予以支持。智能电气公司请求支付按照按中国人民银行一年期贷款利率自和解协议签署之日（2018年8月24日）暂计算至2019年6月21日的利息，虽然2018年8月24日并非和解协议签署之日，但该日期是双方再次协商偿还债务的日期，法院支持以该日期为起算日，按照中国人民银行同期贷款利率暂计算至2019年6月21日的利息。经法院传票传唤，被告无正当理由未到庭应诉，亦未提交书面答辩意见，视为其放弃了答辩和举证质证的权利，不影响法院依据查明的事实依法作出裁决。

综上所述，北京市密云区人民法院依照《中华人民共和国合同法》第八条、第十条、第六十条、第一百三十条，《中华人民共和国民事诉讼法》第一百四十四条之规定，作出如下判决：

开关公司于本判决生效后十日内给付智能电气公司货款 1287141 元及利息（以 1287141 元为基数，自 2018 年 8 月 24 日暂计算至 2019 年 6 月 21 日，按照中国人民银行同期贷款利率计算）。

【法官后语】

有观点认为，在买卖合同中，如果当事人主张逾期支付货款利息的，因利息属于借款合同范畴，且当事人并没有约定逾期支付货款时要支付利息，因此不能予以支持。笔者认为，此种观点过于机械。出卖人如约交付了货物，买受人未按照约定支付货款，已属违约。虽然当事人主张的是支付货款和利息，但其实际上是要求买受人继续履行和赔偿损失。主张逾期支付货款的利息，相当于买受人违约支付货款而给出卖人造成的损失，因此应当予以支持。《中华人民共和国合同法》第一百零七条规定，当事人一方不履行合同义务或者履行合同义务不符合约定的，应当承担继续履行、采取补救措施或者赔偿损失等违约责任。第一百一十三条规定，当事人一方不履行合同义务或者履行合同义务不符合约定，给对方造成损失的，损失赔偿额应当相当于因违约所造成的损失，包括合同履行后可以获得的利益，但不得超过违反合同一方订立合同时预见到或者应当预见到的因违反合同可能造成的损失。《最高人民法院关于审理买卖合同纠纷案件适用法律问题的解释》第二十四条第四款规定，买卖合同没有约定逾期付款违约金或者该违约金的计算方法，出卖人以买受人违约为由主张赔偿逾期付款损失的，人民法院可以中国人民银行同期同类人民币贷款基准利率为基础，参照逾期罚息利率标准计算。

关于对于逾期支付货款的利息起算时间，应当按照买受人应当支付而未支付的时间起算。《中华人民共和国合同法》第一百六十一条规定，买受人应当按照约定的时间支付价款。对支付时间没有约定或者约定不明确，依照本法第六十一条的规定仍不能确定的，买受人应当在收到标的物或者提取标的物单证的同时支付。本案中，出卖人早已交付标的物，其主张利息起算时间点为 2018 年 8 月 24 日。该日为买受人向出卖人邮寄《和解协议》的时间，也是买受人明确应付价款具体数额的时间。出卖人以该时间为起点，主张按照中国人民银行一年期贷款利率支付利息，应当予以支持。

编写人：北京市密云区人民法院　韩丽丽

36

“二结一”的付款方式不构成拒付货款的理由

——食品经营部诉食品科技公司买卖合同案

【案件基本信息】

1. 裁判书字号

广西壮族自治区柳州市柳北区人民法院（2020）桂 0205 民初 5909 号民事判决书

2. 案由：买卖合同纠纷

3. 当事人

原告：食品经营部

被告：食品科技公司

【基本案情】

2020 年 4 月 13 日，原告与被告签订编号为 LJ0401 的《食品科技公司采购合同》，约定：原告向被告供应某品牌面粉，价格为每袋 82 元，市场价格出现下降的，原告应及时告知被告；交货地点为被告的原材料仓库；付款方式为“二结一”，即被告收到原告第二单商品后 5 个工作日付清第一单货款等内容。

合同签订后，原告于 2020 年 4 月 13 日向被告提供面粉共 600 袋，货款合计 50080 元。之后被告未再要求原告供货，也未支付货款。

【案件焦点】

1．“二结一”的付款方式应如何结合实际情况予以理解；2. 被告关于付款条件尚未成就的辩称是否成立；3. 原告主张的资金占用费应如何支持。

【法院裁判要旨】

广西壮族自治区柳州市柳北区人民法院经审理认为：在买卖合同中，当事人就质量、价款或者报酬、履行地点等内容没有约定或者约定不明确的，可以协议补充；不能达成补充协议的，按照合同有关条款或者交易习惯确定。本案中，原、被告双方签订的买卖合同约定的付款方式为“二结一”，即被告收到原告第二单商品后 5 个工作日付清第一单货款，双方对于供货时间并没有明确约定，进行第二次供货的时间具有不确定性，则付款的时间亦无法确定。为此，该约定的内容应视为对货款支付时间的约定不明确。原告于 2020 年 4 月 13 日向被告供货后，双方对于货款 50080 元的支付时间没有达成补充协议，但从市场交易习惯可知，“二结一”的付款方式应是建立在双方有多次持续交易的情况下。双方在 2020 年 4 月签订合同后，仅产生 2020 年 4 月 13 日一次供货行为（货款合计 50080 元），在 2020 年 4 月 13 日至原告 2020 年 8 月起诉前，被告均未再通知原告进行供货。同时，被告也认可已经向其他面粉供应商购买面粉，被告以未继续向原告购买面粉为由，拒付已经购买的该部分面粉相应的货款，有悖诚信原则，不利于市场交易秩序的维护。综合前述理由，对于被告认为付款条件未成就的辩称，法院不予采信。现原告主张被告支付货款 50080 元，有事实及法律依据，法院予以支持。对于原告主张的资金占用费的诉讼请求，被告未向原告支付货款会导致原告对该货款产生利息损失，由于双方签订的买卖合同对货款支付时间的约定不明确，法院酌情支持原告主张的相应的资金占用费，判令被告从本案判决之日起，按照全国银行间同业拆借中心一年期贷款市场报价利率，向原告支付资金占用费至付清之日。原告主张超出部分，法院不予支持。

广西壮族自治区柳州市柳北区人民法院依据《中华人民共和国合同法》第八条、第六十一条、第一百零七条、第一百零九条、第一百一十四条、第一百五十九条、第一百六十一条，《中华人民共和国民事诉讼法》第六十四条、第一百六十二条，《最高人民法院关于审理买卖合同纠纷案件适用法律问题的解释》第二十四条之规定，作出如下判决：

被告食品科技公司支付原告食品经营部货款50080元及资金占用费（计算方式：以尚欠货款为基数，自2020年10月29日起按全国银行间同业拆借中心一年期贷款市场报价利率为标准计算至被告付清之日止）。

一审宣判后，双方当事人未上诉，现判决已发生法律效力。

【法官后语】

本案是适用小额诉讼程序审理的买卖合同案件。双方当事人对于付款方式的约定比较特殊，该特殊约定成为被告拒付货款的理由。双方当事人争议的主要问题是：二结一的付款方式应如何结合实际情况予以理解，被告关于付款条件未成就的辩称是否应该予以采信。

针对这一问题，法院重点审查了被告关于付款条件未成就的辩称是否成立。首先，从“付款方式为‘二结一’，即被告收到原告第二单商品后5个工作日付清第一单货款”这一表述的字面意思理解，确实是约定下一次供货的时候结清第一次供货相应的货款，但同时也说明双方存在长期合作的意向，目的是要进行多次交易，每当进行下一次供货即结清上一笔货款。其次，“二结一”的付款方式的本意也是基于供方对于需方较为信任（供方相信需方会经常向自己购买货物，所以愿意放弃一手交钱一手交货的一般交易模式，没有将付款时间固定，而是采取宽限的做法，让需方先使用货物进行生产经营，在下次购买货物的时候再支付上一笔货款），所以没有确定具体的货款支付期限。最后，结合市场交易习惯看来，“二结一”的付款方式至少要建立在双方有多次持续交易的情况下，才符合当事人的合理逾期。试想一下如果没有下一次供货就不必支付以供货物的相应货款，即只要购买方不再提出购买需求就可以不履行付款义务，这明显背离当事人的合理预期。

本案中“付款方式为‘二结一’，即被告收到原告第二单商品后5个工作日付清第一单货款”这一约定，结合法律规定而言，实际上是双方对于供货时间没有明确约定。而经查明的情况是原、被告之间仅有一次供货行为，双方对于该货款的支付时间没有达成补充协议，而且被告已经向其他供应商购买同类货物。在此情况下，被告仍然以未继续向原告购买货物为由，拒付已经购买的该部分货物相应的货款，背离原告对于收回货款的合理预期，同时也有悖诚信原则，不利于社会和经济秩序的维护。为此，法院结合“二结一”的付款方式约定的初衷以及市场交易习惯，支持原告的诉讼请求。同时对于原告主张的资金占用费的诉讼请求，也是由于货款的支付期限约定不明确，为此法院酌情从原告起诉之日起，按照一年期贷款市场报价利率为标准予以支持。

现实生活中，受市场经济运行的影响，有些企业在第一次采购原料进行加工后，也许由于经营状况不佳，导致其不再需要再次进行采购，但这并不能成为其拒绝支付货款的正当理由。即便约定了“二结一”的付款方式，也应结合交易习惯、诚信原则等因素予以认定，不应背离当事人的合理预期。本案对于因不合理的缘由拒付货款的买卖合同纠纷案件的审理起到一定的借鉴作用。

编写人：广西壮族自治区柳州市柳北区人民法院　覃素红

37

买卖合同守约方减损规则适用

——汽车工装公司诉汽车研发公司买卖合同案

【案件基本信息】

1. 裁判书字号

北京市顺义区人民法院（2020）京0113民初11090号民事判决书

2. 案由：买卖合同纠纷

3. 当事人

原告：汽车工装公司

被告：汽车研发公司

【基本案情】

2019年5月27日，原、被告签订了采购合同，被告向原告购买铝合金机加件，约定交货时间为2019年6月15日、6月30日，交付地点为被告所在地或被告指定地点。合同约定，合同签订后被告付原告货款30%，第一批交样后付原告货款30%，全部交付完成后再付原告货款30%，全部交付完成后60日付剩余的10%。但合同签订后及原告第一批交样后，被告至今分文未付。原告现已依照合同约定按被告要求完成了生产，其间经原告多次要求被告按约定支付全部货款，但被告仍未能付款。

【案件焦点】

一方存在违约行为，相对方如未采取适当的措施防止损失的扩大，可否要求违约方支付全部货款。

【法院裁判要旨】

北京市顺义区人民法院经审理认为：汽车工装公司与汽车研发公司之间存在买卖合同关系。汽车工装公司主张汽车研发公司应支付全部货款，汽车研发公司主张第一批样品确实已经交付，按照合同约定应付至合同总金额的60%，但是因为资金紧张没有支付，后又提出第一批样品有问题，不满足付款条件。法院认为，涉诉合同约定签订合同后付30%，第一批交样后付30%，汽车研发公司认可第一批交样后应当付到合同总金额的60%，虽然汽车研发公司提出第一批样品有问题，但是未能提交证据予以证明，法院认为第一批样品已验收合格，汽车工装公司要求支付全部货款没有合同依据，故法院认定汽车研发公司应当支付的货款金额为合同总金额835103.98元的60%即501062.39元。对于汽车工装公司主张的违约金，汽车研发公司认为合同中没有逾期付款应当承担违约金的约定，同时认为汽车工装公司主张的违约金过高要求法院予以调整。法院认为，汽车研发公司未按照合同约定支付货款，汽车工装公司可以向汽车研发公司主张违约金，但是汽车工装公司主张的违约金过高，且汽车工装公司亦未提交证据证明第一批样品交付及验收合格时间，故对于汽车工装公司主张的违约金法院酌情予以调整。对于汽车工装公司主张的律师费，汽车研发公司认为律师费不是诉讼中产生的必要费用。法院认为涉诉合同并未约定律师费用承担问题，此费用亦非必要损失，汽车工装公司主张律师费用，于法无据，不予支持。

北京市顺义区人民法院依据《中华人民共和国合同法》第八条、第六十条第一款、第一百零九条、第一百一十四条之规定，作出如下判决：

一、被告汽车研发公司于本判决生效之日起七日内支付原告汽车工装公司货款 501062.39 元并支付违约金（以 501062.39 元为基数，自 2020 年 6 月 8 日起至实际给付之日止，按照全国银行间同业拆借中心公布的同期贷款市场报价利率为标准计算）；

二、驳回原告汽车工装公司的其他诉讼请求。

一审宣判后，双方当事人未上诉，现判决已发生法律效力。

【法官后语】

买卖合同作为最重要的典型合同，其中一个非常重要的特征就是，买卖合同是双务合同。出卖人与买受人互为给付，双方都享有一定的权利，又都负有一定的义务。卖方负有交付标的物并转移其所有权于买方的义务，买方同时负有向卖方支付价款的义务。买受人应当按照合同约定的时间支付价款。合同履行过程中，一方当事人如未能按照合同约定履行己方义务，则构成违约。违约责任的承担方式通常包括继续履行、采取补救措施、赔偿损失等。当事人可以约定一方违约时应当根据违约情况向对方支付一定数额的违约金，也可以约定因违约产生的损失赔偿额的计算方法。当事人一方违约后，对方应当采取适当措施防止损失的扩大，没有采取适当措施致使损失扩大的，不得就扩大的损失请求赔偿。减损规则是依据诚信原则而产生的，未尽到减轻损失义务构成对诚信原则的违反。同时，按照过错责任原则的要求，乙方在另一方违约后，未能采取合理措施防止损失扩大，其本身也有过错的，过错人应对自己的过错行为所导致的后果负责。

具体到本案，汽车工装公司与汽车研发公司对于付款时间及金额作出约定即合同签订后汽车研发公司付汽车工装公司货款30%，第一批交样后付货款30%，全部交付完成后再付30%，全部交付完成后60日付剩余的10%。涉诉合同签订后，汽车研发公司并未依约支付30%的货款，汽车工装公司未就此提出异议而是按照合同约定完成了第一批交样，而在第一批交样后，汽车研发公司仍未按照合同约定付款。汽车工装公司表示其已依照合同约定按汽车研发公司要求完成了生产，故而要求汽车研发公司支付合同项下的全部货款。合同订立之后汽车研发公司即存在违约行为，而后汽车研发公司的违约行为一直持续。合同中约定如果汽车工装公司发生逾期交货等违约行为，每逾期一天，应按合同总额的千分之一向汽车研发公司支付违约金，汽车工装公司据此主张汽车研发公司逾期付款也应该按照日千分之一的标准支付违约金。汽车工装公司可以基于汽车研发公司未按时履行付款义务的行为要求汽车研发公司支付违约金，但是就违约金的计算标准，因为合同并未就汽车研发公司违约如何支付违约金进行约定，且汽车工装公司未能提交证据证明第一批样品交付时间，故法院调整违约金的起算时间为汽车工装公司起诉之日。在汽车研发公司持续违约的情形下，汽车工装公司未能采取适当的措施，而是继续进行生产，导致其损失扩大，汽车工装公司应当对其未能及时减损的行为承担责任。故汽车工装公司主张要求汽车研发公司支付的货款，在60%的部分予以支持，对于超过货款60%的部分不予支持。

编写人：北京市顺义区人民法院　刘蓉蓉

38

"知假买假"行为能否适用惩罚性赔偿

——李某顺诉某宾馆买卖合同案

【案件基本信息】

1. 裁判书字号

北京市第三中级人民法院(2020)京03民终12382号民事判决书

2. 案由:买卖合同纠纷

3. 当事人

原告(上诉人):李某顺

被告(被上诉人):某宾馆

【基本案情】

2017年11月至12月,李某顺分三次至某宾馆商品部购买了外包装盒标注有某知名品牌的酒水共8箱,通过刷卡方式向某宾馆付款共计72170元,并当场取得某宾馆开具的房费增值税普通发票3张,其中2张发票备注为酒店内购买礼品。李某顺申请北京市长安公证处的公证人员对前述购买过程进行公证及拍照,对全部酒水进行封存。李某顺表示饮用酒水后出现剧烈头痛,且发现同一箱内酒水颜色不一致,认为某宾馆销售假酒,应当向李某顺退还货款,并进行十倍赔偿。

诉讼中,双方共同申请该品牌酒业公司随机抽取剩余每箱涉案酒水中的2瓶对外包装是否为该酒业公司生产进行鉴定。经检验,该酒业公司工作人员出具《产品辨认(鉴定)表》,载明:通过外观辨认(鉴定),送辨样品与该酒业公司出厂产品外包装特征不符,非该酒业公司生产,属假冒注册商标的产品。

【案件焦点】

1. 某宾馆与李某顺是否存在买卖合同关系；2. 案涉酒水是否符合食品安全标准；3. 李某顺要求十倍赔偿的主张是否应予支持。

【法院裁判要旨】

北京市朝阳区人民法院经审理认为：关于第一项焦点，李某顺自位于某宾馆工商注册地的商品部购买案涉酒水，通过刷卡方式向某宾馆支付相应货款，某宾馆给李某顺开具发票。某宾馆虽否认与李某顺存在买卖合同关系，但诉讼中自认其商品部悬挂有某宾馆的营业执照，现无证据证明李某顺对某宾馆与邹某某签订的《写字间出租合同》知悉且认可。此外，公证书显示李某顺购买案涉酒水时取得的发票上载品名为房费，李某顺自认其中690元系房费，某宾馆称因时间久远无法核实其向李某顺开具发票的具体金额及款项性质，应自行承担举证不能的法律后果，结合其中2张发票备注为酒店内购买礼品，无相反证据推翻，一审法院对李某顺相关陈述予以采信，并认定李某顺与某宾馆成立事实上的买卖合同关系。

关于第二项焦点，依据酒业公司出具的《鉴定证明表》《产品辨认（鉴定）表》，案涉酒水并非该酒业公司生产、包装，可见案涉酒水的标签、标志、说明书所载内容不能反映其实际内容物的品质，生产经营过程及质量均存在安全隐患，应认定为不符合食品安全标准。某宾馆作为案涉酒水的销售者，未举证证明其在进货时查验了案涉酒水的来源及相关证明文件，亦未举证证明其已尽到销售者的审慎注意义务，致使违反食品安全标准的案涉酒水得以售出，应视为某宾馆明知案涉酒水不符合法律规定而销售的情形。

关于第三项焦点，根据《中华人民共和国食品安全法》的规定，有权要求产品销售者进行十倍赔偿的主体应系消费者。李某顺系在一定阶段时间内，集中在多地大量买入某一种商品，然后在不同法院分别提起惩罚性赔偿诉讼，通过法院的判决获取大额利益。经检索关联案件，从数量上看，李某顺在2016年至2019年在北京多个法院存在一百余起购买商品后进行索赔的诉讼；从金额上看，李某顺单个案件中索赔金额高至70余万元；从购买形式看，李某顺在多起案件中均系在公证员陪同下购买商品并在购买后立即鉴定。就本案其购买案涉酒水的具体细节来看，李某顺在公证处工作人员陪同下购买酒水，在购买后即请酒业公司的鉴定人员进行鉴定，其行为与普通消费者购买酒水的消费行为迥异。与消费者为了生活需要而使用商品的目的不同，李某顺系以索赔为目的而购买商品等活动，购买商品是其索赔中的一个环节，其行为整体具有营利性，属于变相的经营行为，不应认定李某顺在本案中属于消费者。

北京市朝阳区人民法院依照《中华人民共和国合同法》第八条、第一百一十一条，《中华人民共和国食品安全法》第二十六条、第一百四十八条第二款、第一百五十条，《最高人民法院关于审理食品药品纠纷案件适用法律若干问题的规定》第三条、第六条，《最高人民法院关于适用〈中华人民共和国民事诉讼法〉的解释》第九十条、第九十三条之规定，作出如下判决：

一、被告某宾馆于本判决生效之日起十日内退还原告李某顺货款 6.26 万元，同时原告李某顺向被告某宾馆退还所购某知名品牌酒水 42 瓶（500ML/瓶），如不能退还，按相应单价折抵应退货款；

二、被告某宾馆于本判决生效之日起十日内赔偿原告李某顺公证费 15860 元；

三、驳回原告李某顺的其他诉讼请求。

李某顺不服上述判决提起上诉。

北京市第三中级人民法院经审理认为：同意一审法院裁判意见，一审判决认定事实清楚，适用法律正确，应予维持。依照《中华人民共和国民事诉讼法》第一百七十条第一款第一项之规定，作出如下判决：

驳回上诉，维持原判。

【法官后语】

《中华人民共和国侵权责任法》第四十七条、《中华人民共和国消费者权益保护法》第五十五条、《中华人民共和国食品安全法》第一百四十八条确立了惩罚性赔偿制度，以加大对不法生产经营者的处罚力度。

针对“知假买假”行为能否适用惩罚性赔偿的问题，主要有两种观点。第一，“知假买假”行为适用惩罚性赔偿——只要购买的商品不是用于再次销售，就属于消费者范畴，应当适用惩罚性赔偿。该观点的关键在于“知假买假”行为只要被法律所承认，就能够适用惩罚性赔偿。第二，“知假买假”行为不适用惩罚性赔偿，“知假买假”者不仅破坏了市场规律与经济秩序，亦把法律当作牟利的工具，以此攫取利益，这与惩罚性赔偿制度的设立初衷相抵牾。

2013年，《最高人民法院发布关于审理食品药品纠纷案件适用法律若干问题的规定》，对食药产品“知假买假”持肯定态度，购买食品的目的出于索赔牟利，不影响获得食品消费者的身份认定。2017年最高人民法院对“知假买假”人的态度有所转变，“不宜将食药纠纷的特殊政策推广适用到所有消费者保护领域”“适时借助司法解释、指导性案例等形式，逐步遏制‘知假买假’人的牟利性打假行为”。

本案系原告在公证处陪同下，大量购买被告出售的知名酒水，并以所购酒水不符合食品安全标准为由向被告索赔10倍价款赔偿款70余万元的案件。根据《中华人民共和国食品安全法》第一百四十八条的规定，有权要求产品销售者进行十倍赔偿的主体应系消费者。结合李某顺的数次诉讼及案涉酒水的购买细节来看，与消费者为了生活需要而使用商品的目的不同，李某顺系以索赔为目的而购买商品，其行为整体具有营利性，属于变相的经营行为，不应认定李某顺在本案中属于消费者。

民以食为天，食以安为先，食品安全重于泰山。依法维护食品安全秩序，切实保障人民群众的生命健康是人民法院审理与食品相关案件的重要职责。在民事责任认定上，一审法院虽未对李某顺关于十倍赔偿的请求予以支持，但对某宾馆销售假冒商品的行为坚决予以否定。就本案中发现的食品经营者涉嫌造假的违法行为，一审法院将向有关行政执法机关移交案件线索，对食品安全领域的违法行为坚决予以追究制裁，通过共同治理的方式确保老百姓舌尖上的安全。另需说明的是，依据法院查明之情况，某宾馆针对涉案酒水向李某顺开具名为房费的发票，违反了国家税务征收相关规定，一审法院将另建议有关部门对相关情况予以核查、处理。

编写人：北京市朝阳区人民法院　温晓汾

39

预期利益损失额的确定

——甲科技公司诉乙科技公司买卖合同案

【案件基本信息】

1. 裁判书字号

北京市丰台区人民法院（2020）京 0106 民初 16567 号民事判决书

2. 案由：买卖合同纠纷

3. 当事人

原告：甲科技公司

被告：乙科技公司

【基本案情】

2020 年 2 月 16 日，甲科技公司与乙科技公司签订名称为《韩国 KF94 口罩订购合同书》。甲科技公司向乙科技公司采购韩国 KF94 口罩 50 万只，每只含税单价 20.4 元，金额总计 1020 万元。合同约定：合同签订时甲方向乙方支付 50%货款作为预付款，韩国出口订单的出口证明开出后支付剩余的 50%货款。乙方收到甲方全款之日起，于 7 日后交到甲方指定库房。双方曾多次合作过，交货时间一般在一周左右，但本次合同签订后，乙科技公司迟迟没有交货，乙科技公司解释称因为韩国出口方出现问题，所以无法交货。2020 年 2 月 23 日，乙科技公司联系甲科技公司称：该批货物只能交付 30 万只，并且付完全款后就可以发货。乙科技公司希望与甲科技公司将原合同的采购数量变更为 30 万只，并让甲科技公司按 30 万只支付全款。甲科技公司同意变更合同采购数量，随后将剩余货款全部支付给乙科技公司，加上之前的预付款，甲科技公司共计支付

612 万元。乙科技公司收款后并没有发货，经甲科技公司多次催促，乙科技公司始终没有发货。2020 年 2 月 26 日，乙科技公司称该批货物因出口方的问题无法发货。因该合同已经无法继续履行，甲科技公司要求乙科技公司退款，乙科技公司同意退款，乙科技公司退回部分款项后又补发口罩若干，经过对账，乙科技公司尚应退还甲科技公司货款 242 万元。因乙科技公司不能按时交货，造成甲科技公司与第三人签订的合同无法继续履行。

【案件焦点】

1. 原告主张的预期利益损失金能否支持、如何确定计算方法；2. 被告主张韩国政府征用生产厂家的理由是否构成不可抗力。

【法院裁判要旨】

北京市丰台区人民法院经审理认为：甲科技公司支付完毕全部货款后，乙科技公司未能依合同约定在 7 天后交付口罩，已经构成违约，应当承担违约责任。买卖合同没有约定逾期付款违约金或者该违约金的计算方法，出卖人以买受人违约为由主张赔偿逾期付款损失的，人民法院可以中国人民银行同期同类人民币贷款基准利率为基础，参照逾期罚息利率标准计算。

乙科技公司抗辩因政府因素导致其进货方未能履行与其签订的合同属于不可抗力情形，法院认为，乙科技公司未能举证证明其在履约过程中面临不能预见、不能避免且不能克服的客观情况，且根据合同相对性原则，其供货商未能如约向其供货的理由不能对抗其与甲科技公司签订合同应履行的义务，故法院对乙科技公司的上述抗辩意见无法采信。

甲科技公司提供证据证明其未能如期向案外人交付转售口罩，故无法获得该部分转售利润。根据本案确认的证据及双方当事人的陈述，考虑到在签订合同时，乙科技公司对于甲科技公司的预期商业利益应当有所预见，法院认定甲科技公司的该部分预期利益损失与乙科技公司的违约行为存在一定因果关系，甲科技公司要求的预期利益损失于法有据。但考虑到甲科技公司与案外人约定的口罩交付时间较为紧迫且甲科技公司可在乙科技公司告知其交付口罩存在困难时尽快从其他渠道购入口罩再交付案外人，以减少己方的损失，故甲科技公司对于己方受到的预期利益损失应承担一定责任。法院综合考虑乙科技公司的过错程度及甲科技公司的预期利益等因素，结合合同签订的实际情况，根据公平原则，酌情确定乙科技公司应向甲科技公司赔偿预期利益损失 13.8 万元。

北京市丰台区人民法院依照《中华人民共和国合同法》第一百零七条、第一百一十三条，《最高人民法院关于审理买卖合同纠纷案件适用法律问题的解释》第二十四条第四款之规定，作出如下判决：

一、乙科技公司于本判决生效之日起十日内退还甲科技公司货款 242 万元；

二、乙科技公司于本判决生效之日起十日内以 242 万元为基数支付甲科技公司利息（自 2020 年 3 月 12 日起至实际给付全部款项之日止，按照同期全国银行间同业拆借中心公布的贷款市场报价利率计算）；

三、乙科技公司于本判决生效之日起十日内赔偿甲科技公司预期利益损失 13.8 万元；

四、驳回甲科技公司的其他诉讼请求。

一审宣判后，双方当事人未上诉，现判决已发生法律效力。

【法官后语】

本案合同签订于 2020 年 2 月，原、被告双方签订购销合同后，原告旋即又与案外人签订预出售的买卖合同。原告付款后几经催促，被告交付了部分口罩。由于被告未全部履行买卖合同，导致原告无法向案外人履行买卖合同，无法获得转售利润，故本案的焦点之一是如何确定预期利益损失额。

1. 预期利益损失

根据《中华人民共和国民法典》第五百八十四条的规定，当事人一方不履行合同义务或者履行合同义务不符合约定，造成对方损失的，损失赔偿额应当相当于因违约所造成的损失，包括合同履行后可以获得的利益。

“合同履行后可以获得的利益”扣除直接获得的利益后，即为预期利益。可见，预期利益是一种仅限于未来可以得到的利益，不包括履行本身获得的利益，而主要是因违约行为导致的利润损失。

2. 预期利益损失金额的确定

实践中，确定预期利益损失金额主要有五种方法：差额法、约定法、类比法、估算法、综合衡量法。差额法是依照通常方法比照受害人相同条件下所获取的利益来确定应赔偿的预期利益损失。约定法是指依照当事人直接在合同中约定损失赔偿的计算方法。类比法是指比照守约方相同或类似的其他单位在类似条件下所能获取的利益来确定预期利益的赔偿数额，可以守约方以往所取得的利润为参考对象，也可以其他人同样的设备、原材料、产品在生产运营中所获取的利益为参考。使用此种方法的前提是守约方能够获得比较稳定的财产收益。估算法是指人民法院难以确定损失金额时，根据案件的实际情况，酌定一个数额的方法。综合衡量法是指根据获利情况、当事人过错情况及合同履行时经济形势等因素综合判断。

法院经审理认为，以综合衡量法确定原告的预期利益损失金额更为妥当。首先，合同签订时期特殊。口罩作为特定期间的特殊物品，价格非同平常时期，利润也不同寻常。类比法不能完全保护守约方利益。其次，转售预期利润确定。原告提供了其与案外人签订的买卖合同、案外人的付款凭证，证明了其产生预期利益损失的可能性和转售标的物预期的利润情况。再次，合同无约定预期利益的约定。原、被告双方在合同条款中没有对预期利益进行约定，故约定法不适用于本案。最后，综合本案的发生时间、标的物、原告转售情况、过错和补救情况等因素来确定本案的预期利益损失金额为宜。

编写人：北京市丰台区人民法院　刘开委　陈名利

七、买卖合同的证据与时效

40

对于QQ聊天记录等电子数据的真实性应结合在案其他证据予以综合认定

——电子公司诉科技公司、黎某伟买卖合同案

【案件基本信息】

1. 裁判书字号

江苏省无锡市中级人民法院（2020）苏02民终3888号民事判决书

2. 案由：买卖合同纠纷

3. 当事人

原告（上诉人）：电子公司

被告（上诉人）：科技公司、黎某伟

【基本案情】

电子公司（甲方）与科技公司（乙方）签订《产品买卖合同》一份，载明交易货物名称为7N65、10N60、10N65、12N65，备注“以当月采购单为准”，交货日期为20天，按乙方通知分批交货，结算方式为月结30天，即当月发生的货款在隔月的30日前付清，乙方欠付甲方的货款由黎某伟担保，合同落款处双方加盖公章予以确认，同时乙方盖章处载明开户行及银行账号。审理中，电

子公司称合同在2016年签订，未载明有效期，故长期有效，因货物单价会有所变化，故约定“以当月采购单为准”。

审理中，为证明其已交付货物，电子公司提交出库单、物流单打印件及录屏光盘、物流底单、QQ聊天记录及录屏光盘、增值税专用发票等。其中两份出库单原件载明7N65货物数量为5.5万只，两份复印件各载明8N65为1万只、7N65为1.5万只。物流单皆载明由电子公司寄往科技公司/林某，货物名称为电子元器件，物流状态均为“已签收”。根据QQ聊天记录，付款回单上载明的户名、开户行及付款账号与合同记载内容一致。2019年3月27日，科技公司询问7N65、8N65的单价，得到回复“7N65 0.75、8N65 0.8”，后发送订单（加盖科技公司公章），要求订购数量为10万只的7N65，5月6日发送科技公司3月账单并汇款，科技公司要求统计做好的货物数量，电子公司回复：库里有7N65 74284只，74284*0.75=56463元，60500+56463=116963元。审理中，电子公司称其中6.05万元即案涉款项，另外的56463元针对的货物，因科技公司未按时付款，故该批货物未交付。增值税专用发票显示货物8N65、7N65数量分别为1万只、7万只，单价（不含税）分别为0.689、0.646，税率均16%，价税合计6.05万元，经核实，该发票已由科技公司申报抵扣。

经质证，科技公司认为物流签收单是从网站上自行打印，存在伪造的可能性，无法确认其真实性；认为聊天记录作为电子数据的一种，电子公司未提供原始载体，亦未对此进行公证，故对聊天记录不予认可。对此，科技公司称物流签收单系从物流公司官网打印，并不能伪造；通过QQ聊天记录可以确认林某身份为科技公司员工，双方在QQ聊天中对交易的货物7N65、8N65的单价予以确认，该单价与发票载明的价格一致。

审理中，法院通知双方至电子公司就QQ聊天记录的真实性进行现场勘查。经勘查，电子公司的工作人员张某即QQ聊天记录中的具体回复人员，电脑中显示的聊天内容与电子公司提交的光盘及书面材料一致。

【案件焦点】

对电子公司提交的物流信息截图及QQ聊天记录的真实性的认定。

【法院裁判要旨】

江苏省无锡市惠山区人民法院经审理认为：在买卖合同法律关系中，出卖人移转标的物所有权于买受人后，买受人应依约或经催告后在合理期限内支付价款。本案中，物流单系从对外公开开放的物流网站获取，任何第三人均可以查询，电子公司已提交物流查询过程的录像光盘，经核对，该内容与书面物流单内容一致，不存在伪造的情况，故对物流单的真实性予以确认。对于 QQ 聊天记录，已经现场勘察，电脑中存储的内容与电子公司提交的材料一致，故对此予以确认，对 QQ 聊天内容的真实性予以认定。

审理中，电子公司、科技公司均对《产品买卖合同》真实性无异议，法院予以确认。结合 QQ 聊天记录中，林某发送的载有科技公司公章的订单及“付款回单”中载明的付款人银行账户的相关信息与《产品买卖合同》中手写的账户信息一致的事实，结合该聊天记录中林某对货物单价及货款的陈述，法院认定林某系科技公司的员工，其行为系职务行为，相关法律后果由公司承担。通过 QQ 聊天记录及物流单，可知科技公司在 2019 年 2 月至 4 月期间向电子公司订购型号为 7N65、8N65 的货物，双方在聊天中对货物单价分别为 0.75 元、0.8 元予以确认，以上事实与增值税专用发票上记载的内容可相互印证，且科技公司在知晓货款为 6.05 万元后从未表示异议，故法院对四份出库单的真实性予以确认，结合以上证据，认定电子公司已履行了交货义务，对电子公司要求科技公司支付货款 6.05 万元的请求予以支持。结合本案事实，法院对利息主张及黎某伟应承担的责任予以认定。

江苏省无锡市惠山区人民法院依照《中华人民共和国合同法》第六十条、第一百零九条、第一百一十四条、第一百六十一条，《中华人民共和国担保法》第十九条、第二十一条、第二十六条，《最高人民法院关于审理买卖合同纠纷案件适用法律问题的解释》第二十四条之规定，作出如下判决：

一、科技公司于判决生效之日起十日内向电子公司支付价款 6.05 万元，并支付逾期付款利息；

二、黎某伟对本判决第一项下科技公司欠付电子公司的 5.25 万元价款承担连带责任保证；

三、驳回电子公司其他的诉讼请求。

科技公司、黎某伟不服一审判决，提出上诉。

江苏省无锡市中级人民法院同意一审法院的裁判意见，依照《中华人民共和国民事诉讼法》第一百七十条第一款第一项之规定，作出如下判决：

驳回上诉，维持原判。

【法官后语】

随着网络技术的不断发展，商事主体通过微信、QQ 等通信平台进行交易的情况日趋普遍。当出现纠纷时，以电子数据作为证据甚至是关键证据的情况也越来越多，而电子数据因其数量多、变化快、易篡改以及专业技术强等特点成为法院在认定证据时的难点。本案中，因双方在合同中未对货物的单价予以明确，同时电子公司提交的部分单据系复印件，故对于单价的确定以及电子公司已履行交货义务的事实需借助 QQ 聊天记录及网上打印的物流单据予以佐证。此时，科技公司即对该两份电子数据提出异议，在审判实践中，对于诸多涉及电子数据的案件，当事人一方经常会以电子数据未经公证程序而对该证据的真实性提出异议，那么，公证程序是否是电子数据被采用的必经程序？应如何判断电子数据的真实性？

电子数据是 2012 年《中华人民共和国民事诉讼法》修改过程中增加的一类法定证据类型，是指通过电子邮件、电子数据交换、网上聊天记录、博客、微博客、手机短信、电子签名、域名等形成或者存储在电子介质中的信息。存储在电子介质中的录音资料和影像资料，适用电子数据的规定。本案中，网页上显示的物流单及 QQ 聊天记录均属于电子数据。此外，如微信聊天记录、网络购物过程中的交易记录、监控录像、抖音短视频等均系电子数据的范畴。

关于电子数据真实性的认定，主要从可靠性及完整性两个方面进行考量，可靠性即电子数据系真实而非伪造，完整性即内容的全部展示，不存在删减、篡改等情形。《最高人民法院关于民事诉讼证据的若干规定》第九十三条虽然从电子数据的生成、存储、传输所依赖的计算机系统的硬件、软件环境、提取方法等对判定电子数据真实性的因素作出规定，但囿于法官专业技术的缺乏及当事人举证成本的考虑，仅凭以上因素仍难以准确判断，故该条第二款规定，人民法院认为有必要的，可以通过鉴定或者勘验等方法，审查判断电子数据的真实性。同时，第九十四条也对推定真实的情形作了明确，如“在正常业务活动中形成的”等，同时规定电子数据的内容经公证机关公证的，人民法院应当确认其真实性，但有相反证据足以推翻的除外。据此可知，公证并非认定电子数据真实性的唯一方式，而是从公证具有中立性的角度出发，对经公证的电子数据予以较高证明力的评价，且经过公证的电子证据，只能证明纸质的电子证据来源于计算机或者服务器，无法确保电子数据的完整性。

对电子数据进行认证的过程中，要树立综合判断的意识，即要避免孤立地就电子数据进行认定，应结合当事人陈述、其他证据及已查明事实予以识别。审判实践中，对于微信及 QQ 聊天记录，鉴于案件的当事人一般是使用通信工具的当事人，可以要求双方对电子数据进行比对，以核实可靠性及完整性。若一方有异议，则应进行进一步审查，必要时可进行鉴定。在核实完整性时，可以要求提供原始存储介质如手机，若原始介质无法封存、不便移动（如台式电脑），可以进行现场勘查，必要时聘请有专门知识的人就相关技术问题进行说明。对于未实名认证的 QQ 及微信聊天记录，主体的身份识别也是证据认定中的难点，此时即需要从聊天记录内容出发，结合其他证据进行判断，本案中，科技公司向电子公司工作人员发送的订单及付款凭证中，不仅加盖科技公司公章，且载明的银行账号等信息与合同一致，据此可以认定其系科技公司员工。同时通过现场勘查的方式，确认原始介质中存储的内容与提交光盘内容一致，故对该 QQ 聊天记录予以认定。

编写人：江苏省无锡市惠山区人民法院　刘效庆　邵明舟

41

微信信息作为证据的认定及限制

——刘某强诉郭某超买卖合同案

【案件基本信息】

1. 裁判书字号

广西壮族自治区鹿寨县人民法院（2020）桂0223民初2438号民事判决书

2. 案由：买卖合同纠纷

3. 当事人

原告：刘某强

被告：郭某超

【基本案情】

原告刘某强系甲石材加工厂的个体工商户，被告郭某超系乙石材加工厂的个体工商户。2018年5月18日至2019年4月30日，被告向原告购买大理石材料赊欠货款76350元，并在简易清单上签字确认，经双方核算，被告于2019年4月至5月向原告出具《欠条》，载明欠款金额并约定被告于2020年8月30日前还清货款。此后，被告又于2019年5月1日至2019年11月11日向原告购买大理石材料，被告于2019年12月25日在简易清单上签字确认货款合计21190元。经原告多次追索，被告于2020年1月22日在原告拟好的《还款计划书》上签字确认，认可被告尚欠原告货款共计97540元，并承诺尚欠的21190元于2019年12月31日前归还给原告；尚欠的76350元从2020年1月至2020年8月分七期还清，并约定从2020年1月1日起按月利率2%支付利息，若欠款人有一期逾期不归还，原告有权就剩余欠款要求欠款人一次性全部归还，并承担原告主张权利的一切费用，包括但不限于律师费、诉讼费、公函费等。《还款计划书》签订后，被告通过微信转款方式于 2020 年 3 月 31 日转款 4000 元、6 月 5 日转款 5000 元、8 月 12 日转款 5000 元，共计 1.4 万元归还给原告。此外，原、被告还有多次微信交易记录，从 2019 年 5 月 9 日至 2020 年 8 月 27 日，被告共向原告转款（不含微信红包）33 笔，共计 42625 元；从 2019 年 8 月 1 日至 2020 年 11 月 5 日，原告共向被告转款 7 笔，共计 1.82 万元。

【案件焦点】

微信证据是否能作为查实事实的证据。

【法院裁判要旨】

广西壮族自治区鹿寨县人民法院经审理认为：本案被告通过口头约定向原告购买大理石材料，原告按约定提供大理石，双方进行了对账及签订还款计划书，因此，原、被告之间的买卖合同关系成立并生效。原、被告于 2020 年 1 月 22 日签订还款计划书，就之前的货款予以核算确认并约定还款时间、逾期利息、律师费等内容，被告应按照计划书约定向原告偿还货款。对于原告认可被告已归还的 1.4 万元应予扣减。

关于欠款本金和利息问题。对于 21190 元此笔欠款，计划书约定在 2019 年 12 月 31 日前归还，与计划书签订时间即原告实际向被告主张还款的时间不符，故该笔欠款还款时间应调整为 2020 年 1 月 22 日前偿还。因被告未按约定在 2020 年 1 月 22 日前付清货款，根据《最高人民法院关于审理买卖合同纠纷案件适用法律问题的解释》第二十四条之规定，被告应从 2020 年 1 月 23 日起按全国银行间同业拆借中心公布的一年期贷款市场报价利率（LPR）支付逾期付款利息。根据《最高人民法院关于适用〈中华人民共和国合同法〉若干问题的解释（二）》第二十一条的规定，债务人除主债务之外还应当支付利息和费用，债务人给付不足以清偿全部债务时，当事人没有约定的，按实现债权的有关费用、利息、主债务的顺序抵充。被告分别于 2020 年 3 月 31 日还款 4000 元、6 月 5 日还款 5000 元、8 月 12 日还款 5000 元，故 21190 元欠款应根据被告还款情况按照先息后本顺序分段计算。因此，按全国银行间同业拆借中心公布的一年期贷款市场报价利率（LPR）即 3.85%标准计算利息，21190 元欠款在 2020 年 1 月 23 日至 2020 年 3 月 31 日利息为 154.1 元，归还 4000 元后，按先息后本充抵，尚欠本金为 17344.1 元；17344.1 元欠款从 2020 年 4 月 1 日至 2020 年 6 月 5 日的利息为 118.71 元，归还 5000 元后，尚欠本金为 12642.81 元；12642.81 元欠款从 2020 年 6 月 6 日至 2020 年 8 月 12 日的利息为 89.24 元，归还 5000 元后，尚欠本金为 7732.05 元；7732.05 元从 2020 年 8 月 13 日至 2020 年 9 月 30 日，利息为 38.86 元。故关于 21190 元货款，被告尚欠原告本金 7732.05 元及利息 38.86 元（利息暂计至 2020 年 9 月 30 日），此后利息以 7732.05 元为基数，从 2020 年 10 月 1 日起按全国银行间同业拆借中心公布的一年期贷款市场报价利率（LPR）计算，计算至欠款清偿之日止。

对于 76350 元的本金和利息，计划书中已约定以 76350 元为基数，从 2020 年 1 月 1 日起按月利率 2%支付利息。现原告主张以 76350 元为基数按一年期贷款市场贷款报价利率（LPR）的四倍即 15.4%支付从 2020 年 1 月 1 日至 2020 年 9 月 30 日的利息即 8818.83 元及此后利息以此标准计算至被告付完欠款之日止的利息，没有违反法律和双方约定。原告主张的 8818.83 元利息与法院计算不符，法院依法调整为 8785.76 元，过高部分法院不予支持。故 76350 元货款被告尚欠原告本金 76350 元及利息 8785.76 元（利息暂计至 2020 年 9 月 30 日），此后利息以 76350 元为基数，从 2020 年 10 月 1 日起按全国银行间同业拆借中心公布的一年期贷款市场报价利率（LPR）四倍计算至清偿之日止。

对于原告要求被告支付已实际支出的原告委托律师费 5300 元的主张，符合双方约定，没有违反相关法律，法院予以支持。

被告主张 21190 元实际为原告向被告购买大理石所欠货款，且被告已通过微信转款 42625 元给原告用于还款，以上两笔款项应从欠原告 76350 元货款中扣减后，剩余款项才是被告尚欠原告的货款。被告同时主张还款计划书系其与原告饮酒后，趁其喝多后，原告让其在计划书上签名的，不认可计划书中货款数额的真实性。法院认为，根据“谁主张，谁举证”原则，原告提供被告签名的清单、欠条、还款计划书等证据原件足以证明双方买卖合同关系成立及被告欠货款事实，被告未能提供相应证据推翻原告的主张并证实自己的主张，应承担举证不能的不利后果。虽然被告提供转款记录证实转款了42625元给原告，原告也向被告转款了1.82万元，但双方转款往来交易均无备注说明或其他佐证材料证明转款性质，被告向原告的多笔转款中如"1020元""475元"等存在十位数、个位数零头，与日常生活中归还欠款交易习惯不符，故法院认为，除原告认可被告用于还款的1.4万元外，其余被告向原告的转款均无法证明为归还原告货款的事实。法院对被告的上述主张均不予支持。

综上，广西壮族自治区鹿寨县人民法院依照《中华人民共和国合同法》第六十条、第六十一条、第一百零九条、第一百三十条、第一百六十一条，《最高人民法院关于适用〈中华人民共和国合同法〉若干问题的解释（二）》第二十一条，《最高人民法院关于审理买卖合同纠纷案件适用法律问题的解释》第二十四条，《中华人民共和国民事诉讼法》第六十四条第一款，《最高人民法院关于适用〈中华人民共和国民事诉讼法〉的解释》第九十条之规定，作出如下判决：

一、被告郭某超于本判决生效之日起十日内向原告刘某强支付货款7732.05元及利息38.86元，合计为7770.91元（利息暂计至2020年9月30日），此后利息从2020年10月1日起以7732.05元为基数，按全国银行间同业拆借中心公布的一年期贷款市场报价利率（LPR）计算至欠款清偿之日止；

二、被告郭某超于本判决生效之日起十日内向原告刘某强支付货款76350元及利息8785.76元，合计为85135.76元（利息暂计至2020年9月30日），此后利息从2020年10月1日起以76350元为基数，按全国银行间同业拆借中心公布的一年期贷款市场报价利率（LPR）四倍计算至欠款清偿之日止；

三、被告郭某超于本判决生效之日起十日内向原告刘某强支付委托律师费用5300元；

四、驳回原告刘某强的其他诉讼请求。

一审宣判后，双方当事人未上诉，现判决已发生法律效力。

【法官后语】

本案系商家通过微信交易方式完成货款支付的典型买卖合同案例。当今微信证据也逐步成为当事人向法院提交证明其主张的主要证据。尤其在小额的民间借贷、买卖合同中，当事人往往基于熟人关系，一般没有签订书面合同的习惯，而是通过口头、电话、微信等方式约定合约内容，并通过微信转款直接进行交易。非书面方式的协商约定，当然可以依法成为确定合同关系的重要补充，但其随意性、不规范性、相对易伪造篡改等特性，也给法官查明事实，依法裁判带来极大了新的挑战。从本案情况看，原、被告原为相邻的商家，双方不仅有商业上往来，也存在私人的民间借贷。双方在交易中也没有签订正式买卖合同，原告仅在空白纸上记录被告要货的欠款情况并由被告签字确认，后一并结算，由被告重新签署欠条和还款计划书。而被告支付货款和偿还借款均是通过微信转账，并没有注明转账的事项。在法院调查中，除原告认可被告转账偿部分欠款事实外，其余欠款转账无法查明转款性质，也难以核实被告欠款和还款金额。解决这一审理难点，主要在于明确举证责任分配及处理好证据能力和证明力的关系。

举证责任是指民事诉讼当事人对其提出主张须确认的事实，依法负有提出证据的义务。依照现代民事诉讼制度，举证责任根据证明对象由双方当事人分担，适用“谁主张，谁举证”原则。根据《中华人民共和国民事诉讼法》第六十四条第一款“当事人对自己提出的主张，有责任提供证据”之规定，本案中，原告提供被告签名的清单、欠条、还款计划书等证据原件足以证明双方买卖合同关系成立及被告欠货款事实，而被告虽然也提供转款记录、微信截图作为证明其还款的证据，该证据当然能作为证明案件事实的资格，即具有证据能力。但被告提供的证据仅是单一证据，没有注明转款用途，也没有其他佐证，办案法官按照诉讼法的规定对案件的全部证据与案件事实的关联程度、各证据之间的联系等方面进行综合审查判定，判定该证据对事实在多大程度上起到证明作用、证明力的大小以及证明力问题。由此，被告提供的证据仅能证明其转款对象、时间、金额，但经综合判断，转款没有注明用途、转款也不符合日常生活中归还欠款交易习惯，故不能证明被告用来证明其还款给原告的主张。

本案遵照了《中华人民共和国民事诉讼法》关于当事人举证责任、证据能力、证明力的规定，对当事人举证责任进行分配，较好地处理了微信作为证据进行事实认定的难题，依法作出裁判，双方当事人均没有提出上诉。这样处理既合法理，同时在现实经济生活中也有积极的意义。它提醒在民事经济交往中要注意完善有关手续，妥善保存有关证据，以杜绝不必要的纷争。这对于微信平台等的健康交易发展无疑也是有益的。

编写人：广西壮族自治区鹿寨县人民法院　马本现

42

被告的自认行为能否当然免除另一被告的责任

——木业公司诉物流公司、黎某买卖合同案

【案件基本信息】

1. 裁判书字号

广西壮族自治区钦州市中级人民法院（2021）桂07民终90号民事判决书

2. 案由：买卖合同纠纷

3. 当事人

原告（被上诉人）：木业公司

被告（上诉人）：物流公司

被告：黎某

【基本案情】

原告经营木材及木制品的销售，被告黎某以物流公司的名义，通过微信与原告的法定代表人洽谈购买原木。随后，原告于2017年6月，根据被告黎某指定的车辆交付了相关原木，并确定收货公司为物流公司。因被告未按时向原告支付货款，原告通过微信多次催收，被告于 2018 年 7 月 16 日出具一份《还款承诺书》给原告，并由被告物流公司签章确认。《还款承诺书》约定，如果在 8 月 31 日前未能付款，在 2018 年 10 月 31 日前需连本带息支付人民币 20 万元。2019 年 1 月 16 日，原告再次通过微信向黎某催收货款，黎某表示以新公司名义付款，原告对此不予回应。原告于 2020 年 9 月 1 日向法院起诉被告物流公司，法院依职权追加黎某参加诉讼。

【案件焦点】

1. 黎某的自认能否免除物流公司的责任；2. 黎某的行为是属于债务的加入还是担保。

【法院裁判要旨】

广西壮族自治区钦州市钦南区人民法院经审理认为：黎某以物流公司的名义与原告洽谈购买原木，原告提供了被告黎某的聊天记录予以佐证，且在原告催收货款时，被告黎某明确表示将以物流公司支付款项且到庭当庭自认系买卖合同的实际相对方，故法院对其为合同的买受人予以确认，其应该对欠付的货款承担清偿责任。被告物流公司辩称其对该买卖合同不知情，但其作为市场主体，对其公司印章未尽到合理管理义务，且收货地址为被告物流公司及在货款结算后出具的《还款承诺书》盖章的行为，足以令原告认定合同相对人系被告物流公司，被告物流公司有明显过错，对债务清偿承担连带责任。

广西壮族自治区钦州市钦南区人民法院依照《中华人民共和国合同法》第六条、第一百三十条，《最高人民法院关于审理买卖合同纠纷案件适用法律问题的解释》第二十四条之规定，作出如下判决：

一、被告黎某支付货款本息共计 20 万元给原告木业公司；

二、被告物流公司对上述债务承担连带清偿责任。

物流公司不服，提起上诉。

广西壮族自治区钦州市中级人民法院经审理认为：《最高人民法院关于适

用〈中华人民共和国民事诉讼法〉的解释》第五十四条的规定："以挂靠形式从事民事活动，当事人请求由挂靠人和被挂靠人依法承担民事责任的，该挂靠人和被挂靠人为共同诉讼人。"第六十五条规定："借用业务介绍信、合同专用章、盖章的空白合同书或者银行账户的，出借单位和借用人为共同诉讼人。"本案中，原审被告黎某以上诉人物流公司的名义，与被上诉人木业公司洽谈购买原木，被上诉人根据原审被告黎某的指示交付约定的原木，并确定上诉人为收货人。后因货款未按时支付，上诉人向被上诉人出具一份《还款承诺书》，约定如未能付款，承诺连本带息支付涉案欠款，该还款承诺书由上诉人签章确认。原审被告黎某在本案中虽承认买卖木材是其个人行为，并同意支付承诺的款项，但原审被告黎某以上诉人的名义洽谈业务，并以上诉人的名义向被上诉人出具《还款承诺书》，该承诺书具有担保性质。因此，本案应认定为原审被告黎某以挂靠上诉人的形式从事民事活动，原审判决由挂靠人和被挂靠人依法承担民事责任，有事实和法律依据。上诉人上诉认为本案买卖是原审被告黎某的个人行为，欠款应由原审被告黎某个人承担，理由不成立，法院不予支持。一审判决认定事实清楚，适用法律正确，程序合法，应予维持。

广西壮族自治区钦州市中级人民法院依照《中华人民共和国民事诉讼法》第一百七十条第一款第一项之规定，作出如下判决：

驳回上诉，维持原判。

【法官后语】

该案件中，公司之间合作买卖最终需要通过自然人来沟通协商，被告黎某通过微信与原告的法定代表人洽谈买卖木材，由公司作为原告而不是法定代表人作为原告起诉，并无不当。但无论是从挂靠关系还是表见代理的角度看，原告均有理由相信其是与物流公司订立合同关系。在诉讼中，原告通过保全手段，对物流公司的账户内存款进行了查封。在此，涉及两个问题：一是被告自认能否自然免除另一被告的责任；二是债的加入，能否免除原债务人的责任。

第一，在诉讼过程中，一方当事人陈述的于己不利的事实，或者对己不利的事实明确表示承认的，另一方当事人无须举证证明。但在自认的例外情况上，并非当事人作出的所有的对己不利的事实的承认，人民法院都予以确认。应特别注意《最高人民法院关于适用〈中华人民共和国民事诉讼法〉的解释》第九十二条第三款的规定，即“自认的事实与查明的事实不符的，人民法院不予确认”。审判实践中，当事人牺牲较小的利益承认于己不利的行为，以换取更大利益的行为并不鲜见。“自认的事实与查明的事实不符”，是指当事人于诉讼上自认的事实，与法官依据法律、司法解释的规定以及在案证据，已经形成内心确信的事实不相符，且当事人的自认亦不能动摇法官心证的情形。本案中，原告查封了被告的账户存款，但对于被告黎某的履行能力不清楚，两被告原本就是合作的关系，不排除黎某的自认目的是免除物流公司的责任，对黎某自认应持审慎的态度。

第二，债务加入是指第三人加入债的关系中，与原债务人一起向债权人承担责任的现象，增加债务人履行义务的能力，是作为一种有效的增信措施，但债务加入并不导致原债务人退出债务关系，这是债务加入与债务转移的最大差别。债务的转让，应当取得债权人的同意，随后原债务人退出债务，不再承担清偿责任。本案中，一审法院认定黎某的行为是借用物流公司的名义，是实际的货主，但物流公司作为印章所有人应承担支付货款的连带责任，至于其与黎某之间的关系，可另案处理。此举得到法院的认可，认为双方之间实际的关系参照挂靠关系，由挂靠人和被挂靠人依法承担民事责任。此时，原告查封了物流公司的存款，对其履约能力有所了解。此时黎某自认其是合同的实际签订人、货物的实际购买人，只是借用物流公司的印章走报关、开票等手续，愿意独自承担货款责任，其实际是债的加入，原告对其自愿作为债务人加入表示“欢迎”，增加了履约能力，故变更诉讼请求，要求黎某承担责任。

编写人：广西壮族自治区钦州市钦南区人民法院　欧阳效锦

43

买卖合同的举证责任分配

——钢材经销部诉农某丰买卖合同案

【案件基本信息】

1. 裁判书字号

广西壮族自治区钦州市钦北区人民法院民事判决书（2020）桂 0703 民初 2074 号民事判决书

2. 案由：买卖合同纠纷

3. 当事人

原告：钢材经销部

被告：农某丰

【基本案情】

被告农某丰在钦州市 0601 人防地下指挥所坑道工程带工作队从事“泥水工”，称该工程中标单位名称不详，并称工程需要的建材是谁有空谁都可以去采购，领导会认可。2019 年 10 月 29 日，被告与韦杰等三人去采购钢材，经过多家对比后决定向原告采购，并告知原告钢材是由上述人防工程使用。从 2019 年 11 月 2 日至 2019 年 12 月 27 日，原告先后运送 13 批钢材至该人防工程使用，每批钢材的销售欠款单都有工程施工人员签名确认。欠款单载有付款期限为一天或三天，以及逾期付款违约金按货款总额 5‰每天、3‰每天和 2‰每天三种计算标准等内容。该 13 批钢材合计货款金额 89952 元。2020 年 5 月 7 日，在原告的营业地处，被告应原告的要求在一份结算还款合同书（以下简称为还款合同）上签名，并在上述 13 批钢材销售欠款单补签名。被告称其是被强迫签字。

还款合同载明：自2019年10月29日至2019年12月27日，农某丰向原告公司购买钢材共计20.3吨（详细规格数量见发货清单）。全部由钢材经销部分13批次运送至钦州市0601人防地下指挥所坑道工程（二期）项目工地使用。现经双方结算确认，钢材货款总金额为人民币89952元，截至2020年5月6日尚欠钢材款89952元，逾期付款违约金13493元，合计欠款103445元。经供、购双方协商同意，此欠款限于2020年5月30日之前一次性还清给供货方，逾期付款自愿按钢材欠款总额每月3%的违约金付给供货方，并承担由此引起的法律责任。

【案件焦点】

被告应否承担付款责任。

【法院裁判要旨】

广西壮族自治区钦州市钦北区人民法院经审理认为：原告运送13批钢材供钦州市0601人防地下指挥所坑道工程（二期）项目使用，合计货款89952元，被告对此承认，应予认定。本案争议焦点是被告应否承担付款责任。合同是平等主体的自然人、法人、其他组织之间设立、变更、终止民事权利义务关系的协议。在本案中，原、被告之间虽无书面合同，但因是被告向原告采购钢材，且被告在还款合同上作为欠款人签名确认，据此，应认定原被告之间成立了买卖合同关系。该合同合法有效，受法律保护。被告称其是被迫签字，查无实据，法院不予采信。被告作为买受人应当履行支付货款义务，其未按还款合同载明的期限付款，构成违约，应承担违约责任。原告请求被告支付货款89952元于法有据，法院予以支持。被告辩称钢材是人防工程使用，其非欠款人，不承担付款责任。对此，法院认为，合同于当事人的意思表示一致时即告成立，案涉钢材用于何处并不影响买卖合同的成立，被告作为合同相对人就应当承担支付货款的义务，对被告此一辩驳意见，法院不予采纳。如果被告确系受他人委托向原告购买钢材，在委托人不能支付货款的情况下，根据《中华人民共和国合同法》第四百零三条第二款“受托人因委托人的原因对第三人不履行义务，受托人应当向第三人披露委托人，第三人因此可以选择受托人或者委托人作为相对人主张其权利，但第三人不得变更选定的相对人”之规定，被告应当向原告披露委托人，由原告选择向受托人或者委托人主张权利，但直至本案辩论结束，被告仍未能向原告披露委托人以供选择，故原告以被告为相对人主张货款权利，符合法律规定。综上，无论被告作为买受人，还是受托人，原告均有权向其主张货款权利，被告主张其不是欠款人不承担付款责任的理由不能成立，法院不予采纳。关于违约金，被告对原告主张的违约金有异议，认为双方没有约定违约金或违约金过高，主张不予承担。本案无证据证明双方口头买卖合同约定有付款期限及违约金，销售欠款单所载付款期限有一天或三天，违约金标准亦有多种，说明双方在结算之前并没有约定付款期限及违约金，欠款单所载付款期限及违约金应为原告单方所为，因此，还款合同所载逾期付款违约金 13493 元并无合同依据，被告对此也不予认可，对原告主张的 13493 元违约金请求，法院不予支持。还款合同约定货款于 2020 年 5 月 30 日之前还清，被告未依此履行构成违约，应承担违约责任。被告主张每月 3%违约金过高，鉴于原告因逾期付款所致损失体现在于利息损失，法院酌定违约金按全国银行间同业拆借中心公布的贷款市场报价利率的四倍计算。对于保险费，双方的合同对因购买诉讼财产保全责任保险而支出的保险费未作约定，故对保险费请求不予支持。

广西壮族自治区钦州市钦北区人民法院依照《中华人民共和国合同法》第一百零七条、第一百零九条、第一百一十四条之规定，作出如下判决：

一、被告农某丰于本判决生效后十日内向原告钢材经销部支付货款 89952 元；

二、被告农某丰于本判决生效后十日内向原告钢材经销部支付逾期付款违约金，违约金以 89952 元为基数自 2020 年 5 月 31 日至还清欠款之日止，按全国银行间同业拆借中心公布的贷款市场报价利率的四倍计算；

三、驳回原告钢材经销部的其他诉讼请求。

一审宣判后，双方当事人未上诉，现判决已发生法律效力。

【法官后语】

本案中，被告农某丰辩称钢材是由人防工程使用，其非欠款人，不承担付款责任。但直至本案辩论结束，被告仍未能向原告披露委托人以供选择。被告称其是被迫在买卖合同上签字，但并没有提供证据证实。

本案争议焦点为原、被告之间是否具有合法的买卖合同关系？原告要求被告支付货款 89952 元及违约金的理由是否成立。

首先，关于买卖合同。买卖合同是指以买卖形式成立的民事合同，是当事人各方在平等协商情况下，就某一项买卖所达成的协议，一般是在独立经济实体的单位之间、公民之间以及它们互相之间产生。

其次，关于举证的要求。本案中，原告运送 13 批钢材供人防地下指挥所坑道工程（二期）项目使用，合计货款 89952 元，被告对此承认，原、被告之间虽无书面合同，但因是被告向原告采购钢材，且被告在还款合同上作为欠款人签名确认，据此，应认定原、被告之间成立了买卖合同关系。该合同合法有效，受法律保护。被告称其是被迫签字，但并没有提供证据证明，被告辩称钢材是人防工程使用，其非欠款人，不承担付款责任，但直至本案辩论结束，被告仍未能向原告披露委托人以供选择，故原告以被告为相对人主张货款权利，符合法律规定。可见被告的败诉在于证据上，因此，被告应承担举证不能的后果。

现实生活中，大量的建筑工程随处可见，由于施工进度的需要，随时要采购材料，往往为了方便，就由当场的实际施工人直接去采购材料，而在采购材料的时候，供货单位也要求谁拿货谁签字，如果等工程承包方来签字，往往会造成时间浪费，影响施工的进度，故很多施工人都是直接签上名，当产生纠纷的时候，一方往往会依据双方存在购销单据合同来主张自己的权利，故签字人就成了被告，承担了还款的风险。通过本案的审理，可以警示实际施工人在采购材料时，需要得到总包方的授权，或者到总包方的定点采购点去采购，这样才能避免成为“合同的被告方”。

编写人：广西壮族自治区钦州市钦北区人民法院　叶一智

44

一定条件下交易方式、交易习惯可以作为判定事实的依据

——谭某德诉梁某龙买卖合同案

【案件基本信息】

1. 裁判书字号

广西壮族自治区贵港市中级人民法院（2020）桂08民终1920号民事判决书

2. 案由：买卖合同纠纷

3. 当事人

原告（上诉人）：谭某德

被告（被上诉人）：梁某龙

【基本案情】

原告谭某德持有一张欠条，欠条上以算术算式用墨水书写载明猪肉（实际为生猪）192斤、185斤、160斤，算出合计537斤，以每斤7.5元计算，算出4027.5元，在算式下的左前方写有“梁某龙欠猪钱”，其中“国”字是用繁体字书写，原告陈述上述欠条上所记载的内容均由被告梁某龙书写，原告于当日在欠条下面用圆珠笔加写“猪主谭某德，2007年4月19日”，其中“家”字是用第二批简化字书写。原告在庭审中陈述，卖给被告的三头猪是其与妻子养了两年，妻子、儿子及儿媳均知道这三头猪卖给被告没有得到钱，因被告买猪时说过其会送钱来，原告一直在等被告送钱来，其间没有向被告追讨过。被告否认其曾向原告买过猪，欠条上用墨水书写部分不是其所写，按照从事杀猪行业交易习惯，买猪是以现金交易，即使有欠账，也是在杀猪第二天付清。2019年

5 月 1 日原告持欠条向被告追讨卖猪款未果，遂诉至法院，并提出上述诉讼请求。

【案件焦点】

1. 原告与被告之间是否存在买卖合同关系；2. 原告要求被告支付货款是否超过了诉讼时效。

【法院裁判要旨】

广西壮族自治区贵港市港南区人民法院经审理认为：原告主张其曾于 2007 年 4 月 19 日将生猪出卖给被告，并提供欠条予以证实，被告认为其未与原告发生过买卖关系，欠条上的部分内容也不是其所写，并提出原告的请求已超过两年的诉讼时效予以抗辩。本案假设原、被告之间存在买卖关系，原告的请求是否超过诉讼时效，法院论证如下：第一，关于本案诉讼时效期间何时开始计算的问题，因欠条上未约定支付货款的时间，根据《中华人民共和国合同法》第一百六十一条“买受人应当按照约定的时间支付价款。对支付时间没有约定或者约定不明确，依照本法第六十一条的规定仍不能确定的，买受人应当在收到标的物或者提取标的物单证的同时支付”的规定，按照原、被告所在地生猪交易习惯，被告应在交易的次日即 2007 年 4 月 20 日向原告付清货款，故本案的诉讼时效期间从被告应付清货款之次日即 2007 年 4 月 21 日开始计算，至 2009 年 4 月 20 日届满。第二，本案诉讼时效期间是否有中止、中断的情形，原告未提出有诉讼时效中止的法定事由，且在庭审中陈述其一直在等被告送钱来，直到 2019 年 5 月 1 日才向被告追偿，因此亦不存在诉讼时效中断的情形。第三，本案的诉讼时效在《中华人民共和国民法总则》施行前，《中华人民共和国民法通则》规定的二年的诉讼时效期间已届满，故应适应后者关于诉讼时效的规定。本案对原告需要说明的问题是，原告家人辛苦将养了两年的三头生猪出卖，当时对其家庭来说是一项重大收入，其家人亦知道卖猪没有得钱，原告却一直在等被告送钱来，直到 2019 年 5 月 1 日原告才向被告要钱，原告的前述行为有悖于生活常理，原告应从诚实信用原则考量其与被告之间存在买卖关系或者存在买卖关系被告是否已付清了货款。综上，即使原、被告之间存在买卖关系，原告应当在诉讼时效期间届满前向被告主张权利才受法律保护，被告提出原告起诉时已超过诉讼时效的抗辩理由成立，故对原告的诉讼请求依法应予驳回。

综上所述，广西壮族自治区贵港市中级人民法院依照《中华人民共和国合同法》第一百六十一条、《中华人民共和国民法通则》第一百三十五条和《最高人民法院关于适用〈中华人民共和国民事诉讼法〉的解释》第二百一十九条的规定，作出如下判决：

驳回原告谭某德的诉讼请求。

谭某德不服原审判决，提起上诉。

广西壮族自治区贵港市中级人民法院经审理认为：本案争议的焦点问题是上诉人与被上诉人之间是否存在涉案买卖合同关系。上诉人主张其忠原老实，等待被上诉人还钱，但被上诉人食言，导致上诉人直至2019年5月1日才向被上诉人主张权利，所以上诉人起诉没有超过诉讼时效。谭某德为证实双方存在买卖合同关系，提供《欠条》予以证实，梁某龙辩称双方并不相识、《欠条》上的“國”是繁体字，其根本不懂得如何书写，《欠条》不是其所写，应进行笔迹鉴定，其已经作出合理的说明，故谭某德仍需就存在买卖合同关系的有关事实，如货物特征、单价约定、货物交付等事实进一步举证说明。谭某德称涉案生猪养了两年，但每头毛重只有一百多斤，与一般生猪养殖两年后均有四五百斤的普遍情况相差太远；谭某德称涉案生猪于2007年4月19日在木格新食品屠宰场宰杀，而屠宰场是在2008年10月之后才租地建设，之前使用的是旧屠宰场；《欠条》上载明猪肉单价为7.5元/斤，比监测的单价5元/斤高出近一半，不合常理。由此可见，谭某德对于买卖标的物的特征、交付地点、单价等买卖合同重要内容的陈述都是虚假的，本案的买卖合同关系并不存在。为此一审法院结合案件实际情况，没有认定上诉人与被上诉人之间存在涉案买卖合同关系是正确的。

综上所述，谭某德的上诉请求不能成立，应予以驳回；一审判决认定事实清楚，适用法律正确，应予以维持。广西壮族自治区贵港市中级人民法院依照《中华人民共和国民事诉讼法》第一百七十条第一款第一项之规定，作出如下判决：

驳回上诉，维持原判。

【法官后语】

买卖合同是《中华人民共和国民法典》合同编中明确规定的合同类型，买卖合同的成立一般应符合：（1）买卖双方的真实意思表示；（2）出卖人及买受人实际履行了各自的义务；（3）买卖行为未违反法律法规及行政强制性规定。买卖合同案件中，主张买卖合同关系的成立，举证责任往往由原告承担，即举证证明双方买卖的合意、付款等事实的存在。基于本案，谭某德主张其与梁某龙之间存在买卖猪肉的事实，但除其提交的《欠条》外，在梁某龙抗辩不存在买卖猪肉事实的情况下，谭某德未能就存在买卖合同关系的有关事实，如货物特征、单价约定、货物交付等事实进一步举证说明，因此，谭某德主张买卖猪肉的事实不符合谭某德、梁某龙所在地生猪交易习惯，也有悖于常理，不能排除谭某德主张的猪肉欠款是虚假的可能性。在对买卖猪肉的事实产生不可排除的合理怀疑时，欠条仅仅具有推定性的证据效力。显然，在本案中，谭某德没有举出合理充分的证据予以证明其与梁某龙存在买卖猪肉事实的存在。根据《最高人民法院关于审理买卖合同纠纷案件适用法律问题的解释》第一条第一款“当事人之间没有书面合同，一方以送货单、收货单、结算单、发票等主张存在买卖合同关系的，人民法院应当结合当事人之间的交易方式、交易习惯以及其他相关证据，对买卖合同是否成立作出认定”之规定，在买卖合同案件审理过程中，如原告仅以送货单、收货单、结算单、发票等来主张买卖关系的存在，人民法院应当结合当事人之间的交易方式、交易习惯以及其他相关证据认定双方买卖合同是否成立。审判实务中引入交易习惯的主要功能是规定附随义务或解释合同，实际上交易习惯在司法实践中的运用并不仅限于此，在一定情况下也可以作为判定事实的依据。一般来说，交易习惯需具备三个构成要件，一是时间上的持续性与稳定性；二是交易习惯必须合法及交易习惯的内容不得违反法律和行政法规的强制性规定；三是交易双方在订立合同时已知或者应当知道该交易习惯的存在。而现实中，很多出卖人缺乏法律意识，碍于情面，在买卖商品时，按当地本行业内约定俗成的交易规则，未采取书面合同形式，导致日后产生纠纷时自身必须举证证明合同的存在以及合同关系内容，否则将会处于被动的局面，甚至败诉。本案中，谭某德仅就《欠条》要求梁某龙支付猪肉款4027.5元，在梁某龙抗辩不存在买卖猪肉事实的情况下，谭某德未能提供其他证据予以证实双方存在4027.5元的买卖关系。按照谭某德、梁某龙所在地生猪交易习惯，梁某龙应在交易的次日向谭某德付清货款，因此，谭某德主张的欠款缺乏独一性，其诉讼请求难以获得支持。因此，对于买卖合同案件，买卖合同双方对发生的现货交易当时未能结清，也无书面合同，致使权利义务发生歧义，此时应考虑相关地域、相关行业普遍采用的做法和规则，依当事人习惯或惯例确定。

编写人：广西壮族自治区贵港市港南区人民法院　王禄曼

45

仅凭短信、入库单，能否认定双方存在买卖合同关系

——刘甲诉装配公司、城建公司买卖合同案

【案件基本信息】

1. 裁判书字号

新疆维吾尔自治区乌鲁木齐市中级人民法院（2020）新01民终1049号民事判决书

2. 案由：买卖合同纠纷

3. 当事人

原告（被上诉人）：刘甲

被告（上诉人）：城建公司

被告：装配公司

【基本案情】

2013年11月4日，刘甲和城建公司材料科科长刘乙通过短信联系，就供货波纹管型号及价格进行协商。刘甲在庭审中提供2013年11月11日和2013年11月13日城建公司材料入库单。上述入库单合计金额为636952元。上述入库单中，制单处有刘乙的名字，审核处有刘乙的印章。刘乙系被告城建公司的工作人员。

2013年12月27日，管业公司向城建公司出具636952元的增值税普通发票。该发票上注明："货物名称HDPE波纹管，规格型号DN800，单位米，数量612；货物名称HDPE双壁波纹管，单位米，数量26.5。"管业公司于2017年8月18日更名为装配公司，该公司系城建公司的子公司。

刘甲于2018年4月25日通过电话联系城建公司工作人员苏某华，其谈话的内容主要是原告向装配公司索要货款时被告知应向供货单位索要。苏某华告知原告其先向装配公司供货，再由装配公司供给城建公司，应向装配公司索要货款。刘甲于2018年8月12日通过电话联系城建公司工作人员田某，刘甲告知田某本案中货物由其提供，但货款被装配公司领取。田某告知原告会向装配公司落实此事，并从中协调让装配公司向原告支付货款。刘甲于2018年10月15日通过电话再次联系苏某华。苏某华告知刘甲因装配公司称是供货单位，城建公司已经向其支付货款，且对同一货物不能支付两次货款。刘甲认为通过管业公司负责人的介绍，为城建公司下属单位工程公司提供管材，故要求被告支付货款636952元、自2013年11月30日至2018年11月30日利息162422元（636952元×年利率4.25%×6年）。

【案件焦点】

1. 刘甲与装配公司、城建公司间是否存在买卖合同关系；2. 本案是否已过诉讼时效。

【法院裁判要旨】

新疆维吾尔自治区乌鲁木齐市米东区人民法院经审理认为：关于刘甲与装配公司、城建公司间是否存在买卖合同关系。首先，刘甲通过短信与城建集团的工作人员协商货物的规格、价格。城建集团认可本案的供货由原告办理。其次，城建公司材料入库单记载的规格型号、单价与刘甲和该公司协商的一致。再次，据城建公司材料入库单的内容，制单刘乙、审核刘乙系城建公司的工作人员。最后，城建集团辩称与装配公司存在买卖合同关系，但在庭审中仅向法院提供的增值税普通发票在本案中不足以证明装配公司向城建公司提供货物的事实，发票中记载波纹管的型号与入库单的不一致，并且装配公司系城建集团的子公司，故对此抗辩意见，法院不予支持。城建公司辩称认为刘甲系装配公司的销售人员，但未向法院提供证据加以证明，故对此抗辩意见，法院不予支持。综上，刘甲与城建公司存在买卖合同关系，与装配公司不存在买卖合同关系。故刘甲要求城建公司支付货款636952元的诉讼请求，应予以支持。关于利息损失，刘甲主张按照年利率4.25%计算，法院予以支持。根据城建公司材料入库单的时间，自2013年11月30日至2018年11月30日利息损失为135427.5元（636952元×年利率4.25%÷365天×1826天）。

关于本案是否已过诉讼时效。本案中装配公司、城建公司未向法院提供证据证明对何时履行货款有过约定。城建公司的工作人员在2018年期间和刘甲的电话录音中明确表示刘甲应向装配公司索要货款，视为不同意履行义务。且根据城建公司入库单的时间至2018年4月25日也未超过最长诉讼时效20年。装配公司、城建公司辩称本案已经超过诉讼时效期间的意见，法院不予支持。

新疆维吾尔自治区乌鲁木齐市米东区人民法院依照《中华人民共和国民法总则》第一百八十八条、第一百九十五条第一项，《中华人民共和国合同法》第一百一十二条、第一百六十一条，《最高人民法院关于审理民事案件适用诉讼时效制度若干问题的规定》第六条之规定，作出如下判决：

一、被告城建公司向原告刘甲支付货款636952元；

二、被告城建公司向原告刘甲支付利息损失135427.5元（636952元×年利率 4.25%÷365 天×1826 天)；

三、驳回原告刘甲要求被告装配公司承担责任的诉讼请求。

城建公司不服一审判决，提起上诉。

新疆维吾尔自治区乌鲁木齐市中级人民法院经审理认为：一审认定事实清楚，适用法律正确，依照《中华人民共和国民事诉讼法》第一百七十条第一款第一项之规定，作出如下判决：

驳回上诉，维持原判。

【法官后语】

在交易实践中，存在大量因双方当事人出于信任或法律意识淡薄等原因，在确立买卖合同时仅有口头约定、未订立书面买卖合同的情况，通常情况下，买卖合同的成立、有效并不需要具备一定的形式，不像其他合同，并不需要法律上所说的书面合同。相对于其他的要式合同，买卖合同双方一般不存在纸质的书面合同，买卖合同的成立和生效在举证证明就存在一定的困难。仅以短信、入库单起诉的，该如何认定买卖合同的主体是案件审查的关键问题。

买卖合同作为合同的一种，买卖合同成立即合同缔约双方具有完全民事权利能力与行为能力、缔结合同达成合意且意思表示真实，且不存在合同无效之情形。

本案审查的关键问题是原告认为存在买卖合同关系需要证明两个问题：(1) 刘甲与装配公司、城建公司之间的买卖合同成立的法律要件已经具备；(2) 刘甲已经履行了合同义务且被告已经接受履行。

刘甲提供其与城建公司材料科科长刘乙的短信聊天记录，刘甲提供该年度材料供货价，该供货价与入库单上所载价格一致，入库单由城建公司出具。城建公司辩称刘甲系代表装配公司履行职务行为但未提供证据证明。城建公司辩称装配公司向城建公司供货，双方形成买卖合同关系，但其未提供双方订立的书面买卖合同，且提供的发票中记载波纹管的型号与入库单的不一致。综合判断，刘甲与城建公司就买卖合同达成合意，具有高度盖然性。从城建公司出具的入库单来看，原告已经履行完毕交货义务。故原告与城建公司之间的买卖合同成立且有效，城建公司应当履行向原告交付货款的义务。

就本案举证责任分配及证据证明力来看，虽然刘甲未提供双方签订的书面买卖合同，但刘甲提供了与城建公司员工的短信沟通记录、入库单证据，两者能够相互对应，从高度盖然性分析，本案可以认定双方形成了买卖合同关系，此时，城建公司辩称刘甲与其未形成买卖合同关系的，举证责任转移至城建公司，城建公司应当承担举证责任。本案城建公司提供的发票中记载波纹管的型号与入库单的不一致，故对城建公司辩称案涉货物由装配公司供货，与刘甲未形成买卖合同关系的辩解不予采信。

编写人：新疆维吾尔自治区乌鲁木齐市米东区人民法院　刘亚军

46

买卖合同中质量纠纷案件举证责任分配

——科技公司诉新能源公司、林某买卖合同案

【案件基本信息】

1. 裁判书字号

浙江省绍兴市中级人民法院（2020）浙06民终4161号民事判决书

2. 案由：买卖合同纠纷

3. 当事人

原告（反诉被告、被上诉人）：科技公司

被告（反诉原告、上诉人）：新能源公司

被告：林某

【基本案情】

原告与被告新能源公司于2018年3月22日签订《光伏组件销售合同》一

份（合同编号：SC-2018-03-22），合同约定由原告向被告新能源公司提供265W/275W多晶A级组件，数量分别为10MW和40MW，单价分别暂定为2.45元/W和2.6元/W，总价分别暂定为2450万元和1.04亿元；价格及付款方式为：每批次组件货款总额的30%在对应的补充协议签订后3个工作日由买方以6个月银行电子承兑或电汇形式支付给卖方，提货前买方需支付补充协议货款总额的20%，货款总额的50%尾款于每批次组件提货后3个月内由买方以6个月银行电子承兑或电汇形式支付给卖方，买方不得以任何理由拒付或延迟支付给卖方应付的货款。上述合同（含依照主合同签订的补充协议）项下的所有货款和逾期付款的违约责任由买方法定代表人、实际控制人林某作为保证人承担连带责任保证；交货方式：卖方工厂提货；质量保证：卖方提供10年组件材料、工艺质保，10年内90%输出功率保证，25年内80%输出功率保证；品质及数量异议：对于数量及外观质量异议，买方须在现场提货时当场验收提出，若未提出的，则视为买方对该货物数量级外观质量无异议，卖方对之后提出的货物数量及外观质量异议不承担任何赔偿责任；违约责任：如果卖方延迟发货的，则卖方应每天支付迟延发货金额0.3%的违约赔偿金；如果买方延期支付货款，则每日向卖方支付未付货款金额的0.3%作为违约金，直至付清该款项为止。同日，原告与被告新能源公司签订《补充协议》一份（协议编号：SC-2018-03-22-SA1），双方明确第一批次组件数量和价格明确如下：265W多晶A级组件数量为4378片，单价为2.4元/W，275W多晶A级组件数量为7656片，单价为2.58元/W，总价为8216340元，其他条款按照《光伏组件销售合同》执行。《光伏组件销售合同》及其补充协议签订后，原告依约在2018年3月26日至3月28日提供给被告新能源公司265W多晶组件4378片，在2018年4月9日至4月28日提供给被告新能源公司275W多晶组件7662片。上述货物送货单均写明自提，送货车辆除了有2单系皖字牌照，其余7单均系赣字牌照。原告已开具给被告新能源公司总额8216340元增值税专用发票。被告新能源公司以电子承兑汇票的形式支付给原告货款共计6200374元。剩余货款人民币2015966元仍拖欠至今，经过原告多次催讨，被告仍未能支付上述货款，遂成讼。

【案件焦点】

1. 关于案涉产品质量问题的争议，包括案涉部分产品存在隐裂问题应否由科技公司承担责任，产品衰减率应否适用国家或行业标准，科技公司未交付质保单、技术参数、产品说明书等文件是否即应认定其所供产品存在质量问题，以及科技公司应否为此承担更换产品、赔偿损失等责任；2. 新能源公司基于上述提出的产品质量问题拒付货款及逾期付款违约金的抗辩意见能否成立。

【法院裁判要旨】

浙江省绍兴市越城区人民法院经审理认为：原告与被告新能源公司之间的买卖合同关系，双方主体适格，意思表示真实，内容不违反法律、行政法规的强制性规定，应认定为合法有效。原告已按约定供应了货物，被告新能源公司未按约定支付全部货款，原告由此要求被告新能源公司支付剩余货款，法院予以支持。关于原告主张被告按合同约定支付违约金，反诉原告认为合同仅对其约定逾期付款的违约责任，显失公平，要求撤销或变更合同中关于这方面的约定，免除违约金。法院认为，合同在违约责任条款中明确约定了反诉被告逾期交货和反诉原告逾期付款的违约金条款，且计算利率均一致，故反诉原告请求撤销或变更该违约金条款，免除违约金，显然缺乏依据。但考虑到被告新能源公司诉讼中亦抗辩违约金过高，《中华人民共和国合同法》第一百一十四条规定，当事人可以约定一方违约时应当根据违约情况向对方支付一定数额的违约金，也可以约定因违约产生的损失赔偿额的计算方法。约定的违约金低于造成的损失的，当事人可以请求人民法院或者仲裁机构予以增加；约定的违约金过分高于造成的损失的，当事人可以请求人民法院或者仲裁机构予以适当减少。当事人就迟延履行约定违约金的，违约方支付违约金后，还应当履行债务。《最高人民法院关于适用〈中华人民共和国合同法〉若干问题的解释（二）》第二十九条第二款规定，当事人约定的违约金超过造成损失的百分之三十的，一般可以认定为合同法第一百一十四条第二款规定的“过分高于造成的损失”。故可按照中国人民银行公布的同期同类贷款基准利率（2019 年 8 月 20 日起按同期全国银行间同业拆借中心公布的贷款市场报价利率）的 130%计付违约金。

对于原告要求被告新能源公司支付违约金的诉讼请求，法院依法调整后予以支持。对于反诉原告撤销或变更该违约金条款，免除违约金的诉讼请求，法院不予支持。《中华人民共和国担保法》第二十六条规定，连带责任保证的保证人与债权人未约定保证期间的，债权人有权自主债务履行期届满之日起6个月内要求保证人承担保证责任。在合同约定的保证期间和前款规定的保证期间，债权人未要求保证人承担保证责任的，保证人免除保证责任。本案原告最后一批供货在2018年4月28日，按照合同约定被告新能源公司应在2018年7月28日前付清全部货款。合同未约定被告林某的保证期间，根据上述法律规定，应为6个月，原告对本案提起诉讼是在2019年8月，显然超过了被告林某6个月的保证期间，故原告要求被告林某对被告新能源公司的货款及违约金承担连带清偿责任的诉讼请求，法院不予支持。反诉原告主张反诉被告提供的光伏组件存在质量问题。关于经检测存在的光伏组件隐裂问题，合同约定系反诉原告自提，送货单也印证了这一约定，反诉原告主张实际系反诉被告安排运货，非反诉原告自提。首先，该主张与合同约定及送货单记载的事实不符，其次，送货单记载的运输车辆基本系赣字牌照，有2单系皖字牌照，反诉被告系绍兴的企业，实际经营地亦在绍兴，如果确系其安排运货至反诉原告处，运输车辆牌照没有绍兴乃至浙江省内的，显然不符合常理，故交货方式应为反诉原告到反诉被告处提货。鉴定人员出庭时已陈述，一般光伏组件买卖，会进行到货、安装及验收检测，而反诉原告自认仅做了验收检测。反诉被告提供的光伏组件生产后的EL测试照片证明在其处能够进行EL检测，作为购买方反诉原告在提货时，完全可以要求反诉被告配合进行提货时的EL检测，显然反诉原告在有条件的情况下没有进行提货自检。鉴定人员出庭时已陈述，光伏组件在运输、安装时可能发生产品隐裂。而本案审理中，对光伏组件进行检测时，光伏组件已使用两年左右，反诉原告亦提供了生产光伏组件后自检的EL测试照片，照片显示组件无隐裂，故反诉原告现有的证据不能证明诉讼中司法鉴定发现的光伏组件存在隐裂系反诉被告交付的产品存在质量问题。对于光伏组件的衰减率，根据诉讼中的检测结果，光伏组件的功率符合合同约定的质量保证。反诉原告认为应按照国能新能〔2015〕194 号文件确定光伏组件的质量标准。法院认为，国能新能〔2015〕194 号文件系国家标准或行业标准。根据《中华人民共和国合同法》第六十一条的规定，当事人就合同对质量没有约定或约定不明确的，可以协议补充，不能达成补充协议的，按照合同有关条款或者交易习惯确定。《中华人民共和国合同法》第六十二条第一项规定，当事人根据该法第六十一条仍不能确定的，就质量要求不明确的，按照国家标准、行业标准履行。本案反诉原、被告对于质量保证有了明确约定。国能新能〔2015〕194 号文件系国家有关部委关于促进先进光伏技术产品应用和产业升级的意见，非光伏组件强制性的最低门槛要求。故反诉原告要求根据该文件标准作为双方交易产品的质量要求，缺乏合同依据，法院不予支持。至于反诉原告认为反诉被告应按照产品质量法、消费者权益保护法提供相应的说明书等材料，并按照两法承担相应的责任。首先，《中华人民共和国产品质量法》第一条规定，为了加强对产品质量的监督管理，提高产品质量水平，明确产品质量责任，保护消费者的合法权益，维护社会经济秩序，制定本法。《中华人民共和国消费者权益保护法》第二条规定，消费者为生活消费需要购买、使用商品或者接受服务，其权益受本法保护；本法未作规定的，受其他有关法律、法规保护。本案反诉原告向反诉被告购买光伏组件并不属于两法适用范围。其次，提供说明书等系合同的附属义务，卖方是否履行该附属义务并不阻却买方履行支付货款的主要义务，也不能以此认定买方交付的货物存在质量问题。综上，反诉原告主张反诉被告出售的光伏组件存在质量问题，要求反诉被告更换缺陷组件，赔偿损失或减少合同价款，缺乏依据，法院不予支持。同样，对于反诉原告在诉讼中提出要求对其损失进行司法鉴定，法院不予准许。

浙江省绍兴市越城区人民法院依照《中华人民共和国合同法》第六十条、第一百一十四条、第一百五十九条，《中华人民共和国担保法》第二十六条，《中华人民共和国民事诉讼法》第六十四条，《最高人民法院关于适用〈中华人民共和国合同法〉若干问题的解释（二）》第二十九条第二款，《最高人民法院关于适用〈中华人民共和国民事诉讼法〉的解释》第九十条之规定，作出如下判决：

一、被告新能源公司支付给原告科技公司货款 2015966 元，支付截至 2019 年 2 月 26 日的违约金 106112.15 元，并支付货款 2015966 元从 2019 年 2 月 27 日起至实际履行日止的违约金（至 2019 年 8 月 19 日止按中国人民银行公布的同期同类贷款基准利率的 130%计付，从 2019 年 8 月 20 日按同期全国银行间同业拆借中心公布的贷款市场报价利率的 130%计付），于本判决生效之日起一个月内付清；

二、驳回原告科技公司的其他诉讼请求；

三、驳回反诉原告新能源公司的诉讼请求。

新能源公司不服一审判决，提出上诉。

浙江省绍兴市中级人民法院经审理同意一审法院裁判意见，依照《中华人民共和国民事诉讼法》第一百七十条第一款第一项之规定，作出如下判决：

驳回上诉，维持原判。

【法官后语】

本案属买卖合同案件，原告起诉被告要求支付货款及违约金，被告反诉原告其交付的货物存在质量问题，要求更换产品、赔偿损失及免除违约金。根据相关司法统计数据显示，标的物的质量争议为形成买卖合同纠纷的主要原因。

买卖合同质量纠纷案件中，买受人承担质量瑕疵的举证责任。根据《中华人民共和国民事诉讼法》的规定，当事人应当对自己主张的事实举证，无论是主张自己请求的事实成立或者是反驳对方请求事实不成立，均需提供证据予以证明。因此，在我国法律没有对质量纠纷案件规定举证责任倒置的情况下，买受人理应承担证明其主张的出卖人所交付的产品存在质量瑕疵这一事实成立的举证责任。在出卖人先提起货物价款之诉的情况下，鉴于《中华人民共和国合同法》第一百三十条明确的买卖合同系"出卖人转移标的物的所有权于买受人，买受人支付价款的合同"这一根本属性，出卖人提出的诉讼请求所依据的事实即为其已经将标的物的所有权转移给了买受人，故其所应承担是已完成向买受人交付货物的举证责任。在出卖人完成举证后，买受人既然收取了出卖人交付的货物后主张出卖人提供货物存在质量瑕疵，显然需对货物质量瑕疵的成立予以举证。若买受人因标的物质量瑕疵导致其合同目的最终无法实现或承受了相应损失，在其反诉解除合同并拒付货款及诉请损失赔偿时，不仅要承担证明标的物存在质量瑕疵的举证责任，还要承担合同标的物质量瑕疵与其相应损失发生或合同目的最终无法实现等情况之间的因果关系的举证责任。

买卖合同中质量标准的采用。根据《中华人民共和国合同法》第六十一条的规定，当事人就合同对质量没有约定或约定不明确的，可以协议补充，不能达成补充协议的，按照合同有关条款或者交易习惯确定。根据《中华人民共和国合同法》第六十二条第一项的规定，当事人根据该法第六十一条仍不能确定的，就质量要求不明确的，按照国家标准、行业标准履行；没有国家标准、行业标准的，按照通常标准或者符合合同目的的特定标准履行。可见，标的物质量标准应首先按照买卖双方合同约定，若未约定或约定不明确，且无补充协议约定的，可按照交易习惯、国家标准、行业标准等履行。

买卖双方对违约金的约定过低或过高，均可申请调整。根据《中华人民共和国合同法》第一百一十四条的规定，当事人可以约定一方违约时应当根据违约情况向对方支付一定数额的违约金，也可以约定因违约产生的损失赔偿额的计算方法。约定的违约金低于造成的损失的，当事人可以请求人民法院或者仲裁机构予以增加；约定的违约金过分高于造成的损失的，当事人可以请求人民法院或者仲裁机构予以适当减少。当事人就迟延履行约定违约金的，违约方支付违约金后，还应当履行债务。《最高人民法院关于适用〈中华人民共和国合同法〉若干问题的解释（二）》第二十九条第二款规定，当事人约定的违约金超过造成损失的百分之三十的，一般可以认定为合同法第一百一十四条第二款规定的“过分高丁造成的损失”。显然，违约金是否予以调整，应当以因违约产生的损失为衡量标准，相应地，损失如何计算就成为判断违约金是否过低过高、是否应予以调整的关键。

编写人：浙江省绍兴市越城区人民法院　盛跃

47

电子数据存在疑点，不能单独作为认定案件事实的根据

——陈某炼诉李某莲等买卖合同案

【案件基本信息】

1. 裁判书字号

福建省南安市人民法院（2020）闽 0583 民初 1104 号民事判决书

2. 案由：买卖合同纠纷

3. 当事人

原告：陈某炼

被告：李某莲、陈某森、陈某彬、陈某云、陈某芳

【基本案情】

陈某河与李某莲系夫妻关系，二人育有一子二女，分别为长子陈某彬、长女陈某云、次女陈某芳，陈某森与陈某河系父子关系。2019 年 9 月 18 日，陈某河去世。陈某森、陈某彬、陈某云、陈某芳自愿放弃对陈某河财产的继承。李某莲自愿管理和继承陈某河可能存在的遗产。陈某河生前从事厨师外烩业务，陈某炼从事海鲜销售业务。2020 年 1 月 13 日，陈某炼向福建省南安市人民法院起诉，主张 2017 年以来陈某河长期向其购买海鲜，截至 2019 年 4 月 5 日，陈某河尚欠其海鲜款 177480 元，该欠款事宜经双方多次微信语音聊天反复确认，同时在双方的通话录音中陈某河也承认了该欠款事宜。因此，陈某炼要求判决李某莲、陈某森、陈某彬、陈某云、陈某芳连带偿还陈某炼货款 177480 元及支付从起诉之日起至判决确定之日起止按照年利率 6%计算的利息。

【案件焦点】

微信语音以及通话录音能否单独作为本案的定案依据。

【法院裁判要旨】

福建省南安市人民法院经审理认为：虽然陈某炼所提供的微信聊天记录截图左上角体现“陈某河”的字样，但陈某炼未提供聊天相对人微信号的用户信息。同时，陈某炼仅提供一段手机通话录音，但未提供通话对方电话号码、通话记录、通话时间等相关证据。陈某炼提供的上述视听资料和电子数据存在疑点，不能单独作为认定案件事实的根据，而陈某炼未提供其他证据佐证其待证事实，故依法不予确认。陈某炼起诉主张陈某河尚欠其货款，应当就其主张买卖合同关系和债权债务的存在承担举证责任，但陈某炼所提供的证据不足以证明其事实主张，陈某炼应当承担不利的后果，故对陈某炼的诉讼请求，依法不予支持。

福建省南安市人民法院依照《中华人民共和国民事诉讼法》第六十四条第一款，《最高人民法院关于适用〈中华人民共和国民事诉讼法〉的解释》第九十条和《最高人民法院关于民事诉讼证据的若干规定》第九十条第四项之规定，作出如下判决：

驳回陈某炼的诉讼请求。

一审宣判后，双方当事人未上诉，现判决已发生法律效力。

【法官后语】

1. 微信语音以及通话录音是否能作为证据使用

《最高人民法院关于适用〈中华人民共和国民事诉讼法〉的解释》第一百一十六条第二款规定：“电子数据是指通过电子邮件、电子数据交换、网上聊天记录、博客、微博客、手机短信、电子签名、域名等形式或者存储在电子介质中的信息。”与传统证据形式相较，电子数据有如下特征：一是其本质上是一种电子信息，可以实现精确复制，可以在虚拟世界里无限快速传播；二是在感知方式上必须借助电子设备；三是比传统证据形式更具稳定性和安全性，对于证据的修改、复制或删除，能够通过技术手段进行分析和识别。微信语音通话录音虽不属于《最高人民法院关于适用〈中华人民共和国民事诉讼法〉的解释》列举的六种电子数据形式之一，但是其通过微信电子软件形成，既可以存储于手机之中，也可以通过微信、QQ 等媒介在虚拟世界迅速传播，一旦形成便具有稳定性，符合电子数据的特征，属于证据中的电子数据，可以作为证据使用。

2. 微信语音及通话录音如何才能具备证明效力

微信语音通话录音这种电子数据在审判实践中作为定案证据，根据证据的真实性、关联性、合法性的“三性”要求，一般必须满足几个条件：第一，微信语音通话的来源必须符合法律规定，不能是通过非正常渠道获得；第二，因为微信注册是非实名制的，所以必须能够确定微信语音通话双方为本案当事人；第三，微信通话时间确实在涉案事实的时间段内；第四，微信通话的内容不能含糊不清，且具有相对完整性，能够反映当事人想要证明的事实。

笔者认为随着媒体工具的日益广泛普及，微信语音以及通话录音在诉讼证据中的使用率逐渐升高，这使得不同载体形式的语音、录音能否被认定为证据被法庭采用成为人们所关心的话题。如今，微信语音深受广大各界人士的喜爱和追捧，是当前社会最热门、使用最广泛的聊天交往方式。这一交往方式极大地方便了人们之间的交流沟通，同时也由于微信语音可存储、可复制的特性使得其成为诉讼上保留证据的重要方法。审判部门在认定证据能否被使用时应当结合具体的实际情况予以界定，作出正确判定。

编写人：福建省南安市人民法院　陈伟平　杨聪灵

48

未载明付款时间的出库凭证的诉讼时效应综合判定

——陈某溪诉陈某海买卖合同案

【案件基本信息】

1. 裁判书字号

福建省泉州市中级人民法院（2021）闽05民终277号民事判决书

2. 案由：买卖合同纠纷

3. 当事人

原告（被上诉人）：陈某溪

被告（上诉人）：陈某海

【基本案情】

陈某溪向机械制造公司租赁厂房，对外以铁业制品公司为名经营钢材生意。该铁业制品公司系陈某溪个人经营，至今没有办理工商登记。2014年至2015年，陈某海向陈某溪购买钢板等货物。自2014年2月19日起至2015年4月14日止，陈某溪共向陈某海供货15次，货款共计154975元。每次出货均由陈某海在载有出货方“铁业公司”或“铁业制品公司”的出库凭证上签名确认。陈某海陆续还款，现尚欠货款9.89万元未能偿还。

【案件焦点】

1. 本案原、被告主体是否适格；2. 本案是否超过诉讼时效。

【法院裁判要旨】

福建省南安市人民法院经审理认为：陈某海向陈某溪购买货物，并没有违背有关法律、法规的规定，该买卖行为合法、有效，应受法律保护。陈某海尚欠陈某溪货款 9.89 万元，陈某海应予清偿。本案双方并未书面约定付款期限及利息，陈某溪亦未提供证据予以证明，根据《中华人民共和国合同法》第一百零七条、《最高人民法院关于审理买卖合同纠纷案件适用法律问题的解释》第二十四条的规定，陈某海应向陈某溪支付自起诉之日即自 2020 年 8 月 6 日起按照全国银行间同业拆借中心发布的贷款市场报价利率的标准计算至实际付款之日止的逾期占用资金利息。陈某海主张原、被告主体不适格，但根据双方庭审陈述、有关《证明》及陈某海签名确认的出库凭证，本案买卖行为的双方应系陈某溪与陈某海，原、被告主体适格，予以认定，故对陈某海该主张不予采信。陈某海主张本案陈某溪主张货款已超过诉讼时效，根据双方交易的连续性，陈某溪并未因陈某海未支付上期货款而停止供货，说明双方并非约定在提货的同时付款，双方应系默认赊账的交易方式，故双方尚未对所欠货款进行最终结算，陈某溪主张的货款并未超过诉讼时效，予以认定。

福建省南安市人民法院根据《中华人民共和国合同法》第六十条、第一百零七条、第一百零九条、第一百三十条、第一百五十九条、第一百六十一条，《最高人民法院关于审理买卖合同纠纷案件适用法律问题的解释》第二十四条，《中华人民共和国民事诉讼法》第六十四条及《最高人民法院关于适用〈中华人民共和国民事诉讼法〉的解释》第九十条之规定，作出如下判决：

一、被告陈某海欠原告陈某溪货款人民币 9.89 万元及逾期占用资金利息（利息自 2020 年 8 月 6 日起至实际还款之日止按同期全国银行间同业拆借中心公布的贷款市场报价利率计算），款项应于本判决生效后十日内一次性付清；

二、驳回原告陈某溪的其他诉讼请求。

陈某海不服一审判决，提出上诉。

福建省泉州市中级人民法院同意一审法院裁判意见。福建省泉州市中级人民法院依照《中华人民共和国民事诉讼法》第一百七十条第一款第一项之规定，作出如下判决：

驳回上诉，维持原判。

【法官后语】

本案中关于陈某溪依据出库凭证起诉陈某海支付货款是否已过诉讼时效，存在两种不同意见：

第一种意见认为，陈某溪起诉陈某海支付货款，已超过诉讼时效。我国诉讼时效制度的实质是促使权利人在法定诉讼时效期及时主张权利，诉讼时效的立法目的和宗旨是防止权利的睡眠，加速经济的流转及增强交易的安全性。案涉交易行为发生于2014年2月19日至2015年4月14日。双方的交易凭证为出库凭证，未载明货款支付时间。根据《中华人民共和国合同法》第一百六十一条“买受人应当按照约定的时间支付价款。对支付时间没有约定或者约定不明确，依照本法第六十一条的规定仍不能确定的，买受人应当在收到标的物或者提取标的物单证的同时支付”及《中华人民共和国民法通则》第一百三十五条“向人民法院请求保护民事权利的诉讼时效期间为二年，法律另有规定的除外”的规定，陈某溪的诉讼请求已经全部超过诉讼时效。陈某溪所主张的货款，由于出库凭证中未体现付款时间，陈某海应在收到货物的同时支付货款，陈某海在出库凭证上签名提货时，陈某溪已知道其权利受到侵害，故应以出库凭证时间第二日即开始计算两年诉讼时效。2020年8月6日，陈某溪起诉已超过诉讼时效。

第二种意见认为，陈某溪主张的货款并未超过诉讼时效。诉讼时效制度的首要目的是督促权利人及时行使权利，避免长期不行使的状态持续存在，造成经济秩序紊乱。陈某溪提供的出库凭证，均系双方对货物提取的凭证，根据双方交易的连续性，陈某溪并未因陈某海未支付上期货款而停止供货，说明双方并非约定在提货的同时付款，双方应系默认赊账的交易方式，双方未对所欠货款进行最终结算，陈某溪主张的货款并未超过诉讼时效。

笔者同意第二种意见，具体理由如下：

首先，在审理买卖合同案件中，应对欠条、结算单与送货单、出库凭证两类证据有明确的认识。欠条、结算单是对债权债务主体双方经济往来的一种结算，表明自欠款形成之日起双方之间形成的一种新的债权债务关系。而送货单、出库凭证虽在司法实践中往往被推定为买卖合同双方的欠款凭证，但更多的是承担证明存在买卖合同关系的作用，其直观地体现了交易相对方及交易活动的流程，在出具此类单据时双方未必有进行结算的意思表示。在经济活动中，根据不同的交易规模、交易行业存在其一定程度上双方默认交易方式、交易习惯，双方存在口头约定、共同默认的结算方式，其在短期多次交易、长期固定交易的经济活动中尤为明显。据此，在审理以仅以送货单、出库凭证主张货款的买卖合同案件时，对诉讼时效不应机械地套用发条、一概而论。且根据《中华人民共和国合同法》第六十一条“合同生效后，当事人就质量、价款或者报酬、履行地点等内容没有约定或者约定不明确的，可以协议补充；不能达成补充协议的，按照合同有关条款或者交易习惯确定”的规定，应结合相应证据及原被告实际的买卖行为、买卖方式、行业习惯及是否符合常理等，针对是否结算、结算时间等问题进行综合研判，从而确定诉讼时效的起算点。

其次，陈某溪与陈某海之间系买卖合同纠纷，双方进行多达15次的连贯性交易。陈某海签名确认的出库凭证，其作用更侧重于双方对货物提取的凭证，而根据双方的短时间连续性交易活动上看，双方对于出库凭证并非存在结算的意思表示。从双方交易的稳定性上看，如双方明确约定货款系提货时同时支付，双方又未因陈某海未支付货款而停止供货、提货，明显不符合常理。且从正常的交易习惯看，对于短时间的多次提、供货，多为整体交易活动结束时进行结算单或欠条方式进行结算，以确定付款时间及付款方式，更为合理。陈某溪、陈某海均未能提供证据证明双方对于付款时间进行约定，故应视为双方没有约定付款期限。

综上，双方并未在出库凭证上约定付款期限，陈某溪在催讨货款未果的情况下提起诉讼，未超过诉讼时效。审判实践中，对买卖交易行为中有约定付款期限的欠条、送货单据等凭证的诉讼时效基本没有争议，但对未约定付款期限的欠条、送货单据等证据的认定仍存在较大争议。在理解与适用《中华人民共和国合同法》第六十一条、第一百六十一条以及现行的《中华人民共和国民法典》第五百一十条、第六百二十六条的规定中，应根据双方当事人之间的交易方式、交易习惯及其他相关证据综合判定，以正确认定该类案件诉讼时效的起算点。

编写人：福建省南安市人民法院　黄小兰　孙承海

49

债权人就被保全的到期债权提起诉讼的，法院应当根据查明的事实对债权的金额予以确认

——混凝土公司诉北京某公司买卖合同案

【案件基本信息】

1. 裁判书字号

北京市第三中级人民法院（2020）京03民终11962号民事判决书

2. 案由：买卖合同纠纷

3. 当事人

原告（被上诉人）：混凝土公司

被告（上诉人）：北京某公司

【基本案情】

2017年3月18日，北京某公司作为买受人（甲方）与出卖人（乙方）混凝土公司签订《预拌混凝土采购合同》，约定乙方向甲方承接的C区项目一、三标项目供应混凝土，双方按小票作为最终价款结算依据，每月26日支付上个月供货额的60%，待工程完工并结算办理完成后6个月内付至结算额的95%，剩余价款两年内付清。合同第18条第4项约定，在甲方缓付、迟付本合同项下货款时，乙方同意给予6个月的付款宽限期，宽限期内不计取利息，亦不向甲方主张支付违约金及损失赔偿。超过宽限期仍未履行付款义务的，乙方可向甲

方主张自宽限期满之日起按同期银行贷款利率支付应付款利息，但不得主张违约金及损失赔偿。混凝土公司供货至2018年5月11日，总计供货金额为5771328元，北京某公司已付货款330万元。经询，北京某公司称工程竣工验收的时间为2018年12月31日。混凝土公司表示对工程竣工验收的时间不清楚。

2018年6月12日，江苏省南京市江宁区人民法院向北京某公司发送《协助执行通知书》及民事裁定书，基于案外人的财产保全申请，查封、冻结混凝土公司在北京某公司的工程款165万元。2018年10月15日、2018年12月11日、2019年1月4日，天津市宝坻区人民法院向北京某公司发送《协助执行通知书》及民事裁定书，基于三个案外人的财产保全申请，分别冻结混凝土公司对北京某公司的债权110万元、25万元、29075元。混凝土公司最初的诉讼请求为要求北京某公司给付2544813元货款以及自2018年11月11日起算的逾期付款利息，后经法院释明，将诉讼请求变更为确认对北京某公司享有2544813元债权以及确认北京某公司应付自2018年11月11日起算的逾期付款利息。北京某公司对剩余货款的金额提出了异议，而且不同意支付逾期付款利息，理由之一为债权已被法院保全。

【案件焦点】

1. 债权被保全的情况下，债权人就债权提起诉讼，法院应当如何处理；2. 债务人因协助执行法院保全裁定未履行付款义务，是否应当支付逾期付款利息。

【法院裁判要旨】

北京市朝阳区人民法院经审理认为：依法成立的合同受法律保护。混凝土公司与北京某公司签订的《预拌混凝土采购合同》合法有效，双方应依约履行，北京某公司应根据混凝土公司所供货物的金额履行付款义务。双方约定按照供货小票结算，供货小票合计5771328元，法院以此作为结算金额。混凝土公司对于调价未举证，法院不予采信。因此，扣除已付款，北京某公司未付款金额为2471328元。因混凝土公司对北京某公司的债权已被多个法院查封，北京某公司无法直接向混凝土公司给付，故法院仅对2471328元的应付款金额予以确认。关于所供混凝土是否符合合同约定一节，法院认为，北京某公司对每批货物都进行了抽样检测，检测结果符合合同约定，足以证明混凝土公司所供货物合格。即便如北京某公司所述一些楼层使用了混凝土公司的混凝土未能达到强度标准，也不排除系浇筑时兑水所致，不足以证明混凝土公司所供货物存在质量问题。因此，法院对北京某公司关于混凝土不合格的主张不予采纳。根据合同约定，每月26日支付上个月供货额的60%，待工程完工并结算办理完成后6个月内付至结算额的95%，剩余价款两年内付清。混凝土公司对北京某公司的债权被法院依法冻结，北京某公司未向混凝土公司履行给付义务不构成违约。因此，混凝土公司要求确认北京某公司应向其支付相应利息，法院不予支持。

综上，北京市朝阳区人民法院依照《中华人民共和国合同法》第八条、第一百零七条之规定，作出判决：

一、确认公司应支付混凝土公司混凝土款2471328元；

二、驳回混凝土公司的其他诉讼请求。

北京某公司不服，提起上诉。

北京市第三中级人民法院经审理认为：根据《最高人民法院关于适用〈中华人民共和国民事诉讼法〉的解释》第九十条之规定，当事人对自己提出的诉讼请求所依据的事实或者反驳对方诉讼请求所依据的事实，应当提供证据加以证明，但法律另有规定的除外。在作出判决前，当事人未能提供证据或者证据不足以证明其事实主张的，由负有举证证明责任的当事人承担不利的后果。

北京某公司主张混凝土公司所供混凝土在项目结构验收时发现部分产品与合同约定强度不符，质量存在问题，并据此提供了复核报告、检测被告、监理公司的证明等证据用于证明其主张成立。但依照双方签订的书面采购合同的约定，对于浇筑到工程部位的混凝土发现质量异常现象的，北京某公司应在24小时内书面通知混凝土公司进行核实，如有争议，双方应会同工程监理、建设行政主管部门共同确认责任，并提出书面责任处理意见。属于北京某公司浇筑不及时或养护不当原因，责任由北京某公司承担；属于产品质量责任的，由此给北京某公司造成的损失由混凝土公司承担。现北京某公司并未提交充分证据证明其在发现混凝土质量异常现象后，依照合同约定书面通知了混凝土公司进行核实及会同工程监理、建设行政主管部门共同确认责任，亦未提交充分证据证明其发现的质量异常现象系由混凝土公司所供产品存在严重质量问题造成。且根据北京市朝阳区人民法院查明事实，北京某公司对每批货物都进行了抽样检测，检测结果亦符合合同约定，故依据现有证据难以认定其上诉提出的混凝土公司所供产品存在严重质量问题的主张成立。另根据《最高人民法院关于审理买卖合同纠纷案件适用法律问题的解释》第四十四条的规定，出卖人履行交付义务后诉请买受人支付价款，买受人以出卖人违约在先为由提出异议的，买受人主张出卖人应支付违约金、赔偿损失或者要求解除合同的，应当提起反诉。本案中，北京某公司虽主张混凝土公司所供货物存在严重质量问题，但亦并未对于其因此造成的损失赔偿提出明确的反诉请求，故综合上述理由，法院对北京某公司的该项上诉主张不予支持。

北京某公司与混凝土公司签订《预拌混凝土采购合同》中明确约定了本工程按小票作为最终价款结算依据，虽然合同同时亦约定了最终结算的方式需由北京某公司派出项目部上报结算书初步意见稿，经公司审批并加盖双方印章后，才能作为合同的最终结算，但合同对于双方无法通过对账达成最终结算一致的解决方式未作出明确约定。而根据北京市朝阳区人民法院查明的事实，混凝土公司供货至 2018 年 5 月 11 日已经完成，之后双方一直未办理结算手续。且北京某公司亦单方确认案涉工程竣工验收的时间为 2018 年 12 月 31 日。故在双方无法就工程完工办理对账结算的情况下，北京市朝阳区人民法院结合合同约定和案涉工程的竣工验收完成时间，认定北京某公司付款条件已经成就，并依据混凝土公司提交的供货小票判决支持其主张的供货价款，并无不当，法院予以支持。

综上所述，北京某公司的上诉理由均不能成立。北京市第三中级人民法院依照《中华人民共和国民事诉讼法》第一百七十条第一款第一项之规定，作出判决如下：

驳回上诉，维持原判。

【法官后语】

对第三人的到期债权作为债务人财产的一部分，属于债权人可以申请保全的范围。《最高人民法院关于适用〈中华人民共和国民事诉讼法〉的解释》第一百五十九条明确规定，债务人的财产不能满足保全请求，但对他人有到期债权的，人民法院可以依债权人的申请裁定该他人不得对本案债务人清偿。该他人要求偿付的，由人民法院提存财物或者价款。由此可以看出，债务人对第三人的到期债权被采取保全措施的，第三人不应再直接向债务人清偿，这是第三人负有的法定义务。因此，债务人（即被保全债权的债权人）通过民事诉讼要求第三人（即被保全债权的债务人）清偿的，根据上述规定的应有之义，法院亦应当予以驳回。虽然给付的请求依法不应支持，但在此类案件中仍应对债权的真实性及具体金额予以确认。主要理由如下：首先，债权人保全债权的目的是保证生效判决的执行。保全阶段法院并不对债务人对第三人的债权进行实质性审查，债权是否真实且到期以及具体金额多是基于第三人的自认，未必与债务人认可的事实或实际情况相一致。债务人与第三人对此存在争议时，应当赋予二者通过民事诉讼请求法院进行实体上审查、确认债权的权利。其次，任何给付之诉的审理都需要先行认定债权是否已经有效成立且到期以及债权内容是否具体明确，确认债权是法院审理给付之诉的必经过程和必要前提。原告请求被告为或者不为特定行为同时包含着两层含义，第一层是确认被告应为或不为特定行为，第二层才是请求被告为或者不为特定行为。因此，当原告对被告的请求权仅在第二层面上受到限制时，不应妨碍原告在第一个层面上提出诉求。此外，根据上述逻辑，确认债权的请求被完整包含于给付的诉讼请求中。所以，即使混凝土公司未变更诉讼请求，坚持要求北京某公司向其清偿债务，法院亦可以径行判令确认混凝土公司对北京某公司享有债权，同时驳回其要求给付的诉讼请求，这种处理并不属于超出诉讼请求范围的裁判。

关于逾期付款利息，混凝土公司要求确认北京某公司应付利息的请求权基础在于北京某公司未按约定支付货款构成违约，利息实为违约责任。而本案中，北京某公司未履行给付义务的原因在于债权被保全，法院禁止北京某公司向混凝土公司清偿，而且被保全的债权金额已超出应付货款总额。因此，北京某公司未履行付款义务有合理理由，不构成违约，不应承担给付利息的违约责任。

编写人：北京市朝阳区人民法院　李瑶瑶

八、买卖合同的其他问题

50

买卖合同纠纷中单方利用格式条款改变主合同约定管辖效力认定

——建材公司诉建设公司买卖合同案

【案件基本信息】

1. 裁判书字号

湖北省鄂州市中级人民法院（2021）鄂07民辖终3号民事裁定书

2. 案由：买卖合同纠纷

3. 当事人

原告（被上诉人）：建材公司

被告（上诉人）：建设公司

【基本案情】

建材公司与建设公司签有一份《买卖合同》，由建材公司向建设公司某项目供货。后建材公司以建设公司未依约支付货款为由，向建材公司所在地法院鄂州市华容区人民法院起诉，要求建设公司支付货款及违约金。

一审提交答辩状期间，建设公司提出管辖权异议，认为双方签订的《买卖合同》中对管辖进行了明确约定，故本案应移送双方约定的管辖法院审理。后建材公司向法院提供多份《建材公司销售发货单》，每一份销售发货单均在末尾用小字注明由鄂州市华容区人民法院管辖，销售发货单“收货人”一栏均由建设公司相关收货人员签字确认，应视为对管辖法院进行了变更。

【案件焦点】

建材公司在销售发货单上对管辖法院的变更是否有效。

【法院裁判要旨】

湖北省鄂州市华容区人民法院经审查认为：建材公司在2019年11月20日与建设公司签订买卖合同之后，在随后每次的销售发货单上都明确了付款时间、逾期付款利息，逾期付款地的管辖法院为华容区法院。建材公司向建设公司发送货物的时间系在合同签订之后，双方当事人在销售发货单上的签名视为对之前约定管辖的变更，故建设公司提出的管辖权异议不成立。建材公司的住所地属于华容区辖区，且双方约定了逾期付款的管辖法院为华容区法院，故华容区法院对本案有管辖权，裁定驳回建设公司对管辖权提出的异议。

建设公司不服一审裁定，提出上诉。

湖北省鄂州市中级人民法院经审查认为：上诉人建设公司与被上诉人建材公司于2019年11月20日签订《买卖合同》，该合同第七条约定：“合同争议解决方式：先协商解决，协商不成则诉讼，并由项目所在地人民法院管辖。”根据《中华人民共和国民事诉讼法》第三十四条“合同或者其他财产权益纠纷的当事人可以书面协议选择被告住所地、合同履行地、合同签订地、原告住所地、标的物所在地等与争议有实际联系的地点的人民法院管辖，但不得违反本法对级别管辖和专属管辖的规定”之规定，故建材公司与建设公司在《买卖合同》中的约定管辖符合法律规定，该约定管辖有效。建材公司虽在向建设公司提交的《销售发货单》中对管辖法院进行了变更，但建设公司工作人员系在销售发货单“收货人”处签字，建设公司未在该销售发货单管辖法院变更处盖章确认，同时亦未对签署该销售发货单的工作人员在改变管辖的问题上予以授权，故一审法院以建设公司工作人员在销售发货单上签字确认即视为对《买卖合同》中约定管辖的变更不当，本案仍应按照《买卖合同》中的约定，由项目所在地人民法院管辖。综上，上诉人建设公司的上诉理由成立，予以支持，一审法院确定管辖有误，应予纠正。

湖北省鄂州市中级人民法院依照《中华人民共和国民事诉讼法》第一百七十条第一款二项、第一百七十一条、第一百七十五条的规定，作出如下裁定：

撤销一审裁定，将本案移送建设公司项目所在地人民法院审理。

【法官后语】

本案是约定管辖中比较特殊的情形，双方当事人已经在主合同中对管辖法院进行了明确约定，但是在合同履行过程中出现了一方当事人在发货单或者销售清单等单据中对管辖法院进行改变的情形。这些发货单或者销售清单的目的实际上是在货物买卖过程中明确货物的种类和数量，便于双方对货物进行清单和结算。但是本案出现当事人采用格式条款的形式，在发货单上用小字对主合同约定的管辖法院进行改变。在合同履行过程中，对方当事人往往不会注意到这个变化，且填写此类单据的往往是公司普通收货人员，他们并不清楚主合同的约定，收货人注重的是货物是否如单据中所记载，他们的职责是将收到的货物清点清楚并签字确认，所以不能以对方当事人有员工在收货单上签字即视为管辖发生变更。一审法院在审查时忽略了这个问题，直接以发货单的签收时间在主合同之后，且有对方单位员工签字为由即视为双方对主合同的管辖进行了变更的裁定不当，依法应予纠正。

另外，从立法原意上讲，《中华人民共和国民事诉讼法》第三十四条规定了当事人在不违反级别管辖和专属管辖的基础上可以约定管辖，这说明法律充分尊重当事人意思自治。本案中，双方当事人在签订合同的时候既然已经对管辖法院进行了约定，建材公司采用在发货单上标注的方式单方面对管辖法院进行改变，在没有充分的证据证明建设公司明确知晓并认可该行为的基础上，该标注行为不能视为对管辖法院的变更，否则违背了双方原有主合同的约定，会在交易关系中产生不良的影响，导致一些公司纷纷效仿，不利于法律建设良好交易秩序的立法原意。因此，对于这种单方在格式条款中明确或改变管辖的行为，应当依法认定为无效行为，不能视为当事人对管辖进行了明确约定或变更。

编写人：湖北省鄂州市中级人民法院　陈迪

51

当事人之间的交易习惯对于确定当事人之间的法律关系具有重要的作用

——周某诉宋某买卖合同案

【案件基本信息】

1. 裁判书字号

广西壮族自治区柳州市中级人民法院（2020）桂02民终4548号民事判决书

2. 案由：买卖合同纠纷

3. 当事人

原告（被上诉人）：周某

被告（上诉人）：宋某

第三人：陈某富

【基本案情】

陈某富系原告周某的货仓管理员，负责联系买家进行发煤。2018年11月25日至2019年1月5日，陈某富受周某指示与被告宋某就原煤买卖事宜进行接洽。由宋某指派车辆装煤，陈某富负责发煤并将煤装车，宋某共计购煤25车，总重量合计959.99吨。周某、宋某、陈某富之间通过微信、电话通话等方式确认了交易的数量及价款等。2018年11月27日至2018年12月25日，宋某通过微信、网银转账等方式向周某支付了共计227732元的货款。被告宋某自认未付货款为 195947.9 元，且在交易过程中宋某也曾就所欠煤款通过微信方式向周某出具具有“欠条”内容的信息。但其主张因购买的部分原煤存在质量问题，应扣减部分款项，且买卖的相对方应是陈某富而非周某，故对于剩余 195947.8 元货款拒绝支付。原告诉至法院要求被告支付货款及利息。

【案件焦点】

1. 原告主体是否适格；2. 被告尚欠货款是多少。

【法院裁判要旨】

广西壮族自治区柳州市柳南区人民法院经审理认为：关于原告诉讼主体是否适格的问题。首先，根据《最高人民法院关于审理买卖合同纠纷案件适用法律问题的解释》第一条的规定，周某系《称重单》的实际持有人；其次，宋某曾于交易的过程中，两次就部分原煤买卖通过微信方式向周某发送欠条，确认欠款金额；再次，在宋某与周某的通话记录中，周某向宋某催款，宋某在回复中并未否认欠款，也未对欠款数额提出异议，并答应向其支付部分；最后，陈某富经法院追加为第三人参加诉讼后，并未对本案所涉的该笔货款提出主张，且亦自认其为周某的员工，其根据周某的指示向宋某发煤是履行职务行为，其所发的煤的所有权人为周某，周某系该债权的债权人。综上，可以认定，本案所涉的买卖关系中，周某系与宋某进行交易的相对方。

关于被告宋某尚欠原告周某货款是多少的问题。周某与宋某存在事实上的原煤买卖合同关系。陈某富根据周某的指示依约向宋某履行了供煤 959.99 吨的义务，宋某应当向周某履行支付对价货款的义务。据此，宋某向周某采购的原煤价值合计 423679.8 元。宋某于购煤期间陆续向周某支付了 227732 元的货款，故剩余 195947.8 元的货款至今未付。对于该剩余未付货款，宋某在与陈某富的通话记录中予以了确认，但其主张应对质量不合格的部分货款予以扣除，由于宋某未对其从周某处购买的煤存在质量问题予以举证，故法院对其要求扣减部分货款的主张不予采信。

关于原告诉请要求被告支付利息的问题。根据原、被告双方的交易习惯，由宋某指派车辆购煤，陈某富受周某指示负责按照宋某的购买需求进行煤的装车称重，之后将发煤的日期、煤的重量及运送车辆的车牌号通过微信发送给宋某，宋某向周某付款。根据《中华人民共和国合同法》第一百六十一条的规定，陈某富已经向宋某供应完毕了案涉的货物，但宋某却未积极履行该付款义务，故宋某已构成违约。对于利息的起算时间，法院调整为自2019年1月21日起计算。经查实，原、被告双方此前对于逾期付款的利息未有约定。

广西壮族自治区柳州市柳南区人民法院依照《中华人民共和国民法通则》第一百零八条，《中华人民共和国合同法》第一百零七条、第一百五十九条、第一百六十一条，《最高人民法院关于审理买卖合同纠纷案件适用法律问题的解释》第二十四条第四款之规定，作出如下判决：

一、被告宋某向原告周某支付货款人民币195947.8元；

二、被告宋某向原告周某支付利息（以被告宋某尚欠的货款为本金基数，自2019年1月21日起至2019年8月20日前的利息利率按照中国人民银行同期同类贷款利率4.35%，2019年8月20日后的利息利率按照全国银行间同业拆借中心公布的贷款市场报价利率计算至被告宋某付清全部款项之日止）；

三、驳回原告周某的其他诉讼请求。

被告宋某不服一审判决，提出上诉。

广西壮族自治区柳州市中级人民法院依照《中华人民共和国民事诉讼法》第一百七十条第一款第一项的规定，作出如下判决：

驳回上诉，维持原判。

【法官后语】

本案处理的重点是对合同相对人的认定问题。

要追讨货款，首先得确认货物的买卖双方，只有明确了买卖双方（合同相对方），才能明确其他要求。合同具有相对性，合同的一方当事人只能向另一方当事人基于合同提出请求或提起诉讼。合同相对性在大陆法系称为债的相对性，是指债只能在债权人和债务人之间产生法律拘束力。债权债务关系发生在特定的享有权利的债权人和承担义务的债务人之间。《中华人民共和国合同法》第一百二十一条对合同相对性作了强调。在没有法律明确规定的情况下，合同责任的承担应当坚持合同相对性原则。

我国合同法采用的是表示主义的解释原则，用意思表示的原则和方法来解释，就可以判断出谁是合同的相对方。首先，从收货与付款的客观含义来看，收取货物与支付货款均是买卖合同中买方的主要义务。因此，从社会一般人的角度出发，收货、付款即表明收货、付款者认可买卖合同的存在，收货付款者即为货物的买受方。虽然在商品交易十分发达的当今社会，由第三人收货或由第三人支付货款的情形也十分普遍，但由第三人收货或付款往往需要合同双方约定，若没有书面合同或者约定不明的情况下，则应根据双方的订货行为、送货行为、付款行为、催收行为以及交易习惯等判断实际的交易相对人。

处理民事关系，应当依照法律法规规定；法律法规没有规定的，可以适用习惯，但是不得违背公序良俗。交易习惯是人们在实践活动中逐渐发展形成的，具有很强的随意性、自由性和不稳定性。当事人之间的交易习惯对于确定当事人之间的法律关系具有重要的作用。依据当事人之间的交易习惯建立起来的以信任为基础的相互依赖的交易关系，对于法官认定合同相对人具有至关重要的作用。在实践中，大多数交易习惯活动都是通过合同行为来完成。但是，在没有书面合同或者合同约定不明时，需要根据当事人之间的交易习惯探究当事人的真实意思表示，解释当事人之间的存在关系。交易习惯反映了当事人对他们以往的交易惯例行为的一种认可，双方在进行同类交易时已经对该习惯形成了一种心理上的确信。对于当事人的真实意思及由此产生的信赖利益，法律应当予以尊重和保护。具体到本案，虽然双方当事人并没有签订书面买卖合同，但周某系称重单的实际持有人，且宋某曾于交易的过程中，两次就部分原煤买卖通过微信方式向周某发送欠条，确认欠款金额，也未对欠款数额提出异议，并答应向其支付部分欠款，在宋某与周某的通话记录中，周某向宋某催款，宋某在回复中并未否认欠款。显然已经形成事实上的买卖合同法律关系，双方在合同履行过程中也已经形成相对固定的交易模式、交易习惯等交易惯例，显而易见，宋某有充分理由认为两被告即买卖合同的相对人。

编写人：广西壮族自治区柳州市柳南区人民法院　李蕾

52

《中华人民共和国民法典》施行后，保证方式和保证责任的认定

——王某诉刘某利、崔某飞买卖合同案

【案件基本信息】

1. 裁判书字号

陕西省定边县人民法院（2021）陕 0825 民初 1558 号民事判决书

2. 案由：买卖合同纠纷

3. 当事人

原告：王某

被告：刘某利、崔某飞

【基本案情】

原告从事饮料销售工作，被告向原告购买花生牛奶，当时支付了部分款项，下余货款双方于 2021 年 1 月 8 日结算后被告刘某利应支付原告货款 7.5 万元，约定由被告刘某利于 2021 年 1 月 8 日前支付 5 万元，于 2021 年 1 月 10 日前支付 2.5 万元，如不按期履行偿还义务，则承担逾期支付利息 5000 元，被告崔某飞提供担保，并立有欠据一张。事后该笔货款经原告多次索要未果，故原告诉至法院，请求依法追偿。

【案件焦点】

1.《中华人民共和国民法典》实施之后，当事人约定逾期支付明确具体数额的金钱，虽然写明系利息，应认定为何；2. 对保证方式没有约定或者约定不明确的，应当按照何种保证承担保证责任。

【法院裁判要旨】

陕西省定边县人民法院经审理认为：依法成立的合同，受法律保护。关于买受人的责任问题，买受人接受出卖人的货物后就应当按照约定支付价款。本案中被告作为买受人向原告购买花生牛奶欠下原告货款 7.5 万元的事实清楚，证据确实充分，原告索款理由成立，对其诉请依法予以支持；被告逾期后不履行还款义务，显属不当，应承担偿付之民事责任。关于逾期付款违约责任的问题，因双方在欠条中明确约定逾期付款应支付利息 5000 元，结合本案案情该约定应认定为逾期付款的违约金，该违约金约定数额不违反法律规定，故对该请求予以支持。关于本案保证责任的问题，被告崔某飞作为担保人，作出保证的行为在《中华人民共和国民法典》实施之后，按照《中华人民共和国民法典》第六百八十六条第二款“当事人在保证合同中对保证方式没有约定或者约定不明确的，按照一般保证承担保证责任”之规定，本案崔某飞在合同中约定其为担保人，未约定保证方式，故依照上述法律规定，被告崔某飞对该笔债务的保证方式视为一般保证，按照一般保证的责任承担，即保证人在债务人财产依法强制执行后仍不能履行的部分承担保证责任。被告刘某利、崔某飞经合法传唤未到庭应诉，视为其放弃相关权利，所致不利后果由其自负。本案系《中华人民共和国民法典》施行后由法律事实引起的民事纠纷案件，适用《中华人民共和国民法典》的规定。

据此，陕西省定边县人民法院依照《中华人民共和国民法典》第四百六十五条、第五百零九条、第五百七十九条、第五百八十五条、第六百二十六条、第六百二十八条、第六百八十六条、第六百八十七条，《最高人民法院关于适用〈中华人民共和国民法典〉有关担保制度的解释》第二十六条第二款，《最高人民法院关于适用〈中华人民共和国民法典〉时间效力的若干规定》第一条第一款，《中华人民共和国民事诉讼法》第一百四十四条之规定，作出如下判决：

一、被告刘某利于本判决生效之日起三日内支付原告王某货款 7.5 万元及并承担逾期的违约金 5000 元，共计 8 万元；

二、被告崔某飞仅对债务人刘某利财产依法强制执行后仍不能履行的部分承担保证责任。

如果未按本判决书指定的期间履行给付金钱义务，应当依据《中华人民共和国民事诉讼法》第二百五十三条之规定，加倍支付迟延履行期间的债务利息。

一审宣判后，双方当事人未上诉，现判决已发生法律效力。

【法官后语】

本案涉及的第一个法律问题是对原、被告对逾期付款则支付利息 5000 元在法律性质上的认定。原、被告因买卖合同支付货款引起纠纷，虽然证据写明逾期支付的 5000 元为利息，但交易习惯关于利息的约定一般不表述为具体金额，而是表述为以确定金额为本金，按确定的利率计算利息至支付完毕止。本案约定逾期支付的 5000 元，金额具体、明确，更符合一方违约时向另一方支付的具有补偿和惩罚性质的违约金，因此在法律性质上对逾期应支付的 5000 元认定为违约金。

本案的第二个法律问题系法律适用问题。关于货款原、被告双方于 2021 年 1 月 8 日结算，并形成了欠条。法律事实发生在《中华人民共和国民法典》实施之后，根据《最高人民法院关于适用〈中华人民共和国民法典〉时间效力的若干规定》第一条第一款之规定，应当适用《中华人民共和国民法典》的规定。本案中，关于保证方式，证据显示双方约定不明确，依法认定为一般保证，保证人在债务人财产依法强制执行后仍不能履行的部分承担保证责任。

编写人：陕西省定边县人民法院　周东晓

53

名义买受人能否行使债权请求权

——品牌策划公司诉食品公司买卖合同案

【案件基本信息】

1. 裁判书字号

湖北省荆州市中级人民法院（2020）鄂10民终1582号民事判决书

2. 案由：买卖合同纠纷

3. 当事人

原告（上诉人）：品牌策划公司

被告（被上诉人）：食品公司

【基本案情】

2018年10月22日，被告向不特定公众发布致客户函，针对2019年6月30日前生产的小龙虾产品公布了多种规格、多种口味的小龙虾产品在不同预付款来款时间段对应的预售价格表。后被告业务员曾某向全某借款50万元，2018年12月19日，全某按照曾某的指令向严某某（原告法定代表人严某之子）支付借款50万元。当日，严某某向被告转账50万元。次日，被告向原告开具收据，收款事由为2019年小龙虾预付款。2019年6月9日，被告向曾某交付了10吨价值50万元的小龙虾，销货单上备注：严某某个人账户来款。2019年5月5日、5月21日和6月23日，曾某向全某分三次累计转账还款55万元。2019年12月3日，原告向被告发出解除买卖合同通知书，并要求退还预付款和赔偿损失。

【案件焦点】

原告是否有50万元小龙虾预付款债权请求权。

【法院裁判要旨】

湖北省石首市人民法院经审理认为：依据《中华人民共和国合同法》第九十一条第一项之规定，债务已经按照约定履行，则合同的权利义务终止。结合本案实际，被告业务员曾某为完成销售任务，向全某借款50万元，全某按照其指令于2018年12月19日将50万元转入原告法定代表人之子严某某的个人账户，原告法定代表人应曾某要求当日将该款转入被告账户，被告于2018年12月20日开具收据，后曾某凭该收据原件于2019年6月9日收到被告交付的价值50万元的小龙虾，销货单上备注：严某某个人账户来款，曾某于2019年5月5日、5月21日和6月23日向全某分3次转账还款55万元。从整个过程来看，首先是曾某与全某发生了借贷关系，最后由曾某按照双方约定偿还了50万元借款及利息，借贷合同权利义务终止，该权利义务终止后，全某不能就该50万元借款向他人主张债权，全某也从未向原告或其他人主张债权，整个过程当中任何一方民事主体也都无权就该50万元主张债权。即使从原、被告双方小龙虾买卖合同来看，原告支付的50万元小龙虾预付款来自曾某向全某所借，曾某只是借用原告公司名义与被告发生小龙虾买卖关系，真正与被告发生小龙虾买卖关系的是曾某，而不是原告，而被告已经按约定将价值50万元的小龙虾交付给真正买受人曾某，小龙虾买卖合同已经履行完毕，买卖合同权利义务终止，名义上的买受人即原告无权就该50万元预付款主张债权。原告未投入任何资金，欲通过名义上的买卖关系获得不应获得利益，也违反了《中华人民共和国民法总则》第六条、第七条之规定，即民事主体从事民事活动应当遵循公平原则、诚信原则，故对原告的诉讼请求不予支持。

综上，湖北省石首市人民法院依照《中华人民共和国民法总则》第六条、第七条和《中华人民共和国合同法》第九十一条第一项之规定，作出如下判决：

驳回原告品牌策划公司的全部诉讼请求。

原告不服一审判决，提出上诉。

湖北省荆州市中级人民法院经审理认为：上诉人称涉案的50万元款项为支付给被上诉人的货款，该款项来源于案外人全某，系全某与其发生业务往来后的欠款，该陈述存在以下疑点：（1）上诉人未提供包括间接证据在内的任何证据证实其与全某存在业务往来；（2）全某否认与其存在业务往来并于一审当庭作证时，上诉人未就双方存在业务往来事项向其询问，与常理不符；（3）全某通过严某某账户汇款50万元到上诉人的账户，上诉人并未交付货物给全某，全某对该50万元汇款却未向上诉人主张返还，亦与常理不符。而被上诉人或其申请的证人的陈述，均有汇款记录辅证，资金走向清晰，尽管不能穷尽排除所有可能，但相较于上诉人陈述的事实，明显具有证据优势，更加符合事实真相。

综上，上诉人的上诉理由不能成立，一审认定事实清楚，适用法律正确。湖北省荆州市中级人民法院依照《中华人民共和国民事诉讼法》第一百七十条第一款第一项的规定，作出如下判决：

驳回上诉，维持原判。

【法官后语】

民商事审判工作要树立正确的审判理念，注重辩证理解并准确把握平等保护、公平正义、诚实信用、公序良俗等民商事审判基本原则。在审判实务中，要通过穿透式审判思维，查明当事人的真实意思，探求真实法律关系，注重外观主义和真实意思的平衡，要追求形式公平与实质公平的有机统一。

本案中，原告（上诉人）作为名义买受人，其债权请求权能否得到支持，要以事实为根本依据。就案件查明的事实来看，首先，全某支付给原告（上诉人）的款项，系出借给曾某的借款，且已由曾某清偿。其次，原告（上诉人）收取了全某的50万元后并未向全某发货，全某也未向原告（上诉人）主张返还。则原告（上诉人）支付给被告（被上诉人）的50万元，并非原告（上诉人）自行出资，其系名义买受人。原告（上诉人）借此要求被告（被上诉人）承担未能发货的违约责任，欲通过名义上的买卖关系获得不应获得利益，违反了公平、诚信原则。若原告（上诉人）作为名义上的买受人其债权请求权得到支持，则将破坏稳定的民事法律关系和引发一系列不必要的诉讼：如多个实际利益受损当事人会提起多个连环诉讼，全某将向原告（上诉人）主张返还已付款项、被告（被上诉人）将向实际买受人主张返还交付的货物等，将增加当事人不必要的讼累，同时也极大浪费司法资源，严重损害司法公信力。在被告（被上诉人）明显具有证据优势时，按照依法认定的事实真相作出最终的处理，更有利于维护当事人的合法权益，进而维护公平与正义。

编写人：湖北省石首市人民法院　宋益民

九、分期付款买卖合同纠纷

54

新签订的分期付款协议书再次违约后，出卖人是否有权要求买受人全额支付欠款

——机械制造公司诉仪表技术公司买卖合同案

【案件基本信息】

1. 裁判书字号

江苏省无锡市滨湖区人民法院（2020）苏0211民初941号民事判决书

2. 案由：买卖合同纠纷

3. 当事人

原告：机械制造公司

被告：仪表技术公司

【基本案情】

仪表技术公司长期向机械制造公司购买机械设备配件。经对账之后，仪表技术公司与机械制造公司签订付款协议书，在该协议书中明确：仪表技术公司确认结欠机械制造公司货款868872.18元；约定自2019年8月至2020年11月，仪表技术公司每月支付机械制造公司5万元，余款为68872.18元于2020年12月支付；并约定若仪表技术公司某月资金困难，不能按时支付，提前通知机械

制造公司，机械制造公司应宽限仪表技术公司时日，准许仪表技术公司将当月还款金额累计至下月合并支付，但不得逾期两个月。之后，仪表技术公司仅支付 5 万元，现仍结欠其 818872.18 元。

现机械制造公司起诉要求仪表技术公司支付全部货款 818872.18 元及相应利息损失。

【案件焦点】

机械制造公司是否可参照《中华人民共和国合同法》第一百六十七条第一款的规定要求仪表技术公司支付全部价款。

【法院裁判要旨】

江苏省无锡市滨湖区人民法院经审理认为：机械制造公司与仪表技术公司之间的买卖关系是双方当事人真实意思的表示，合法、有效。截至立案前，仪表技术公司尚结欠机械制造公司价款 818872.18 元，双方均无异议，法院予以确认。分期付款的买受人未支付到期价款的金额达到全部价款的五分之一的，出卖人可以要求买受人支付全部价款。本案中，涉案结欠货款金额为 818872.18 元，仪表技术公司逾期金额为 30 万元，逾期部分已超过全部欠款的五分之一，故对机械制造公司要求仪表技术公司一次性支付全部欠款的诉讼请求，予以支持。关于逾期付款的利息损失，仪表技术公司在签订付款协议后理应及时支付货款，现仪表技术公司未及时支付货款，应当承担相应逾期付款利息损失。现仪表技术公司最后一笔付款时间为 2019 年 8 月，即逾期两个月最晚为 2019 年 10 月，因付款协议书未明确每月付款最后日期，故法院将利息起算点时间确定为 2019 年 11 月 1 日。

综上，江苏省无锡市滨湖区人民法院依据《中华人民共和国合同法》第一百零七条、第一百零九条、第一百五十九条、第一百六十七条，《最高人民法院关于审理买卖合同纠纷案件适用法律问题的解释》第二十四条第四款之规定，作出如下判决：

一、仪表技术公司于本判决生效之日起十日内支付机械制造公司货款

818872.18元及相应逾期付款利息损失（以818872.18元为基数，自2019年11月1日起至实际给付之日止，按全国银行间同业拆借中心公布的贷款市场报价利率计算）；

二、驳回机械制造公司其他诉讼请求。

一审宣判后，双方当事人未上诉，现判决已发生法律效力。

【法官后语】

在商事活动中，分期付款是买卖合同常见的付款方式。传统的分期付款买卖是一种特殊买卖，其根本特征在于买受人在接受标的物后不是一次性支付价款，而是将价款分成若干份，分不同日期支付。其具备一般买卖形态的基本特征，与一般买卖相比，其最大特点是，出卖人在合同成立或仅收到部分价款时即须交付标的物，剩余价款由买受人在受领标的物后分若干次付清。分期付款买卖使买受人未支付全部价金即取得买卖标的物，出卖人未得到全部价金即需移转买卖标的物，出卖人存在不能取得全部价金的风险。

《中华人民共和国合同法》第一百六十七条第一款规定，分期付款的买受人未支付到期价款的金额达到全部价款的五分之一的，出卖人可以要求买受人支付全部价款或者解除合同。现见于《中华人民共和国民法典》第六百三十四条第一款，分期付款的买受人未支付到期价款的数额达到全部价款的五分之一，经催告后在合理期限内仍未支付到期价款的，出卖人可以请求买受人支付全部价款或者解除合同。

本案所涉款项虽约定分期履行，但区别于一般的分期付款买卖合同，机械制造公司已将货物全部交付给仪表技术公司，在仪表技术公司应当及时支付货款的情况下签订了新的分期付款协议书，在外观表象上有别于传统定义的分期付款买卖合同。但是机械制造公司是否可参照《中华人民共和国合同法》第一百六十七条第一款之规定要求仪表技术公司支付欠款的关键在于案涉付款协议书与分期付款买卖合同在性质上是否相同。分期付款买卖具备一般买卖形态的基本特征，与一般买卖相比的最大特点是，出卖人在合同成立或仅收到部分价款时即须交付标的物，剩余价款由买受人在受领标的物后分若干次付清，具体到本案，仪表技术公司不仅取得了买卖标的物，而且已经得到其全部期限利益，机械制造公司在仪表技术公司应当支付货款的情况下考虑其履行能力而签订分期付款协议书，本质上与分期付款买卖合同的性质相同，且弱势于传统的分期买卖合同的出卖方，同时约定不得逾期超过两个月，因此，在仪表技术公司就新签订的付款协议书逾期部分已超过全部欠款的五分之一时，机械制造公司可以参照《中华人民共和国合同法》第一百六十七条第一款的规定要求仪表技术公司一次性支付全部欠款。

编写人：江苏省无锡市滨湖区人民法院　孙克凡

55

所有权保留买卖合同中能否同时保护取回买卖标的物和逾期付款违约金

——工程机械公司诉朱某双等分期付款买卖合同案

【案件基本信息】

1. 裁判书字号

吉林省长春市绿园区人民法院（2020）吉0106民初1060号民事判决书

2. 案由：买卖合同纠纷

3. 当事人

原告：工程机械公司

被告：朱某双、朱某、于某东

【基本案情】

2019年5月8日，原告工程机械公司与被告朱某双签订合同编号为（20190508）第001号的《分期销售合同》，约定被告朱某双以总价75万元向原告工程机械公司购买挖掘机一台；首付款20万元，剩余价款自2019年6月起每月支付1.83万元，最后一期1.93万元，共计30期；在朱某双付清全部货款及违约金之前，挖掘机的所有权属于工程机械公司；朱某双有下列情形之一的，工程机械公司有权要求朱某双立即付清所有剩余货款，并要求朱某双每日按拖欠款项的千分之三支付逾期付款违约金，同时还可直接收回本合同项下挖掘机产品：（1）朱某双未按期足额支付货款的……（3）朱某双取得本合同项下挖掘机产品所有权之前，擅自拆除、改装或破坏本合同项下挖掘机产品上GPS装置的（七、违约责任）；朱某双有本合同第七条第一款所列情形之一的，工程机械公司可通知朱某双将挖掘机交回，朱某双应在接到通知后三日内将挖掘机运到工程机械公司指定地点，工程机械公司也有权不事先通知朱某双而自行采取拖机措施，拖机产生的合理费用由朱某双承担。工程机械公司可在任何时间和地点、采取合法方式行使设备取回权，朱某双同意无条件配合、协助工程机械公司取回挖掘机（八、挖掘机的取回和锁定）。

2019年5月9日，被告朱某（朱某双父亲）与被告于某东分别为原告工程机械公司出具《担保书》，内容均为“我自愿为分期付款购车人朱某双对贵公司所产生的一切债务承担连带保证责任期间为分期付款购车人朱某双与贵公司签订合同编号为：（20190508）第001号《分期买卖合同》履行期限届满之日起两年。”

2019年5月9日，工程机械公司向朱某双交付了挖掘机，朱某双接收该挖掘机并签收《交机验收单》。挖掘机交付后，被告朱某双分别于2019年6月8日、2019年7月11日、2019年8月13日、2019年9月7日分4期，每期1.83万元，共计向原告支付货款7.32万元后，停止支付剩余分期款项，且未经工程机械公司同意私自拆除挖掘机GPS系统。涉案挖掘机生产厂家龙工（上海）路面机械制造有限公司出具材料，证明更换GPS系统需要8000元（包括GPS系统费用、安装费、调试费）。

【案件焦点】

出卖人主张取回买卖标的物的同时，还能否主张逾期付款违约金。

【法院裁判要旨】

吉林省长春市绿园区人民法院经审理认为：被告朱某双以 75 万元向原告工程机械公司购买挖掘机，根据《中华人民共和国合同法》第一百三十条“买卖合同是出卖人转移标的物的所有权于买受人，买受人支付价款的合同”的规定，双方形成买卖合同关系。

原告工程机械公司与被告朱某双在《分期销售合同》第三条第一款约定“乙方（注：指朱某双）确认，在乙方付清全部货款及违约金（若有）之前，本合同项下挖掘机产品的所有权属于甲方（注：指工程机械公司）”。根据《中华人民共和国合同法》第一百三十四条“当事人可以在买卖合同中约定买受人未履行支付价款或者其他义务的，标的物的所有权属于出卖人”的规定，双方形成所有权保留的分期付款买卖合同关系。

《最高人民法院关于审理买卖合同纠纷案件适用法律问题的解释》第三十五条第一款规定：“当事人约定所有权保留，在标的物所有权转移前，买受人有下列情形之一，对出卖人造成损害，出卖人主张取回标的物的，人民法院应予支持：（一）未按约定支付价款的；（二）未按约定完成特定条件的；（三）将标的物出卖、出质或者作出其他不当处分的。”工程机械公司与朱某双在《分期销售合同》第七条第一款第一项约定，朱某双未按期足额支付货款的，工程机械公司可以直接收回本合同项下挖掘机产品。根据该合同约定和司法解释的规定，工程机械公司可以取回挖掘机。该解释第三十六条第一款规定：“买受人已经支付标的物总价款的百分之七十五以上，出卖人主张取回标的物的，人民法院不予支持。”现被告朱某双仅向原告工程机械公司支付首付款 20 万元及 4 期分期货款 7.32 万元，合计 27.32 万元，占 75 万元总价款的 36.42%，不到 75%，便停止支付剩余款项，截至 2020 年 5 月已累计 12.81 万元，且未经工程机械公司同意私自拆除挖掘机 GPS 数据，违反双方合同约定，故工程机械公司主张取回挖掘机的条件成就，对其相关主张予以保护。

《最高人民法院关于审理买卖合同纠纷案件适用法律问题的解释》第三十七条第一款规定：“出卖人取回标的物后，买受人在双方约定的或者出卖人指定的回赎期间内，消除出卖人取回标的物的事由，主张回赎标的物的，人民法院应予支持。”据此，工程机械公司取回挖掘机后的合理期限内（庭审中工程机械公司指定回赎期间为 14 日），被告朱某双可以在支付逾期分期付款本息及相关费用后，请求回赎挖掘机，自不待言。因此，被告朱某双可于 14 日内消除原告工程机械公司取回标的物的事由后，回赎该挖掘机；逾期没有回赎的，工程机械公司可以另行出卖。

《最高人民法院关于审理买卖合同纠纷案件适用法律问题的解释》第三十五条第二款规定：“取回的标的物价值显著减少，出卖人要求买受人赔偿损失的，人民法院应予支持。”在所有权保留买卖合同中，被告朱某双作为挖掘机的合法使用权人可以占用和正常使用挖掘机，并取得相关收益，但是未经所有权人工程机械公司同意私自拆除挖掘机 GPS 数据，应予赔偿。本案挖掘机虽尚未取回，但其损失已经客观产生。要求工程机械公司先行取回，再行主张损失，不符合司法解释规定的精神实质。因此，被告朱某双现在应当赔偿原告工程机械公司相应的财产损失 8000 元。被告朱某、于某东分别给原告工程机械公司出具《担保书》，自愿提供连带保证责任，应受其意思表示约束。

《中华人民共和国民事诉讼法》第十三条第二款规定：“当事人有权在法律规定的范围内处分自己的民事权利和诉讼权利。”庭审中，原告工程机械公司放弃“被告朱某双一次性偿还剩余货款共计 47.58 万元”之诉讼请求，系对自己诉讼权利的处分，符合法律规定，应予准许。

综上，吉林省长春市绿园区人民法院依照《中华人民共和国合同法》第一百三十四条，《中华人民共和国担保法》第十二条，《中华人民共和国民事诉讼法》第十三条第二款、第一百四十四条，《最高人民法院关于审理买卖合同纠纷案件适用法律问题的解释》第三十五条、第三十六条、第三十七条之规定，作出如下判决：

一、原告工程机械公司可以于本判决生效后立即向被告朱某双取回案涉挖掘机，被告朱某双应予以配合；

二、被告朱某双赔偿原告工程机械公司挖掘机价值减少的损失（拆除

GPS）8000元；

三、被告朱某、于某东对前述第二项负连带责任；

四、驳回原告工程机械公司的其他诉讼请求。

一审宣判后，双方当事人未上诉，现判决已发生法律效力。

【法官后语】

原告工程机械公司与被告朱某双在《分期销售合同》第七条第一款第一项约定，朱某双未按期足额支付货款的，工程机械公司有权要求朱某双立即付清所有剩余货款，并要求朱某双每日按拖欠款项的千分之三支付逾期付款违约金，同时还可直接收回本合同项下挖掘机产品。原告工程机械公司据此向被告朱某双主张2019年10月至今逾期付款的违约金（每期按日千分之三的标准分别计算）。法院对其该项主张不予支持，理由如下：首先，倘若原告工程机械公司不主张取回标的物（挖掘机），而是要求朱某双继续履行合同，支付相应的分期价款，对其逾期付款违约金应予保护（违约金是否过高，应否予以调整及数额多少是另外一个问题），自不待言。但是，原告工程机械公司在主张取回标的物的情况下，再行主张支付货款及逾期付款违约金，构成双重主张。也就是说，在朱某双逾期付款的情况下，工程机械公司可以主张取回标的物，并同时主张支付逾期分期价款及相应的违约金，若均予以保护，朱某双将因为逾期付款这一项违约行为而承担两项责任，既承担逾期付款的违约责任（付款及违约金），又丧失对标的物的合法占有及使用，让出卖人取回挖掘机，对其而言有失公平。其次，所有权保留买卖合同的取回制度与合同解除制度不同。合同解除制度是双方当事人争议的最终解决方式。合同解除后，守约方当事人可以主张返还财产，并同时向违约方主张违约金。而在所有权保留买卖合同纠纷中，出卖人取回标物只是双方当事人争议的中间解决方式，双方的买卖合同并未解除，仍有继续履行的必要和可能。根据就物求偿说的观点，所有权保留买卖合同中的取回制度，是出卖人就物求偿价款的特别程序，其目的在于满足未获得清偿的价款。因此出卖人取回标物后，买受人可以回赎标的物；买受人不回赎或者不能回赎的，出卖人可以另行出卖标的物。因此，出卖人取回标的物，类似一种财产保全措施，无适用违约金之必要。最后，根据《最高人民法院关于审理买卖合同纠纷案件适用法律问题的解释》第三十七条第三款“出卖人另行出卖标的物的，出卖所得价款依次扣除取回和保管费用、再交易费用、利息、未清偿的价金后仍有剩余的，应返还原买受人；如有不足，出卖人要求原买受人清偿的，人民法院应予支持，但原买受人有证据证明出卖人另行出卖的价格明显低于市场价格的除外”的规定，关于出卖人另行出卖标的物所得价款，用以清偿债务的范围为取回和保管费用、再交易费用、利息、未清偿的价金，并不包括违约金。此为司法解释的强行性规定，并未规定违约金等例外项目。最后，在保留所有权的买卖合同中，出卖人多在市场价格的基础上加价出售，买受人之所以愿意高价购买，系由于可以先行占有使用标的物，且可以享受以后分期支付价款的期限利益。在朱某双逾期付款数期的情况下，虽然工程机械公司丧失了正常按期收取货款的利益，但是因其行使了取回标的物的权利，亦使其提前享受将来方能实现的朱某双未到期的货款预期利益，应予损益相抵。

编写人：吉林省长春市绿园区人民法院　张季

十、凭样品买卖合同纠纷

56

电视购物节目中广告者在推销过程中具体的承诺性描述应视为经营者的明确要约

——周某丽诉科技公司凭样品买卖合同案

【案件基本信息】

1. 裁判书字号

北京市石景山区人民法院（2020）京0107民初9358号民事判决书

2. 案由：凭样品买卖合同纠纷

3. 当事人

原告：周某丽

被告：科技公司

【基本案情】

2020年1月31日，被告在电视营销节目精选购物中宣传售卖一款真钻机械金表，宣称手表肉眼可见的金色部分全部是实心足金。2020年2月5日，原告通过电话热线的方式从被告处购买了两只手表，并通过POS机刷卡支付7.38万元。收到手表后，原告通过被告自带的鉴定证书，发现被告所卖手表黄色部分仅为表面金，并非节目中着重宣称的实足金。另外，被告拒绝向原告提供

“原装进口”的报关单等进口审批手续。原告认为，被告在节目中宣传的手表与其实物严重不符，属于欺诈消费者的行为，原告基于错误意思表示而购买造成损失，故诉至法院。

被告认为自己已按合同约定履行义务，无违约行为及故意实施欺诈行为。原告的订购方式为货到付款，在验货签收时，可以选择拒收且不支付货款。原告提供的视频无法证明其来源及完整性，亦无法证明视频与原告购买行为之间的关联关系。

【案件焦点】

被告在电视购物节目中的售卖行为是否构成欺诈消费者的行为。

【法院裁判要旨】

北京市石景山区人民法院经审理认为：第一，当事人应当按照约定全面履行自己的义务。当事人应当遵循诚实信用原则，根据合同的性质、目的和交易习惯履行通知、协助、保密等义务。具体到本案，原告向被告支付手表价款，被告向原告交付手表，双方已构成事实买卖合同关系，应按照合同约定履行各自的义务。第二，出卖人交付的标的物应当与样品及其说明的质量相同。具体到本案，原告在电视购物频道中看到被告展示的手表样品并购买，被告交付的手表应与其在电视宣传中的质量相同。第三，经营者提供商品或者服务，造成消费者财产损害的，应当依照法律规定或者当事人约定承担修理、重作、更换、退货、补足商品数量、退还货款和服务费用或者赔偿损失等民事责任。经营者提供商品或者服务有欺诈行为的，应当按照消费者的要求增加赔偿其受到的损失，增加赔偿的金额为消费者购买商品的价款或者接受服务费用的 3 倍；增加赔偿的金额不足 500 元的，为 500 元。法律另有规定的，依照其规定。具体到本案，被告提供的证据可以显示诉争物品确系进口产品。但被告在电视购物频道宣传其售卖的手表所有金色部分均为足金打造，被告亦在庭审时自认此项事实，但其邮寄到原告手中的手表并非足金，仅为表面金，被告该项行为已构成欺诈行为。被告应向原告退还货款并按照原告的要求增加商品价款三倍的赔偿金额。被告称原告系恶意购买，并非受欺诈，法院认为该意见仅为被告主观推断，缺乏足够证据支持，故对其该项抗辩意见不予采信。关于原告主张被告向其提供手表进口报关单的诉讼请求，法院认为，此系被告的举证责任问题，被告已经在庭审时提供了该项材料，且原告该项诉求并不构成民事法律关系中的诉讼请求，故法院对其该项诉讼请求不予处理。

北京市石景山区人民法院根据《中华人民共和国合同法》第六十条、第一百六十八条，《中华人民共和国消费者权益保护法》第五十二条、第五十五条，《中华人民共和国民事诉讼法》第六十四条之规定，作出如下判决：

一、周某丽于本判决生效后七日内将案涉金表两块退还科技公司；

二、科技公司于收到本判决主文第一项的手表之日起七日内退还周某丽货款7.38万元；

三、科技公司于本判决生效后七日内赔偿周某丽22.14万元。

一审宣判后，当事人未上诉，检察院未上诉，现判决已发生法律效力。

【法官后语】

1. 电视购物中存在的基础法律关系

凭样品买卖合同是买卖合同的一种，又称货样买卖、样品买卖，是指以约定的样品来决定标的物质量的买卖。而所谓样品又称货样，是指当事人选定的用以决定标的物品质的货物。对于凭样品买卖一般认为要求提供样品实物，由买卖双方根据实物的质量、价格、颜色、性能、用途等来确定交易的标的物。电视购物合同中产品销售者没有固定店铺，只是在某个时段某个电视台播放产品广告，从而使消费者产生特定认识，进而购买广告中的商品，消费者也是凭借商家的广告说明与自己购买的商品是否一致来判断标的物的质量是否达标。所以，电视购物合同可以构成凭样品买卖合同。

2. 关于电视购物中电视播放者义务的裁判路径

（1）加大电视购物平台及销售商的举证责任。电视购物销售的商品通常是异地销售，产品又通常采用送货上门的方式送到消费者手中。如果按照传统的“谁主张，谁举证”的证明规则分配举证责任，那么消费者必然处于不对等的弱势地位，导致消费者在接下来的合同纠纷中始终处于被动地位。因此，对于电视购物合同来说，应当提供给消费者相应的质量保证书、产品合格书和售后服务保证书以及买卖合同成立的收据等证明材料，并且明确写明产品销售者、售后服务等信息。除此以外，为了平衡电视购物合同中双方的利益关系，应根据“谁离证据更近，谁最可能掌握证据，则由谁来举证”的原则来分配证明责任，对一些待证事实实行举证责任倒置的规定。

（2）经营者通过电视购物方式推销产品的，广告者在推销过程中具体的承诺性描述应视为经营者的明确要约。电视购物平台在电视购物合同中不仅扮演了中介者的角色，还扮演了保证者的角色。作为一种大众传媒，电视从产生之初就在消费者心中产生信任感，消费者已经将电视作为真实的代名词，他们相信自己亲眼看到、亲耳听到的信息，所以电视购物平台因其特殊的传播方式，对消费者的购买行为具有很大的影响作用，因此，电视购物合同中电视台亦对消费者承担着保证责任。

在电视购物节目中，电视媒体不仅是广告的播出平台，更是一种销售平台，起着联系产品销售者和消费者的纽带作用，如果电视购物平台进行了虚假、违法的推销行为，根据其与产品销售商的委托代理关系，当然视为产品销售商的推销行为，产品销售商应为此承担相应的法律责任。从民商事合同的构成来看，即经营者通过电视购物及网络平台方式推销产品的，广告者在推销过程中具体的承诺性描述应视为经营者的明确要约。

3. 消费指引

电视购物广告应采用标准化的形式。《中华人民共和国广告法》① 第八条第一款规定：“广告中对商品的性能、功能、产地、用途、质量、成分、价格、生产者、有效期限、允诺等或者对服务的内容、提供者、形式、质量、价格、允诺等有表示的，应当准确、清楚、明白。”例如对于货到付款、付款看货，就应当明确告知消费者验货的时间、方式以及退货的权利。对于电视购物合同中的一些格式条款要通过明确、醒目的方式引起消费者的注意，如在口头中加

① 其已于2021年修正。

重语调、重复强调，书面形式选用加大字体、下划线或者鲜艳的字体颜色等；另外，电视购物宣传的语言不能夸张或者产生歧义，并应进行相应注解。

编写人：北京市石景山区人民法院　马婷婷

57

买卖合同中分期付款的不安抗辩权问题

——饲料公司诉吴某瑜凭样品买卖合同案

【案件基本信息】

1. 裁判书字号

广东省高州市人民法院（2020）粤0981民初2120号民事判决书

2. 案由：凭样品买卖合同纠纷

3. 当事人

原告：饲料公司

被告：吴某瑜

【基本案情】

原告饲料公司于2018年12月14日、2018年12月25日、2019年1月11日分别向被告供应猪饲料。2019年6月25日，原告向被告出具了《对账单》，经双方结算，被告尚欠原告货款36810元。被告吴某瑜在客户签名栏签名确认，并手写上了身份证号码及地址，在对账单的尾部手写还款计划：每月还3000元（每月25日还）。

庭审过程中，原告承认被告于2019年8月1日偿还欠款3000元，尚欠货款33810元。

【案件焦点】

原告是否能够主张支付期限尚未届满的货款。

【法院裁判要旨】

广东省高州市人民法院经审理认为：被告吴某瑜欠原告饲料款 36810 元的事实，有原告提供的对账单证实，事实清楚、证据充分，法院予以确认。因被告于 2019 年 8 月 1 日已经偿还欠款 3000 元，故被告尚欠原告饲料款 33810 元。根据《中华人民共和国民法通则》第一百零八条“债务应当清偿。暂时无力偿还的，经债权人同意或者人民法院裁决，可以由债务人分期偿还。有能力偿还拒不偿还的，由人民法院判决强制偿还”以及《中华人民共和国合同法》第一百六十一条“买受人应当按照约定的时间支付价款。对支付时间没有约定或者约定不明确，依照本法第六十一条的规定仍不能确定的，买受人应当在收到标的物或者提取标的物单证的同时支付”、第一百六十七条第一款“分期付款的买受人未支付到期价款的金额达到全部价款的五分之一的，出卖人可以要求买受人支付全部价款或者解除合同”的规定，原、被告约定由被告每月还款 3000 元，尽管原告起诉时部分欠款尚未到期，但被告已经偿还的 3000 元尚未达到全部价款的五分之一，故原告有权要求被告支付全部货款。因此，原告主张被告偿还欠款 33810 元，合法合理，法院予以支持。

被告吴某瑜经法院传票传唤，无正当理由拒不到庭参加诉讼，根据《中华人民共和国民事诉讼法》第一百四十四条的规定，法院依法作缺席判决。

广东省高州市人民法院依照《中华人民共和国民法通则》第一百零八条，《中华人民共和国合同法》第一百六十一条、第一百六十七条第一款及《中华人民共和国民事诉讼法》第一百四十四条的规定，作出如下判决：

限被告吴某瑜于本判决生效之日起十日内向原告饲料公司支付货款 33810 元。

如果未按本判决指定的期间履行给付金钱义务，应当依照《中华人民共和国民事诉讼法》第二百五十三条之规定，加倍支付迟延履行期间的债务利息。

一审宣判后，双方当事人未上诉，检察院未上诉，现判决已发生法律效力。

【法官后语】

随着经济社会的发展，资金流动性越来越大，许多买卖合同均不能实现传统交易习惯的货到付款，因此，大量分期付款的买卖合同成为比较普遍的交易方式。这一定程度上有利于出卖人开拓业务，加快商品流通的速度和效率，减少了买受人的资金压力，但同时也增大了出卖方实现出卖商品获取价值这一目的的风险，一定程度上增加了出卖人资金回笼的难度。分期付款的买卖合同是对契约精神的一种考量，同时也会给经济社会带来一定的不稳定因素。因而，无论是从法律为经济稳定服务这一法律本质精神出发，还是从保护出卖人的合法权益角度考虑，从法律层面上明确规定买卖合同中分期付款的不安抗辩问题是必不可少的。这往往会成为出卖人取得相应价款的救命稻草，甚至为稳定社会经济秩序提供必要的法律保障。

《中华人民共和国合同法》规定了分期付款的买受人未支付到期价款的金额达到全部价款的五分之一的，出卖人可以要求买受人支付全部价款或者解除合同。现行的《中华人民共和国民法典》第六百三十四条第一款保留了上述相关规定的同时增加了出卖人要求支付全部价款或者解除合同的条件，明确要求分期付款的买受人未支付到期价款的金额达到全部价款的五分之一的，需经催告后在合理期限内仍未支付到期价款的，才能主张支付全部价款或者解除合同的条件。根据上述法律，所谓买卖合同中分期付款的不按抗辩是指当分期付款的买受人未支付到期价款的金额达到全部价款的五分之一，且经催告后在合理期限内仍未支付到期价款时，会令出卖人担忧其无法获得相应的价款，感受到不安，从而提出抗辩要求买受人支付尚未到期的全部价款或者解除合同。这与有先后履行顺序的双务合同的不安抗辩权略有不同，但本质上，均是由内心的不安，而提出相应的抗辩，从而保护当事人的合法权益。

回归到本案，被告拖欠原告饲料款一年之久，且经原告多次催告后尚未支付总价款的五分之一，被告的履行能力明显降低，有不能为对待给付的现实危险，这足以引起原告内心的不安，尽管部分价款的支付期限尚未届满，但是原告依据相关法律规定，有权要求被告支付全部尚欠的价款。在司法实践中，衡量产生不安的标准是分期付款的买受人未支付到期价款的金额达到全部价款的五分之一，如果超过了全部价款的五分之一，则不能认定令出卖人产生不安，故而不能主张不安抗辩。因此，在审理买卖合同涉及分期付款的不安抗辩问题时，应当严格依照法律规定，保护当事人的合法权益以维护社会经济秩序的稳定。

编写人：广东省高州市人民法院　冯权念

十一、信息网络买卖合同纠纷

58

网络社交平台“群拼单”行为的法律关系认定

——王某诉孔某奔买卖合同案

【案件基本信息】

1. 裁判书字号

浙江省玉环市人民法院（2020）浙1021民初3910号民事判决书

2. 案由：买卖合同纠纷

3. 当事人

原告：王某

被告：孔某奔

【基本案情】

2020年2月，孔某奔在微信朋友圈发布口罩货源相关内容的信息，其微信好友甲得知后，与另一网友乙组建了一个拼口罩的群，联系孔某奔购买口罩。王某作为群成员之一，按3.1元/只的单价登记购买口罩，并向孔某奔支付货款67130元。后因口罩无法发货，孔某奔向王某退还部分货款，尚欠36099元至今未退。

【案件焦点】

1. 被告与作为群成员的原告之间构成何种法律关系；2. 拼购失败后原告如何实现违约救济。

【法院裁判要旨】

浙江省玉环市人民法院经审理认为：买卖合同是出卖人转移标的物的所有权、买受人支付价款的诺成性、非要式合同。本案原、被告对原告支付价款、由被告发货的客观行为没有异议，那么判断原、被告是否存在买卖合同关系的关键，在于双方是否存在买卖的合意。作为即时通信的网络应用服务的一种，微信聊天记录符合电子数据的形式，在与原载体核对无异且原、被告均认可的情况下，可以作为认定双方是否存在买卖意思表示的依据。原告与网友甲的聊天记录中，提及“能买 2000 个吗”“你给 3 万吧，那个人赚了 1 毛钱 1 个”，对应网友甲与被告之间谈及“之前 2000 个按照 3 块钱一个转的”“我让她按 3. 1”“那个 2000 个就不让她补啦可以吗”等聊天内容，可知原告以及网友甲系按每个口罩 3 元、转账 3. 1 元的价格向被告转账；而从被告与其上家的微信聊天“我客户一直在催了”“我钱没赚到心态搞崩了”，可见，被告也是以营利而非纯粹帮忙的心态来进行一系列操作，可以推定双方存在买和卖的意思表示，则原、被告之间的买卖合同因实际履行而成立。原告支付价款后，被告应当向原告交付标的物。

现被告无法履行合同义务，且前期也返还了部分货款，可见双方曾对合同解除协商一致。即使被告不认可，本案也构成被告经催讨后在合理期限内仍未履行发货义务的法定解除条件。合同解除后，已经履行的部分，当事人可以要求恢复原状，则原告要求返还货款的请求于法有据。至于被告抗辩的货源卖家涉嫌诈骗、应待刑事案件处理完毕后由货源卖家退赃，法院认为，被告选择自己生产或由上家发货、货款全额或部分交付给上家以及上家能否提供货物，均系被告作为营利的卖家应当承担的商业风险，不应作为对抗买卖合同履行及责任承担的理由，对被告的抗辩不予采纳。

据此，浙江省玉环市人民法院依照《中华人民共和国合同法》第六十条、第九十三条、第九十四条、第九十六条、第一百三十五条，《最高人民法院关于适用〈中华人民共和国民事诉讼法〉的解释》第九十条之规定，作出如下判决：

限被告孔某奔于本判决生效之日起十日内返还原告王某货款36099元。

一审宣判后，原、被告均未提出上诉，判决现已发生法律效力。

【法官后语】

随着传统团购由线下转线上，并逐渐扩展至微信、QQ、钉钉等社交软件平台，团购行为涉及的法律关系也更加复杂。互不相识的网友自发建群，在群主或管理员的组织下，以更具性价比的价格购买共同所需的产品。当群主作为卖方、群成员为购买者，或群主参与拼单、代表群成员共同向外购买，这些自发组织的拼购行为构成不同维度的买卖合同关系。但如案例中，群主或组织者既不参与拼单，又非直接供货方，仅组织并统一向卖方购买，发生纠纷又该如何处理？

1. 拼单组织者与群成员之间的法律关系界定

王某与孔某奔约定，孔某奔向王某交付口罩、王某向孔某奔支付货款，可见双方就买卖口罩达成了合意，也形成了对价给付，符合买卖合同双务、有偿、诺成等法律特征。

孔某奔否认买卖合同关系，称自己没有出售口罩的意思表示，也未赚取差价，庭审中曾以委托、行纪、中介等合同关系抗辩，后又相继否认，称自己是出于好心帮助的意思表示，无偿替群成员对接卖家并促成口罩买卖事宜。委托、行纪、中介均属于委托类合同，其中行纪合同的“行纪人原则上应当具有相应的资质，其开业和经营都需要经过国家有关部门的审批或者登记”，中介合同中“中介人不参与委托人与相对人之间的法律关系，仅向委托人提供订立合同的机会与信息”，与本案原告获得口罩的初衷和被告以自己名义向上家购买口罩的情况均不符合。

孔某奔最后抗辩无偿委托合同。区别于买卖合同，委托合同本质上是一种提供劳务的合同，受托人只需要按照委托人的指示，“以达到一定目的之方向提供劳务”，一般不负有必须完成某种工作成果或将委托事务办理成功的义务。

本案原、被告订立合同的目的是获得口罩，而非获得被告与口罩供应商对接的劳务成果；通过聊天记录可知，被告也存在通过买卖口罩获利的心态，而非通过向原告提供劳务获取报酬甚至纯粹帮忙联络。因此，无偿委托合同关系的抗辩也不成立。

2. 拼单失败后群成员的违约救济方式

买卖合同中出卖人原则上应当对标的物享有所有权或者处分权。然如本案被告，在出卖他人之物时并无所有权或处分权，该买卖合同是否有效？

对此，学界主要存在“合同无效说”“效力未定说”“完全有效说”。根据《中华人民共和国合同法》第五十一条“无处分权的人处分他人财产，经权利人追认或者无处分权的人订立合同后取得处分权的，该合同有效”以及《最高人民法院关于审理买卖合同纠纷案件适用法律问题的解释》第三条第一款“当事人一方以出卖人在缔约时对标的物没有所有权或者处分权为由主张合同无效的，人民法院不予支持”之规定，可见，我国立法实际上已经采纳了“完全有效说”，明确买卖合同不因出卖人无权处分而无效。

《中华人民共和国民法典》第五百九十七条第一款规定：“因出卖人未取得处分权致使标的物所有权不能转移的，买受人可以解除合同并请求出卖人承担违约责任。”由此，买受人的违约救济方式包括两个方面：解除合同和要求出卖人承担违约责任。其中，合同解除后尚未履行的，终止履行；已经履行的，根据履行情况和合同性质，当事人可以请求恢复原状或者采取其他补救措施，并有权请求赔偿损失。违约责任则包括继续履行、采取补救措施或者赔偿损失等方式。孔某奔在约定的交货期限无法从上家取得口罩的处分权，导致口罩不能按期交付，合同目的无法实现，王某可以遵循解除合同或违约责任两种救济方式。现王某主张孔某奔返还货款，系对合同权利义务关系的解除，符合法律规定，法院应予以支持。

编写人：浙江省玉环市人民法院　干莉娜　林鑫鑫

59

买卖合同中违约与侵权责任竞合

——黄某钰诉科技贸易公司买卖合同案

【案件基本信息】

1. 裁判书字号

广西壮族自治区贵港市港南区人民法院（2020）桂 0803 民初 680 号民事判决书

2. 案由：买卖合同纠纷

3. 当事人

原告：黄某钰

被告：科技贸易公司

【基本案情】

2020 年 4 月 5 日，原告在购物网站上一家名为科技贸易公司的店铺购买了一台 42 寸液晶电视。原告收到货物后，经测量发现该电视机尺寸为 39 寸，与其在购买时确认的尺寸不一致，且该电机屏幕的分辨率为 1366×720，并非普通 42 寸液晶电视的屏幕分辨率 1920×1080，遂原告与被告的网络客服进行沟通，后双方沟通无果，原告要求退货，但因被告不同意原告的退货理由，原告没有退货成功。原告认为被告在网页上广告中展示的电视机与其实际向原告发货的电视机不一致，存在欺诈消费者的行为，遂诉至法院提出上述诉讼请求。

【案件焦点】

原告要求被告退还购物款 859 元并三倍赔偿 2577 元是否有法律依据。

【法院裁判要旨】

广西壮族自治区贵港市港南区人民法院经审理认为：被告出于销售商品并获取利润的目的在购物网站上展示出售的电视机，并在展示的页面中对电视机的型号、尺寸、分辨率、价格等进行了明确的表述，原告对以上细节进行确认后认为符合其购买的目的而自愿购买该电视机，原、被告之间的买卖行为不违反法律和行政法规的强制性规定，买卖合同依法成立。

双方都应按照约定履行义务，被告提供给原告的电视机在尺寸以及屏幕的分辨率上明显不符合双方的约定，致使原告的合同目的不能实现，被告的行为显属违约，因此对于原告要求被告退还购物款 859 元的诉讼请求，法院予以支持，但原告应将电视机原物退还给被告。根据《侵害消费者权益行为处罚办法》的规定，被告未按照约定向原告提供符合广告页面详情中尺寸及分辨率的电视机，不符合原告在下单时欲购买的电视机的要求，因此应当认定被告存在欺诈行为。根据《中华人民共和国消费者权益保护法》的规定，原告要求被告赔偿电视机价款的三倍 2577 元，法院予以支持。在原告办理退货退款的过程中，被告在没有证据证实原告存在骗保行为的情况下就称原告要求退货是骗保行为，构成了对原告人格尊严的侵害，根据《中华人民共和国消费者权益保护法》的规定，原告要求被告赔礼道歉，法院予以支持。被告只是在回复原告时称原告骗保，没有造成恶劣的社会影响，被告可以口头或书面形式向原告道歉。被告经法院合法传唤，无正当理由拒不到庭参加诉讼，系对自身依法享有诉权的放弃，由此产生不利于其本人的法律后果，应当自负。

综上，广西壮族自治区贵港市港南区人民法院依照《中华人民共和国合同法》第六十条，《中华人民共和国消费者权益保护法》第五十条、第五十五条第一款，《中华人民共和国民事诉讼法》第一百四十四条之规定，作出如下判决：

一、被告科技贸易公司向原告黄某钰退还购物款 859 元，原告黄某钰将电视机原物退还给被告科技贸易公司；

二、被告科技贸易公司向原告黄某钰赔偿损失 2577 元；

三、被告科技贸易公司以口头或书面形式向原告黄某钰赔礼道歉。

一审宣判后，双方当事人未上诉，现判决已发生法律效力。

【法官后语】

民事责任竞合的情况屡屡出现，在买卖合同案件中，卖方提供的货物不符合合同约定，使得买方的合同目的不能实现，卖方则构成根本违约。而货物的质量不符合约定或存在严重的质量问题，不仅侵害了作为消费者的买方的消费者权利，甚至可能侵害消费者的人身权利，如健康权等。

民事责任竞合有以下几点特征：(1) 出现责任竞合是由同一违法行为引起，行为人基于同一过错实施了一个行为，造成了一个侵害后果；(2) 出现责任竞合必须是有两种以上的责任形式，一个违法行为符合了不同形式的民事责任构成要件，因此导致了两种或以上的民事责任的出现；(3) 出现责任竞合时虽然有多种责任形式，但受害方实际上只遭受了一个行为带来的加害，因此只能要求行为人承担一种民事责任，其他的民事责任灭失。

在本案中，原告作为买方，其在被告商品页面看到的商品详情应视为双方对买卖货物进行的约定，包括商品的价格、尺寸、质量等，原告收货后发现商品与其在查看商品页面时的介绍不一致，使原告的合同的目的不能实现，被告的这一行为构成违约，即给原告提供了不符合商品页面的商品，因而产生了违约责任；而原告作为商品的消费者，被告在商品页面对商品的尺寸及屏幕的分辨率作了明确介绍，原告阅读后才下单购买，因此原告对所要购买的商品有着明确的认知，被告提供的商品不符合约定，侵害了原告作为消费者的知情权，进而也产生了侵权责任。在买卖合同案件中，出现违约责任与侵权责任两种责任竞合时，原告可选择其中一种责任形式，由被告赔偿因此造成的损失，选择后另一种责任形式则灭失。本案中，原告要求被告承担侵权责任，根据《侵害消费者权益行为处罚办法》第五条第十项的规定，经营者提供商品或者服务不得骗取消费者价款或者费用而不提供或者不按照约定提供商品或者服务。第十六条第一款则规定，经营者有本办法第五条第一项至第六项规定行为之一且不能证明自己并非欺骗、误导消费者而实施此种行为的，属于欺诈行为。被告未按照约定向原告提供符合广告页面详情中尺寸及分辨率的电视机，不符合原告在下单时欲购买的电视机的要求，因此应当认定被告存在欺诈行为。根据《中华人民共和国消费者权益保护法》第五十五条第一款“经营者提供商品或者服务有欺诈行为的，应当按照消费者的要求增加赔偿其受到的损失，增加赔偿的金额为消费者购买商品的价款或者接受服务的费用的三倍；增加赔偿的金额不足五百元的，为五百元。法律另有规定的，依照其规定”的规定，被告应向原告赔偿电视机价款的三倍2577元。

编写人：广西壮族自治区贵港市港南区人民法院　杨婉莹

60

七天无理由退货权利不得滥用

——高某华诉科技公司、某银行网络购物合同案

【案件基本信息】

1. 裁判书字号

北京互联网法院（2020）京0491民初7489号民事判决书

2. 案由：网络购物合同纠纷

3. 当事人

原告：高某华

被告：科技公司、某银行

【基本案情】

2019年11月21日，原告高某华通过科技公司在案涉银行运营的购物商城上开设的店铺下单购黑色全网通手机（以下简称案涉商品），优惠后，原告使用其该银行信用卡支付货款6698.96元。

原告收到案涉商品后，已将其开封使用，并在手机生产商公司的官方网站上输入序列号，对手机进行激活操作。原告开封使用后，将案涉商品挂在二手商品平台上出售，并对手机进行数据抹除操作，后原告于2019年11月27日向科技公司的客服人员申请退货，退货的理由为：你好，我购买的手机，用了几天，太不适应这个系统了，我申请退货该怎么办。”客服人员答复：“亲，如果您的设备已经激活了，无质量问题是不符合国家三包的退换要求的。三包：退换修，均是建立在产品有非质量问题基础上发生性能故障。产品没有质量问题的话，电子产品，尤其如果激活完毕就是二手的了，确实没法退货。除该品牌直营店可以，其他的经销商都无法做到无理由退换。”

本案审理过程中，经当庭演示，在手机生产商公司的官网上，在“您的保障服务和支持期限”中，输入涉案商品的序列号，显示：案涉商品的“维修和服务保障情况：有效，我们会根据有限保修中关于符合条件的硬件维修和服务的规定，为您的产品提供保障，预计到期日2020年11月21日。在中国购买电脑产品中的所有重要部件，均可享受中国法律规定的2年保修期”。

科技公司提交了案涉商品交易页面的截屏，显示：在案涉商品的介绍页面有“温馨提示”栏目：“已激活的机器无质量问题不支持7天无理由退换货、已拆封的机器不支持7天无理由退换货、外观损已激活的机器不支持7天无理由退换货。”

案涉银行提交了案涉商品的交易快照及录屏，亦显示：“温馨提示：已激活的机器无质量问题不支持7天无理由退换货、已拆封的机器不支持7天无理由退换货、外观损已激活的机器不支持7天无理由退换货。”原告高某质证时称，不否认购买时官网有提示，对其真实性认可，但认为案涉银行为了自己的利益以格式条款排除限制消费者权利，不公平不合理，属于霸王条款。

科技公司提交了其与电脑贸易公司签订的《授权经销商协议》，其中第1.2条约定，手机经销商不得将开箱手机和配件返还给电脑贸易公司。未经电脑贸易公司事先批准，经销商不得维修、销毁、翻新和转售任何退回的手机。

科技公司还提交了其在多个平台店铺销售该品牌手机的页面截图，以证明各经销商均提示已拆封激活的手机不支持7天无理由退货。

【案件焦点】

原告收到案涉商品手机后已激活，此种情况是否适用7天无理由退货。

【法院裁判要旨】

北京互联网法院经审理认为：原告通过科技公司在购物商城上开设的店铺下单购买案涉商品，原告与科技公司之间形成买卖合同关系。

“七天无理由退货”系对消费者合法权益的保护措施，但消费者行使该权利并非毫无限制。根据商品性质并经消费者在购买时确认不宜退货的商品，不适用无理由退货。

消费者在进行手机激活操作时，手机生产商公司后台会记录产品激活的时间，并据以计算维修和服务保障的期限，已经激活的产品退回再进行销售的，将影响商品的价值，进而影响后续消费者的权利，故在科技公司与电脑贸易公司签订的《授权经销商协议》，限制被告转售退回的商品，亦不得将开箱的产品退回。且科技公司在销售案涉商品时，已向原告作出了明确提示，原告作为具有完全民事行为能力的成年人，足以理解相关提示的含义，了解下单的法律后果，其仍下单购买即表明其对相关提示内容予以确认和接受。原告购买案涉商品后，已将案涉商品开封使用，进行了激活操作，再以“七天无理由退货”为由，要求退货退款，没有依据。

针对原告关于手机生产商公司官网退货的政策主张，该品牌手机的销售渠道包含：官网直营销售、通过经销商渠道销售。即便手机生产商公司在其直营销售渠道提供更优惠的退换货政策，相关政策亦仅适用通过其直营通道购买手机的消费者，对其他经销商无约束力。

某银行作为电子商务平台的经营者，并非买卖合同的一方，在交易过程中，未作出更有利于消费者的承诺。在案涉商品的交易过程中，二被告并未损害原告的合法权益，原告针对二被告的各项请求均于法无据，法院不予支持。

北京互联网法院依照《中华人民共和国消费者权益保护法》第二十五条第二款、《中华人民共和国民事诉讼法》第六十四条之规定，作出如下判决：

驳回原告高某华的诉讼请求。

一审宣判后，双方当事人未上诉，现判决已发生法律效力。

【法官后语】

诚实信用原则和公平原则是合同法的基本原则，也是民事主体从事市场活动的重要行为规则。在市场活动中，市场主体必须以诚实信用原则规范自己的行为，以公平原则确定各方的权利和义务，不得损害社会和第三人的利益。

根据《中华人民共和国消费者权益保护法》第二十五条的规定，经营者采用网络、电视、电话、邮购等方式销售商品，消费者有权自收到商品之日起七日内退货，且无须说明理由，但下列商品除外：（1）消费者定作的；（2）鲜活易腐的；（3）在线下载或者消费者拆封的音像制品、计算机软件等数字化商品；（4）交付的报纸、期刊。除前款所列商品外，其他根据商品性质并经消费者在购买时确认不宜退货的商品，不适用无理由退货。消费者退货的商品应当完好。经营者应当自收到退回商品之日起七日内返还消费者支付的商品价款。退回商品的运费由消费者承担；经营者和消费者另有约定的，按照约定。

国家市场监督管理总局发布的《网络购买商品七日无理由退货暂行办法》（2020年修订）对该条的适用作出了更具可操作性的具体规定。该办法第六条规定，下列商品不适用七日无理由退货规定：（1）消费者定作的商品；（2）鲜活易腐的商品；（3）在线下载或者消费者拆封的音像制品、计算机软件等数字化商品；（4）交付的报纸、期刊。第七条规定，下列性质的商品经消费者在购买时确认，可以不适用七日无理由退货规定：（1）拆封后易影响人身安全或者生命健康的商品，或者拆封后易导致商品品质发生改变的商品；（2）一经激活或者试用后价值贬损较大的商品；（3）销售时已明示的临近保质期的商品、有瑕疵的商品。第八条规定，消费者退回的商品应当完好。商品能够保持原有品质、功能，商品本身、配件、商标标识齐全的，视为商品完好。消费者基于查验需要而打开商品包装，或者为确认商品的品质、功能而进行合理的调试不影响商品的完好。第九条规定，对超出查验和确认商品品质、功能需要而使用商品，导致商品价值贬损较大的，视为商品不完好。具体判定标准如下：（1）食品

（含保健食品）、化妆品、医疗器械、计生用品：必要的一次性密封包装被损坏；（2）电子电器类：进行未经授权的维修、改动，破坏、涂改强制性产品认证标志、指示标贴、机器序列号等，有难以恢复原状的外观类使用痕迹，或者产生激活、授权信息、不合理的个人使用数据留存等数据类使用痕迹；（3）服装、鞋帽、箱包、玩具、家纺、家居类：商标标识被摘、标识被剪，商品受污、受损。

可见《中华人民共和国消费者权益保护法》在保护消费者退货权利的同时，也对无理由退货进行了限制。消费者的7天无理由退货的权利不是没有限制的，不能滥用。本案中，案涉商品属于电子电器类：在原告收到货后产生了激活、授权信息、不合理的个人使用数据留存等数据类使用痕迹，一经激活或者试用后价值贬损较大。故需要通过《中华人民共和国消费者权益保护法》的规则防止消费者滥用退货权利，保护交易的安全稳定。本案适用根据公平原则和诚实信用原则，并依据《中华人民共和国消费者权益保护法》作出判决，维护了电子商务平台正常的交易秩序和7天无理由退货规则的公平适用。

编写人：北京互联网法院　王然

61

网络购物合同纠纷中能否以《中华人民共和国食品安全法》为依据请求“十倍赔偿”

——夏某诉茶叶贸易公司、茶叶经营部网络购物合同案

【案件基本信息】

1. 裁判书字号

湖北省武汉市中级人民法院（2020）鄂01民终898号民事判决书

2. 案由：网络购物合同纠纷

3. 当事人

原告（上诉人）：夏某

被告（被上诉人）：茶叶贸易公司、茶叶经营部

【基本案情】

茶叶贸易公司在网络销售平台上经营网店。2018 年 10 月 12 日，夏某在看到茶叶贸易公司发布的商品信息“2002 年荥经茶厂康砖藏茶 500 克”后，与茶叶贸易公司达成购买该康砖藏茶 40 包（单价为 88 元）的协议，并支付了优惠后的货款 3500 元。当日，茶叶贸易公司通过物流向夏某发送了该 40 包康砖藏茶，茶叶经营部向夏某开具了发票。2018 年 10 月 14 日，夏某收到康砖藏茶后，进行冲泡饮用，并发现该康砖藏茶的保质期为一年、生产日期为 2002 年 4 月 27 日。夏某后向东莞市食品药品监督管理局投诉举报茶叶贸易公司、茶叶经营部销售霉变过期茶叶。该管理局经调查后，于 2019 年 1 月 11 日向夏某答复：茶叶经营部没有向夏某销售前述的康砖藏茶，因夏某要求当天开具发票，而茶叶贸易公司的发票刚好用完了，所以借用了茶叶经营部的名义开具发票；茶叶贸易公司经营前述康砖藏茶是超过保质期的食品，其进货时未查验许可证和相关证明文件及经营超过保质期的食品的行为，违反了《中华人民共和国食品安全法》的相关规定，对茶叶贸易公司予以责令改正，给予警告、没收违法所得和罚款的行政处罚；夏某提出的索赔要求属于消费者与经营者之间的纠纷，不属于该管理局职能。

【案件焦点】

夏某要求茶叶贸易公司、茶叶经营部十倍赔偿的诉讼请求能否依法得到支持。

【法院裁判要旨】

湖北省武汉市洪山区人民法院经审理认为：夏某要求“十倍赔偿”的法律依据属于《中华人民共和国食品安全法》第一百四十八条规定的赔偿范围，而夏某选择以合同之诉进行诉讼，所以应适用《中华人民共和国合同法》关于违

约损害赔偿的规定。同时，由于夏某并未举证证明其所遭受的损失，其因二被告违约造成的损失赔偿额为其支付的货款，所以在二被告退还货款之后，已能弥补其损失。故夏某提出“十倍赔偿”的诉讼请求，不予支持。

湖北省武汉市洪山区人民法院根据《中华人民共和国民法总则》第一百一十九条、第一百七十六条、第一百七十九条，《中华人民共和国合同法》第八条、第六十条第一款、第九十四条、第九十七条、第一百一十三条、第一百三十条之规定，作出如下判决：

一、解除夏某与茶叶贸易公司于 2018 年 10 月 12 日订立的买卖合同；

二、夏某于判决生效之日起十日内向茶叶贸易公司退还其所购买的“2002 年荥经茶厂康砖藏茶 500 克”40 包，茶叶贸易公司于判决生效之日起十日内向夏某返还货款 3500 元；若不能如数退货，退款则按照每包 88 元的标准予以扣减；

三、驳回夏某的其他诉讼请求。

夏某不服一审判决，提出上诉。

湖北省武汉市中级人民法院经审理认为：东莞市食品药品监督管理局认定茶叶贸易公司在进货时未尽到应尽的查验义务，出售的案涉茶叶系超过保质期产品，违反了《中华人民共和国食品安全法》第三十四条和第五十三条的规定，对其作出行政处罚，证实涉案茶叶违反食品安全标准，夏某要求退货退款和十倍赔偿的上诉主张，符合《中华人民共和国食品安全法》第一百四十八条第二款的规定，应予支持。

湖北省武汉市中级人民法院依照《中华人民共和国民事诉讼法》第一百七十条第一款第二项的规定，作出如下判决：

一、维持湖北省武汉市洪山区人民法院（2019）鄂 0111 民初 4766 号民事判决第一项、第二项、第三项；

二、茶叶贸易公司于本判决生效之日起十日内赔偿夏某 3.5 万元。

【法官后语】

食品安全关乎人民群众身体健康和生命安全。当下，食品药品领域安全事件时有发生，食品安全违法行为仍屡禁不止，人民法院受理的涉食品纠纷案件也日趋增长。以网络购物合同纠纷案件为典型，当事人对食品安全法领域“十倍赔偿”这一惩罚性赔偿制度的广泛运用，要求人民法院正确适用法律，妥善处理此类案件。

本案系网络购物合同纠纷，原告以合同纠纷起诉，要求以《中华人民共和国食品安全法》为依据，对销售过期食品的经营者提出“十倍赔偿”的诉讼请求，该诉讼请求能否得到支持？针对这一焦点问题，一审法院认为，原告要求“十倍赔偿”的法律依据属于《中华人民共和国食品安全法》第一百四十八条规定的赔偿范围，而其选择以合同之诉进行诉讼，所以应适用《中华人民共和国合同法》关于违约损害赔偿的规定，故对“十倍赔偿”的诉讼请求不予支持。二审法院则认为，被告销售的过期茶叶违反了食品安全标准，符合《中华人民共和国食品安全法》第一百四十八条第二款的规定，对原告提出“十倍赔偿”的诉讼请求应予支持。

本文认为，即使在合同纠纷中，当事人仍能以《中华人民共和国食品安全法》为依据请求销售不符合食品安全标准的食品销售者进行“十倍赔偿”。《中华人民共和国民法总则》和《中华人民共和国民法典》总则编并没有对惩罚性赔偿的具体适用范围作出规定，而是将这一事项留给了《中华人民共和国民法典》的其他编（侵权责任编）和其他法律，即“法律规定惩罚性赔偿的，依照其规定”。《中华人民共和国食品安全法》作为除民法外的其他法律，对惩罚性赔偿的规定主要体现在该法第一百四十八条第二款之规定。该条第二款规定：“生产不符合食品安全标准的食品或者经营明知是不符合食品安全标准的食品，消费者除要求赔偿损失外，还可以向生产者或者经营者要求支付价款十倍或者损失三倍的赔偿金……”其中“要求赔偿损失”即违约责任，具有填补性功能，旨在填补当事人的损失；而“要求支付价款十倍或者损失三倍的赔偿金”则具有赔偿性功能，是对超出实际损失的赔偿。由此可见，当事人可同时主张违约责任，要求赔偿损失；还可以要求生产者或者经营者支付价款十倍或者损失三倍的赔偿金。

本案中，茶叶贸易公司销售的涉案茶叶在出售时已超过保质期，东莞市食品药品监督管理局亦认定茶叶贸易公司在进货时未尽到应尽的查验义务，出售的涉案茶叶系超过保质期产品，违反了《中华人民共和国食品安全法》第三十四条和第五十三条的规定，对茶叶贸易公司作出行政处罚，进一步证实涉案茶叶违反食品安全标准，应当适用《中华人民共和国食品安全法》第一百四十八条第二款之规定，对夏某提出退货退款和“十倍赔偿”的诉讼请求应予以支持。即便销售的涉案茶叶并未造成夏某人身损害后果，但根据《最高人民法院关于审理食品安全民事纠纷案件适用法律若干问题的解释（一）》第十条之规定，惩罚性赔偿不以消费者人身权益遭受损害为前提，“十倍赔偿”的诉讼请求仍应得到支持。

编写人：湖北省武汉市洪山区人民法院 李惠

62

尽到义务的电商平台无须对平台内商品侵权问题承担责任

——杨某香诉商贸公司等网络购物合同案

【案件基本信息】

1. 裁判书字号

天津市津南区人民法院（2020）津0112民初2168号民事判决书

2. 案由：网络购物合同纠纷

3. 当事人

原告：杨某香

被告：商贸公司、某酒厂、网络销售公司

第三人：健康管理公司

【基本案情】

2020 年 1 月 3 日，杨某香在商贸公司的网店上购买了 11 件人参鹿茸酒，生产企业为某酒厂，监制商为健康管理公司。因商品宣传及配料表上均显示加添药品“鹿茸”，涉案商品应认定不符合食品安全，故杨某香起诉至法院。案件审理过程中杨某香表示不向第三人健康管理公司主张权利，请求判令商贸公司退还货款 7818 元、赔偿货款十倍的赔偿金 78180 元，判令商贸公司和某酒厂承担连带赔偿责任，判令网络销售公司承担补充赔偿责任。

【案件焦点】

被告网络销售公司对涉案酒水是否符合食品安全标准是否知情，应承担何种法律责任。

【法院裁判要旨】

天津市津南区人民法院经审理认为：电子商务平台经营者知道或者应当知道平台内经营者销售的商品或者提供的服务不符合保障人身、财产安全的要求，或者有其他侵害消费者合法权益行为，未采取必要措施的，依法与该平台内经营者承担连带责任。对关系消费者生命健康的商品或者服务，电子商务平台经营者对平台内经营者的资质资格未尽到审核义务，或者对消费者未尽到安全保障义务，造成消费者损害的，依法承担相应的责任。本案中，一方面，杨某香未能举证证明网络销售公司就商贸公司销售的涉案产品存在侵害消费者合法权益的行为明知或者应当知道，故应承担举证不能的法律后果。另一方面，网络销售公司对商贸公司的资质资格（营业执照、经营资格）进行了审核，不能将每一个商品的质量符合法律或合同约定的责任（应属于出卖方的责任）强加给电子商务平台经营者承担。

网络交易平台不能提供销售者或者服务者真实名称、地址和有效联系方式的，消费者也可以向网络交易平台提供者要求赔偿。本案中，网络销售公司已经提供商贸公司的真实名称、注册地址、联系方式，此处的有效，并非指诉讼过程中的有效送达，而是在注册时是否合法、是否虚假。

另外，本案中，网络销售公司既未收取卖家或买家任何技术服务费，亦未抽取卖家或买家成交的提成费用，与卖家既不属于柜台租赁关系，与双方也不属于中介服务关系，仅是为双方提供网络交易平台，未赚取任何费用，亦不应加重其法律责任。

天津市津南区人民法院依照《中华人民共和国食品安全法》第一百四十八条，《中华人民共和国消费者权益保护法》第四十四条，《中华人民共和国电子商务法》第三十八条，《中华人民共和国民事诉讼法》第六十四条、第一百四十四条的规定，缺席判决如下：

一、商贸公司于本判决生效后三日内退还杨某香货款 7818 元，赔偿杨某香 78180 元；

二、驳回杨某香的其他诉讼请求。

一审宣判后，当事人未上诉，现判决已发生法律效力。

【法官后语】

近年来，随着电子商务的迅猛发展，食品种类日益丰富，食品安全违法行为屡见不鲜，网络食品安全更是成为新的“重灾区”。根据 2020 年 11 月 9 日最高人民法院发布的《网络购物合同纠纷案件特点和趋势（2017. 1-2020. 6）》，网络购物合同纠纷案件中食品类纠纷占比近半，为 45. 65%。网络购物合同纠纷案件中，30. 87%的争议涉及食品安全问题。电子商务时代下平台责任在司法实践当中如何认定，既让电商平台担当起平台交易的管理者，又不能盲目扩张、加重电商平台责任，需要予以厘清和关注。

《中华人民共和国消费者权益保护法》《中华人民共和国电子商务法》以及 2021 年 1 月 1 日起实施的《最高人民法院关于审理食品安全民事纠纷案件适用法律若干问题的解释（一）》都规定了电商平台资质审核义务、平台管理义务、安全保障义务等，一旦电商平台未尽相关义务，消费者有权主张电子商务平台经营者承担连带赔偿责任，这有助于明确责任承担主体，及时维护消费者合法权益，明确电商平台责任，把好网络食品安全关，保护老百姓“舌尖上的安全”。在案件审理过程中，法院应综合案情和证据，从综合角度把握电子商务平台对平台内经营者履行相关义务的基本认定规则。就本案来说，网络销售公司已经对商贸公司进行了实名登记，审查备案了营业执照、经营资格等证件，也能为消费者提供商贸公司真实名称、注册地址、联系方式。且网络销售平台仅作为中间平台，并非自营方式，也不存在平台内标识等足以误导消费者系平台自营的情形。从综合角度来说，网络销售平台尽到了相关义务，杨某香也没有证据证明网络销售平台知道或者应当知道商贸公司在平台销售不符合食品安全的问题，故不应当让网络销售平台承担责任。

编写人：天津市津南区人民法院　高天保

图书在版编目（CIP）数据

中国法院 2022 年度案例．买卖合同纠纷 / 国家法官学院，最高人民法院司法案例研究院编．—北京：中国法制出版社，2022.2

ISBN 978-7-5216-2523-3

Ⅰ.①中… Ⅱ.①国…②最… Ⅲ.①买卖合同-合同纠纷-案例-中国 Ⅳ.①D920.5

中国版本图书馆 CIP 数据核字（2022）第 022457 号

策划编辑：李小草　韩璐玮（hanluwei666@163.com）
责任编辑：孙静　　封面设计：李宁

中国法院 2022 年度案例．买卖合同纠纷

ZHONGGUO FAYUAN 2022 NIANDU ANLI. MAIMAI HETONG JIUFEN

编者/国家法官学院，最高人民法院司法案例研究院
经销/新华书店
印刷/三河市紫恒印装有限公司
开本/730 毫米×1030 毫米　16 开　　印张/17.25　字数/198 千
版次/2022 年 2 月第 1 版　　2022 年 2 月第 1 次印刷

中国法制出版社出版
书号 ISBN 978-7-5216-2523-3　　定价：68.00 元

北京市西城区西便门西里甲 16 号西便门办公区
邮政编码：100053　　传真：010-63141600
网址：http：//www.zgfzs.com　　**编辑部电话：010-63141787**
市场营销部电话：010-63141612　　**印务部电话：010-63141606**

（如有印装质量问题，请与本社印务部联系。）

中国法院 2012~2022 年度案例系列

国家法官学院　最高人民法院司法案例研究院　编

简便易用、专业实用——打造“好读有用”的案例

1. 专业的作者：国家法官学院自 2012 年起推出《中国法院年度案例》丛书，至今已有 11 年，旨在探索编辑案例的新方法、新模式，以弥补当前各种案例书的不足。自 2020 年起，丛书由国家法官学院与最高人民法院司法案例研究院共同编辑，每年年初定期出版。

2. 强大的规模：2012、2013 年各推出 15 本，2014 年推出 18 本，2015 年推出 19 本，2016 年推出 20 本，2017 年推出 21 本，自 2018 年起推出 23 本，含传统和新近的热点纠纷，这些案例是从全国各地法院收集到的上一年度审结的近万件典型案例中挑选出来的，具有广泛的选编基础和较强的代表性。

3. 独特的内容：不再有繁杂的案情，高度提炼案情和裁判要旨，突出争议焦点问题。不再有冗长的分析，主审法官撰写“法官后语”，展现裁判思路方法。

4. 数据库增值服务：2022 年继续推出数据库增值服务，凡购买本书，扫描前勒口二维码，即可在本年度免费使用往年同类案例数据库，并可免费下载民法典全文及新旧对照。

1. 婚姻家庭与继承纠纷
2. 物权纠纷
3. 土地纠纷（含环境资源纠纷）
4. 房屋买卖合同纠纷
5. 合同纠纷
6. 买卖合同纠纷
7. 借款担保纠纷
8. 民间借贷纠纷
9. 侵权赔偿纠纷
10. 道路交通纠纷
11. 雇员受害赔偿纠纷（含帮工损害赔偿纠纷）
12. 人格权纠纷
13. 劳动纠纷（含社会保险纠纷）
14. 公司纠纷
15. 保险纠纷
16. 金融纠纷
17. 知识产权纠纷
18. 行政纠纷
19. 刑事案例一
20. 刑事案例二
21. 刑事案例三
22. 刑事案例四
23. 执行案例

新规则案例适用系列

书名	定价
民法典新规则案例适用	108 元
刑法修正案（十一）新规则案例适用	78 元
知识产权新规则案例适用	即出
民法典担保制度新规则案例适用	即出

民法典时代

书名	定价
中华人民共和国民法典释义与案例评注：总则编	125 元
中华人民共和国民法典释义与案例评注：物权编	156 元
中华人民共和国民法典释义与案例评注：人格权编	65 元
中华人民共和国民法典释义与案例评注：婚姻家庭编	68 元
中华人民共和国民法典释义与案例评注：继承编	65 元
中华人民共和国民法典释义与案例评注：侵权责任编	108 元
中华人民共和国民法典释义与案例评注：合同编	246 元
中华人民共和国民法典总则编释义	158 元
中华人民共和国民法典合同编释义	228 元
中华人民共和国民法典人格权与侵权责任编释义	158 元
中华人民共和国民法典婚姻家庭编与继承释义	98 元
中华人民共和国民法典物权编释义	148 元

新法释义系列

书名	定价
中华人民共和国个人信息保护法释义	78 元
中华人民共和国数据安全法释义	58 元